KB195954

제임스 앨런의 생각의 지혜
1

제임스 앨런의 생각의 지혜
1

제임스 앨런 지음 | 공경희 · 고명선 옮김

도서출판 물푸레

옮긴이

공경희는 서울대학교 영어영문학과를 졸업하고 현재 전문 번역작가로 활동하고 있다. 대표
작으로는《남자처럼 일하고 여자처럼 승리하라》,《트레버》,《매디슨 카운티의 다리》,《모리와
함께한 화요일》,《바이올렛 할머니의 행복한 백년》,《그래서 그들은 바다로 갔다》등이 있다.

고명선은 서울대학교 심리학과를 졸업하고, 동 대학원에서 종교학 석사 학위를 받았으며, 종
교학 박사 과정을 수료했다. 명상요가회 동아리에서 활동하면서부터 명상에 관심을 갖게 된
이후 지금까지 동서양의 명상 전통을 폭넓게 공부해 왔다. 역서로는 존 카밧−진의《당신이
어디를 가든 거기엔 당신이 있다》가 있다.

제임스 앨런의 생각의 지혜 1

지은이 | 제임스 앨런
옮긴이 | 공경희 · 고명선
그림 | 김미식
펴낸이 | 우문식
펴낸곳 | 도서출판 물푸레

초판 인쇄 | 2008년 12월 20일
개정판 발행 | 2024년 11월 11일
등록번호 | 제 1072−25호
등록일자 | 1994년 11월 11일

경기도 의왕시 위인로 15, 101동 1101호
TEL | (031)453−3211 FAX | (031)458−0097
e−mail | ceo@kppsi.com
homepage | www.kppsi.com

정가 21,800원
ISBN 978−89−8110−348−4 04180
ISBN 978−89−8110−345−3 (세트)

마음속의 생각이 그대의 현재 상태를 만들었다.
지금 그대의 모습은 생각이 빚어 놓은 것.
그대 마음에 사악한 생각들을 품고 있다면
달구지가 소 뒤를 따르듯이
고통이 그대에게 다가오리라.
그대가 생각의 순수성을 지켜 나간다면
항상 그대를 뒤따르는 그림자처럼
기쁨이 그대를 따르리. 틀림없이.
– 제임스 앨런

제임스 앨런(1864~1912)은 20세기 '신비의 문인'으로 불린다. 그의 베스트셀러인 고전 《생각하는 그대로As a Man Thinketh》를 비롯한 저서들은 전 세계 1억 명 넘는 독자가 읽었지만, 정작 저자인 앨런에 대해서는 별로 알려진 바가 없다.

앨런은 1864년 영국 레스터에서 태어났으며, 어릴 때 아버지를 따라 미국으로 건너갔다. 그의 아버지는 유복한 사업가였지만 좋지 않은 경제 상황 탓에 1878년 파산했고, 그다음 해 비참하게 살해당했다. 이러한 가정환경 때문에 앨런은 열다섯 살 때부터 가족의 생계를 위해 생활 전선에 뛰어들 수밖에 없었다. 이후 앨런은 결혼해 가정을 꾸렸고, 영국 거대 기업에서 행정을 다루는 개인 서기관으로 일했다.

서른여덟 살 때 앨런은 인생 갈림길에 서게 되었다. 톨스토이의 저작들을 읽으며 영향을 받은 그는 돈을 벌고 소비하는 데 모든 것을 바치는 경박한 행위가 삶을 의미 없게 만든다는 사실을 깨달았다. 이후 직장을 그만둔 그는 묵상의 삶을 살고자 영국 남서부 연안에 있는 작은 시골집으로 이사했다. 그곳 해안 골짜기에서 자신의 스승이던 톨스토이의 교훈대로 자발적 빈곤, 영적인 자기 훈련, 그리고 검소한 삶을 통해 꿈을 수행해나갔다.

앨런은 성경 말씀 속 빛나는 지혜들을 마음 깊이 새겼을 뿐 아니라, 동양 고전에서도 많은 깨달음을 얻었다. 매일 글쓰기와 명상을 하고, 소일거리로 정원 가꾸는 일을 하면서 정신적인 삶을 영위하는 데 필요한 토양을 마련했다.

당시 앨런은 아침 일찍 일어나 한 시간 넘게 명상을 하기 위해 바다가 내려다보이는 절벽을 산책하는 것이 일상이었다. 명상을 통해 그는 눈에 띄지 않는 거미집처럼 영적인 비전이 고양되었고, 스스로 알려고 하지 않아도 우주의 비밀이 눈앞에 펼쳐졌다. 그리고 이러한 고요한 감동들은 오롯이 그의 내부에 각인되었다. 그는 산책을 마치고 집에 돌아와서는 종이에 자신이 느낀 단상들을 기록했다. 그리고 오후에는 정원을 가꾸는 일에 매진했으며, 저녁에는 고상한 철학적 주제에 대해 논쟁하길 원하는 마을 사람들과 친교를 다졌다.

10년 동안 앨런은 묵상과 사색을 하며 하루하루를 지냈고, 자신의 저서들에서 나오는 적은 로열티로 생활했다. 그러다 마흔여덟 살이 되었을 때 갑작스레 우리 곁을 떠났다.

앨런은 참으로 미지의 사람이었고, 명성으로 인해 폄훼되지 않았으며, 운명에 휩쓸리지 않은 채 자신이 원하던 삶의 방식대로 살다가 죽었다. 그의 저서들은 후에 문학 분야에서 천재적이고 영적인 걸작으로 인정받았다. 또한 수많은 철학자, 신학자, 정치가, 심리학자는 물론, 데일 카네기Dale Carnegie부터 나폴리언 힐Napoleon Hill, 스티븐 커비Stephen Covey, 잭 캔필드 Jack Canfield에 이르기까지 수많은 자기 계발 구루의 삶에 영향을 미쳤으며 그들의 저서에도 인용되고 있다.

이는 살아생전 알려지지 않았던 영국 신비주의자가 원하는 길이기도 했다. 앨런이 죽은 후 그의 영적인 통찰력은 세계로 전파되었다.

《생각하는 그대로》에서 앨런은 "고결하고 숭고한 인격은 신의 은혜를 입거나 운이 좋아서 생긴 것이 아니다. 올바른 생각을 하려고 끊임없이 노력하고, 신과 같은 숭고한 생각을 소중하게 품어온 대가다"라고 언급했다.

앨런은 또한 "인간은 자신의 정신으로부터 분리될 수 없다"는 원칙을 깨달았는데, 실로 인간의 삶은 자기 정신과 생각으로부터 분리될 수 없다. 마치 빛, 광채, 색상을 따로 떼어놓을 수 없듯이, 정신과 생각도 인간의 삶과 떨어질 수 없는 관계다. 따라서 생각이 변하면 사람도 변할 수 있다는 결론이 나온다.

이와 같은 명상(영성) 문학의 원조로 알려져 있다. 앨런이 남긴 저서들을 연도별로 살펴보면 다음과 같다.

《번영의 길The Path to Prosperity》(1901), 《마음의 평화에 이르는 길The Way of Peace》(1901), 《생각하는 그대로As A Man Thinketh》(1903), 《거룩한 삶Heavenly Life》(1903), 《천국 들어가기Entering Kingdom》(1903), 《마음속 깊은 곳에서부터 Out From The Heat》(1904), 《축복의 샛길Byways of Blessedness》(1904), 《평화의 시 Poems of Peace》(1907), 《승리하는 삶The Life Triumphant》(1907), 《아침·저녁의 사색Morning And Evening Thoughts》(1908), 《선의 문을 통해Through the Gate of Good》(1908), 《운명의 지배The Mastery of Destiny》(1909), 《삶의 혼란을 넘어 Above Life's Turmoil》(1910), 《격정에서 평화까지From Passion to Peace》(1910), 《인 간: 마음·몸·환경의 왕Man: King of Mind, Body & Circumstance》(1911), 《번영의 여덟 가지 기둥Eight Pillars of Prosperity》(1911), 《인생의 어려움을 밝히는 빛 Light on Life's Difficulties》(1912), 《행복과 성공을 위한 주춧돌Foundation Stone to Happiness and Success》(1913), 《제임스 앨런의 365일 명상James Allen's Book of Meditation for Everyday in The Year》(1913), 《인간과 체제Man and System》(1914), 《빛 나는 문The Shining Gateway》(1915), 《신성한 동반자The Divine Companion》(1919).

이 책들은 모두 물푸레 출판사에서 완역해 《제임스 앨런의 생각의 지혜》 1~5권, 개별 낱권과 e북으로 출간했다.

우리 시대 최고의 신비주의자 제임스 앨런

대다수 사람이 인생에서 얻고 싶어 하는 것은 경제적 성공과 진실한 사랑 이 아닐까? 학문적 성취나 예술 활동을 최고 가치로 삼는 사람도 물론 있을 것이다. 반면 정신적 성공을 인생 목표로 삼는 이는 사실상 드물다. 즉 영 감靈感이 넘치는 인생, 우주의 영원한 질서와 하나가 된 삶, 지속적으로 인식을 확장하는 삶을 추구하는 사람은 드물다고 할 수 있다. 왜 그럴까? 그런 삶이 인간에게 가능하다고 차마 믿을 수가 없기 때문이다. 인간이란 그저 경제적 성공과 정서적 안정만 누려도 잘 산다고 할 수 있으며, 거기에 더해 학문과 예술까지 즐기면서 살아가는 행복이 인간이 지닌 한계라고 생각하는 것이다.

그런데 앨런은 이렇게 말한다. 먼저 정신적 성공을 최고 가치로 추구하면 경제적 성공과 정서적 안정, 진실한 사랑까지 성취할 수 있을 뿐 아니라, 정신적 성공은 인간이 꼭 이루어야 할 운명이라고, 또한 인간의 가장 근본적 열망은 높은 곳에 대한 사랑이며, 자신의 모든 잠재력을 불러일으키는 길은 가장 높은 곳을 향해 걸어가는 것이라고 말이다.

앨런의 책을 읽다 보면 그가 말하는 성공의 길이 주로 두 차원에서 이뤄진다는 것을 알 수 있다. 즉 수직적 차원에서는 저속한 생각과 격정passion을 극복하고 고귀한 방향으로 나아가는 길이요, 수평적 차원에서는 이기적인 생각과 자아를 극복하고 세계 전체로 시야를 확대하는 길이 그것이다. 결국에는 저속한 생각과 이기적인 생각을 완전히 없애고, 수직으로나 수평으로나 한없이 마음과 정신을 넓힘으로써 수직적 차원에서는 신神과 합일하고, 수평저 차원에서는 인류 전체아 우주 전체를 껴안는 것이 마지막 평화, 마지막 행복, 마지막 성공이라고 앨런은 강조한다.

이런 지고지순한 행복과 성공은 사실 동서양 고대 철학자들이 이미 인생 목적이라고 말했던 것으로, 앨런은 성경과 동양 고전에서 얻은 깨달음을 쉽고 간결한 언어로 현대인에게 전달하고자 했다. 그런데 앨런이 말하는 내용의 특이점 중 하나는 가장 불교적인 방법으로 가장 기독교적인 목적을 달성하라고 권고한다는 사실이다. 정신적 우주에도 엄격한 질서가 있음을 이해하고 그 질서에 맞추어 생각의 힘을 잘 이용해 자기 마음을 다스리는 것은 불교적인 방법인데, 바로 이 방법을 통해 기독교적인 구원을 이루라고 강조하고 있는 것이다. 앨런이 왜 그렇게 말하게 되었는지는 이 책을 읽다 보면 누구나 충분히 알 수 있다. 그 이유를 파악하는 것은 앨런이 말하는 성공의 열쇠를 손에 쥐는 것과 같다.

다만 앨런의 책을 읽으면서 주의해야 할 부분이 하나 있다. 그것은 'passion'이라는 영어 단어의 뜻 문제다. 영어 passion은 한국어로 정열, 열정, 격정 등으로 번역되며 철학 용어로 쓰일 때는 '정념情念'으로 번역되기도 한다. 그런데 문제가 발생하는 이유는 한국어에서 '정열'이 '무기력'의 반대말로 자주 쓰이는 반면, 영어에서는 '이성理性'의 반대말로 많이 쓰이기 때문이다. 격정의 반대말로 온유함을 쓰기도 한다. 앨런은 '무기력'의 반대말로 '열망aspiration'이라는 단어를 쓰고 있으며, '정열'은 맹목적 감정이라는 뜻으로 사용한다. 따라서 책에 나오는 '정열'이라는 단어를 어디까지나 '이성'의 반대 뜻으로 이해하길 바란다.

행복과 번영은 누구나 원하는 바이지만, 소위 성공했다고 일컬어지는 사람 중에서도 자기가 행복과 번영을 누리며 살아간다고 자신 있게 말하는 이는 드물다. 그들 역시 자신의 상황이 앞으로 어떻게 바뀔지 모르고 또 마음속에 불안이 남아 있음을 스스로 느끼기 때문이다. 그렇다면 진정한 행복과 번영은 도대체 무엇이고, 어떻게 해야 그것들을 누릴 수 있을까? 앨런의 책은 이 문제를 집중적으로 다루고 있으며, 모든 인간사를 관통하는 이치를 설명함으로써 자연스럽게 결론을 유도한다.

앨런이 모든 인간사를 관통하는 이치로서 제시하는 핵심 개념은 '생각의 힘'과 '영원한 법칙의 힘', 그리고 '섭리의 힘'이다. '생각의 힘'은 사람의 성격과 환경, 운명이 모두 생각이라는 씨앗에서 자라난 열매라는 의미다. 앨런에 따르면 원인과 결과의 관계는 자연 현상에서와 마찬가지로 정신세계에서도 필연적이며, 생각이 원인이 되어 성격과 환경, 운명이라는 결과를 만들어낸다. 그래서 사람은 자신의 환경과 운명을 직접 선택하는 것이 불가능하고 자기 성격도 뜻대로 변화시킬 수 없지만, 자신의 생각을 선택하는 것은 가능하며, 따라서 간접적이지만 확실하게 자기가 원하는 환경과 운명, 성격을 만들어낼 수 있다. 사람들은 흔히 돈의 중요성을 잘 알면서도 시간의 중요성은 잘 깨닫지 못하고, 생각의 중요성은 더더욱 간과한다. 그래서 돈을 손해 보면 크게 화내는 사람이 시간을 낭비하는 것은 대수롭지 않게 생각하고, 나쁜 생각이 마음속에 자리 잡은 것에 대해서는 그 심각성을 아예 느끼지 못하는 경우가 많다. 그러나 진정한 행복과 번성을 원하는 사람은 돈보다는 생각을 더 중요하게 관리할 필요가 있다. 앨런에 따르면 나쁘고 불순한 생각은 설령 실천에 옮기지 않더라도 신경계를 약화할뿐더러, 나쁘고 불순한 상황을 끌어당긴다. 더군다나 그것을 실천에 옮기면 나쁜 습관으로 구체화되고 마침내 나쁜 환경으로 굳어진다. 이에 반해 좋은 생각은 그 자체로 건강과 힘을 증진하며 유익한 상황을 끌어당기고, 실천에 옮기면 좋은 습관으로 구체화되어 마침내 좋은 환경으로 굳어진다.

'영원한 법칙의 힘'은 자연계와 정신세계를 포함한 우주 전체 질서를 유지하는 영원한 법칙의 절대성을 의미한다. 동양에서는 이 법칙을 '도道', '다르마'라는 이름으로 불러왔고, 서양 기독교 전통에서는 '로고스(말씀)'라고 하는데, 이 법칙은 물리적인 자연 현상에서뿐 아니라 도덕 영역에서도 "각자가 뿌린 대로 거두는" 질서를 유지한다. 인간은 자유 의지를 가지고 있지만 그 자유란 자신의 생각과 행위를 선택할 수 있는 자유일 뿐, 생각과 행위의 결과는 오직 '영원한 법칙의 힘'에 의해 규정된다. 운명은 인간의 생각과 행위라는 원인에 대한 우주적 법칙의 반작용이며, 사람은 사실상 매순간마다 생각과 말, 행위를 통해 자기 운명을 만들고 있다. 따라서 이미 저지른 결과를 순순히 받아들이고 원인을 새롭게 선택하는 것이 운명을 지배하는 첫걸음이 되며, 그 순간 비로소 진지한 인생이 시작된다.

영원한 법칙의 힘을 깨닫는 것은 나쁜 생각을 몰아내는 지름길이기도 하다. 나쁜 생각들은 우주의 질서를 믿지 못하는 공포심 속에서만 번성할 수 있다. 영원한 법칙의 힘을 신뢰하면 자신의 생각을 관리함으로써 성격과 환경, 운명도 스스로 관리할 수 있다는 자신감이 생기고, 자신에게 닥치는 모든 상황을 불평 없이 긍정할 수 있다. 무너지지 않는 번영은 생각의 힘과 영원한 법칙의 힘을 이해하고 신뢰할 때 가능하다.

마지막으로 '섭리의 힘'이란 인간이 합리적 이성으로 파악할 수 없는 질서와 초자연적 존재의 작용을 의미한다. 앨런이 제시하는 우주관은 자연과학자들이 설명하는 우주관과는 조금 다르다는 점에 주의해야 한다. 앨런에 따르면 우주는 그저 시계처럼 정확히 기계적으로 움직이는 시스템이 아니라, 신성한 사랑의 완전한 실현을 향해 나아가는 하나의 정신적 생명체다. 이러한 우주의 목적과 반대되는 목표나 가치관을 가진 개인은 남에게 피해를 주지 않았는데도 본의 아니게 불행에 처하게 된다. 즉 인간에게는 자기 자신과 공동체의 좀 더 나은 삶, 좀 더 나은 완성을 실현하고자 계속해서 노력하는 태도가 요구된다. 생존 문제를 해결하는 데 너무 신경 쓴 나머지 자신도 모르게 공동의 가치를 훼손하는 일은 그것에 상응하는 반작용을 낳기에 고생의 길을 자초하는 셈이다. 이와 반대로 공동의 목표를 위해 봉사하는 사람에게는 우주가 그것에 상응하는 보답을 주며, 그 보답 안에는 경제적 문제 해결도 포함된다. 전체를 위해 사심 없이 봉사하면서 생존의 문제를 잊는 것, 이것이 변치 않는 행복이다. 따라서 성공을 꿈꾸는 사람은 경제적 문제 해결이나 개인적 명예를 위해서가 아니라, 전체 이익을 위해 봉사하려는 마음으로 성공을 꿈꾸는 편이 더 낫다. 이와 같은 앨런의 주장은 성공과 종교적 수행을 결코 분리하지 않는다. 물론 그가 말하는 성공은 상식적 의미에 국한하는 것이 아니라, 올바른 생각과 정서적으로 큰 기쁨이 늘 함께하는 것을 가리킨다.

앨런은 인생의 궁극적 목적은 신과 합일하고 자아를 완전히 초월해 영원한 생명을 얻는 것이라는 기독교 교리를 자주 강조한다. 그러면서 행복과 번영의 완성이 바로 영원한 생명이요, 신과의 합일이라고 주장한다. 그런데 이 책을 읽다 보면 앨런이 석가모니를 무척 존경하고, 석가모니의 말과 가르침을 자주 인용한다는 사실을 알게 된다. 그가 어쩌면 기독교의 '영원한 생명'과 불교의 '열반'을 동일시하는 것이 아닌가라는 생각이 들 정도다. 이 문제는 우리나라의 종교 상황에서 다소 민감한 측면이 있으니 판단은 독자의 몫으로 남겨두도록 하겠다.

　다음은 앨런의 저서 22권을 완역해《제임스 앨런의 생각의 지혜》5권으로 묶은 내용이다.《제임스 앨런의 생각의 지혜 1》과《제임스 앨런의 생각의 지혜 2》는 2008년, 2015년에 출간된《제임스 앨런의 생각의 지혜》에 내용을 추가하고 수정해 2권으로 나눈 것이다. 독자의 가독성을 위해 편집했지만 집필 순서대로 읽기를 원한다면 출판 연도에 따라 읽어도 무방하다.

제임스 앨런의 생각의 지혜 1

- 생각하는 그대로 As A Man Thinketh(1903)
- 번영의 길 The Path to Prosperity(1901)
- 마음의 평화에 이르는 길 The Way of Peace(1901)
- 마음속 깊은 곳에서부터 Out From The Heart(1904)
- 격정에서 평화까지 From Passion to Peace(1910)

제임스 앨런의 생각의 지혜 2

- 운명의 지배 The Mastery of Destiny(1909)
- 거룩한 삶 The Heavenly Life(1903)
- 천국 들어가기 Entering Kingdom(1903)
- 인간: 마음 · 몸 · 환경의 왕 Man: King of Mind, Body & Circumstance(1911)
- 아침 · 저녁의 사색 Morning And Evening Thoughts(1908)

제임스 앨런의 생각의 지혜 3

- 축복의 샛길 Byways of Blessedness(1904)
- 행복과 성공을 위한 주춧돌 Foundation Stone to Happiness and Success(1913)

- 인생의 어려움을 밝히는 빛 Light on Life's Difficulties(1912)
- 삶의 혼란을 넘어 Above Life's Turmoil(1910)
- 선의 문을 통해 Through the Gate of Good(1908)

제임스 앨런의 생각의 지혜 4

- 승리하는 삶 The Life Triumphant(1907)
- 번영의 여덟 가지 기둥 Eight Pillars of Prosperity(1911)
- 인간과 체제 Man and System(1914)
- 빛나는 문 The Shining Gateway(1915)
- 평화의 시 Poems of Peace(1907)

제임스 앨런의 생각의 지혜 5

- 제임스 앨런의 365일 명상 James Allen's Book of Meditation for Everyday in The Year(1913)
- 신성한 동반자 The Divine Companion(1919)
- 제임스 앨런 회고록 James Allen: A Memoir

마지막 《제임스 앨런 회고록》은 그의 아내 릴리 앨런이 썼다. 제임스 앨런의 소년 시절부터 성장 시기, 왕성한 활동 시기, 마지막 임종까지 남편이 아닌 신비주의자의 삶을 서술했다. 릴리는 "세월이 흘러도 그는 변함없이 곧은길을 나아갔으며 한 번도 뒤돌아보거나 신성한 길에서 벗어나지 않았다"고 회고했다.

릴리는 이 회고록을 앨런을 사랑하는 사람들, 온유한 마음과 눈물 어린 눈으로 이 글을 읽을 독자들을 위해 썼다고 한다. 제임스 앨런이 고요하고 평화롭고 조용하게 우리 곁을 떠난 1912년 1월 12일부터 1월 24일 수요일 새벽까지 순간을 덤덤하게, 하지만 슬픔이 가득한 마음으로 서술한 릴리의 글을 읽노라면 그 행간에 가득 담긴 사랑과 상실감, 또 다른 희망과 시린 아픔을 느낄 수 있을 것이다. 그리고 신비주의 작가 제임스 앨런의 주옥같은 글들에서 하나뿐인 삶을 살아가는 곧은길을 찾게 될 것이다. 마음과 머리에서 무거운 안개가 걷히는 듯한 느낌을 받으면서 말이다.

차 례

•4 마음속 깊은 곳으로부터

•5 격정에서 평화까지

1

생각하는 그대로

정원사가 자기 정원에서 잡초는 뽑아 버리고 자기가 원하는
꽃과 과일나무를 심고 키우는 것처럼, 사람은 자기 마음이라는 정원에서
그릇되고 쓸네없고 불순한 생각들은 없애 버리고,
옳고 유익하며 순수한 생각들의꽃과 열매를
이상적인 모습으로 가꾸어 나갈 수 있다.

이 작은 책은 오랜 명상과 경험을 통해 얻어진 결과물이다. '생각의 힘'을 주제로 하고 있지만 논문이나 쓰듯이 어렵고 복잡하게 쓸 의도는 없다. 설명보다는 함께 되짚어보자는 제안이 담긴 글이 될 것이며, 이 책을 읽는 모든 독자가 다음과 같은 진실을 발견하고 깨달을 수 있게 자극하려고 이 글을 썼다.

여기서 말하는 진실이란,

"사람은 자신이 선택하고 품어온 생각 그대로 된다는 것!"

정신은 성격이라는 안과 환경이라는 겉을 조화시키는 주체이다. 지금까지는 이를 알지 못해 고통 속에서 성격과 환경을 짜맞추려고 애써 왔더라도 이 책을 읽고 난 후에는 깨달음과 행복 속에서 그것들을 어렵지 않게 짜맞추어 갈 수 있을 것이다.

— 제임스 앨런

생각과 성격

"사람의 성품과 기질은 마음속에 품고 있는 생각에 따라 결정된다"는 격언은, 사람이란 존재 전체를 설명할 뿐만 아니라 삶의 모든 조건과 환경에도 적용되는 넓은 뜻을 가진 말이다. 사람은 문자 그대로 자신의 생각 그 자체이며, 자신의 생각들을 모두 합한 것이 곧 성격이다.

식물은 씨앗에서 싹을 틔워 자라며 씨앗이 없으면 생겨날 수 없듯이, 우리의 모든 행위는 생각이라는 보이지 않는 씨앗에서 생겨나며, 생각 없이는 밖으로 드러나는 행동도 없었을 것이다. 이 원리는 의도적인 행동뿐 아니라 '무의식적'이고 '우발적'인 행동에도 똑같이 적용된다.

행동은 생각의 꽃이며, 기쁨과 고통은 그 열매이다. 그러므로 사람은 자신의 마음밭에 뿌리고 가꾼 생각의 씨앗에 따라 달콤한 열매와 쓰디쓴 열매를 거두어들인다.

마음속의 생각이 그대의 현재 상태를 만들었다.
지금 그대의 모습은 생각이 빚어 놓은 것.

그대 마음에 사악한 생각들을 품고 있다면

달구지가 소 뒤를 따르듯이

고통이 그대에게 다가오리라.

그대가 생각의 순수성을 지켜 나간다면

항상 그대를 뒤따르는 그림자처럼

기쁨이 그대를 따르리, 틀림없이.

사람은 자연의 섭리대로 성장하는 존재이지, 교묘한 술책을 통해 순식간에 발전할 수 있는 존재가 아니다. 원인과 결과의 관계는 눈에 보이는 물질 세계에서와 마찬가지로, 눈에 보이지 않는 생각의 세계에서도 절대적이며 빗나가는 법이 없다. 신을 닮은 숭고한 성격은 하늘의 은총이나 우연의 산물이 아니다. 그것은 바르고 정확하게 생각하려는 끊임없는 노력의 당연한 결과이며, 숭고한 생각을 오랫동안 소중히 간직해 온 결과인 것이다. 마찬가지로 저속하고 야만적인 성격은 비굴한 생각들을 줄곧 마음속에 품어 온 결과이다.

사람의 성공과 실패는 다름 아닌 자기 자신에게 달려 있다. 사람은 생각이라는 무기 공장에서 자기 자신을 파괴할 무기를 만들기도 하고, 기쁨과 힘과 평화라는 천국 같은 마음 상태를 실현하는 데 쓸 도구를 만들기도 한다. 올바른 생각을 선택하여 참되게 적용하면 신적인 완벽함에 이르지만, 그릇된 생각을 선택하여 잘못 적용하면 짐승보다 못한 수준으로 전락한다. 이 양극단 사이에 모든 수준의 인격이 있으며, 사람은 바로 자기 인격을 만드는 당사자이며 주인이다.

영혼에 관한 모든 아름다운 진실 중에서도, "사람은 자기 생각의 주인이자 성격 형성의 주체이며, 삶의 조건과 환경과 운명을 창조하고 형성하는 당사자"라는 진실만큼 기쁘고 보람된 것은 없다. 그것은 신성한 경지에 이를 수 있다는 희망과 확신을 낳는다.

사람은 힘과 지성과 사랑의 존재이자 자기 생각의 주인이기에, 모든 상황에 대처할 수 있는 열쇠를 쥐고 있으며, 자신이 바라는 모습으로 자기 자신을 변화시키고 개선할 수 있는 힘을 내면에 가지고 있다.

사람은 언제나 주인이며, 나약함과 지독한 자포자기의 상태에 빠졌을 때도 역시 주인이다. 그러나 나약함과 타락 속에 헤매고 있는 사람은 자기 '가족'을 잘못 다스리는 어리석은 주인이다. 그는 자신의 상태를 반성하고, 자기 존재의 기반이 되는 정신적 원리를 부지런히 찾기 시작할 때 비로소 현명한 주인이 될 수 있다. 현명한 주인은 자신의 에너지를 지혜롭게 관리하며, 유익한 결과를 낳는 방향으로 생각을 맞춘다.

이런 사람이 "의식 있는" 주인이며, 자기 내면에서 생각의 법칙을 발견해야만 그런 주인이 될 수 있다. 생각의 법칙을 발견하려면 생각을 적용해 보고, 자기 마음을 분석하고, 많은 경험을 쌓아야 한다.

수없이 찾아 헤매고 캐내는 과정을 거쳐야만 금과 다이아몬드를 얻는 것처럼, 자기 영혼이라는 광산을 깊이 파들어 가면 자신의 존재와 관련된 모든 진리를 발견할 수 있다.

사람은 스스로 자신의 성격을 만들고 삶의 틀을 짜고 자기의 운명을 형성하는 존재이다. 이 말은 자신의 생각을 관찰하고 통제하고 변화시키면서, 그 생각이 자신과 타인 그리고 자신의 삶과 환경에 미치는 영향을 꼼꼼히 살펴보면 틀림없이 입증될 것이다. 또한 끈기 있는 실천과 연구를 통해 원인과 결과의 관계를 이해하고, 아주 사소한 일상 생활까지 포함한 자신의 모든 경험을 자기 마음에 대한 지식을 획득하는 수단으로 이용함으로써 증명된다. 그리고 자기 마음에 대한 지식이야말로 이해력이자 지혜이고 힘인 것이다.

이 지식을 추구하는 과정에서, "구하라 그러면 찾을 것이요, 두드려라 그러면 열릴 것이다"라는 법칙은 절대적이다. 사람은 인내와 실천과 변함 없는 끈기를 통해서만 지식의 신전神殿에 들어갈 수 있기 때문이다.

생각이 상황에
미치는 영향

　　　　사람의 마음은 정원과 같아서 지혜롭게 가꿀
수도 있고 거친 들판처럼 버려 둘 수도 있다. 하지만 가꾸든지 버려 두든지
반드시 싹은 돋아난다. 유용한 씨앗을 뿌리지 않는다면 어디선가 쓸모 없
는 잡초 씨가 날아와 무성하게 자라게 되는 것이다.

　정원사가 자기 정원에서 잡초는 뽑아 버리고 자기가 원하는 꽃과 과일 나
무를 심고 키우는 것처럼, 사람은 자기 마음이라는 정원에서 그릇되고 쓸
데없고 불순한 생각들은 없애 버리고, 옳고 유익하며 순수한 생각들의 꽃
과 열매를 이상적인 모습으로 가꾸어 나갈 수 있다.

　이 과정을 거치면, 사람은 바로 자신이 자기 영혼의 정원사이며 자기 삶
의 연출가임을 조만간 깨닫게 된다. 또한 자기 내면에서 생각의 법칙을 발
견하고, 성격과 환경과 운명의 형성 과정에서 생각의 힘과 심리적 요소들
이 어떤 작용을 하는지 점점 더 정확하게 이해하게 된다.

　생각과 성격은 하나이다. 성격은 환경과 상황을 통해서만 드러나고 스스
로를 발견할 수 있는 것처럼, 삶의 외부 조건들은 항상 내면의 상태와 조화
롭게 관계되어 있음을 알 수 있다. 그렇다고 해서 어떤 특정한 시점에서의

환경이 자신의 성격 전체를 나타낸다는 뜻은 아니다. 다만 자신이 현재 처해 있는 상황은 자기 내면에 있는 어떤 중대한 생각과 아주 밀접한 관계가 있어서, 그것은 당분간 자신이 발전하는 데 반드시 필요하다는 뜻이다.

모든 사람은 자기 존재의 법칙에 의해 현재의 상태에 처해 있다. 자신의 성격 안에 품었던 생각들이 자신을 그 곳으로 이끌었던 것이다. 삶의 전개에 있어서 우연이란 요소는 없다.

모든 것은 실수가 절대로 없는 자연 법칙의 당연한 결과이다. 이것은 자기 처지에 만족하는 사람뿐만 아니라 주어진 환경에 적응하지 못하고 불편을 느끼는 사람에게도 똑같이 해당되는 진실이다.

점점 발전하고 진화하는 존재인 사람은, 자신이 배워서 성장할 수 있는 곳에 있게 된다. 그래서 주어진 상황이 담고 있는 영적인 교훈을 배우고 나면 다른 상황으로 들어가게 된다.

사람은 자신이 외부 환경의 산물이라고 믿고 있는 동안에는, 외부 상황에 시달린다. 그러나 자신이 바로 창조적인 힘이며, 보이지 않는 마음밭과 자기 존재의 씨앗을 마음대로 관리할 수 있다는 것과 그 씨앗에서 외부 상황이 자라난다는 것을 확실히 깨닫게 되면, 자신을 올바르게 이끄는 진정한 주인이 된다.

자신을 정화하고 다스리는 훈련을 어느 정도 해 본 사람이라면 누구나 외부 환경이 생각으로부터 자라난 것임을 알게 된다. 정신적 변화에 정확히 비례해서 상황도 변한다는 사실을 깨닫게 될 것이기 때문이다. 사실, 누군가가 진심으로 자기 성격의 단점을 고치기 위해 노력하여 빠르게 향상한다면, 그는 일련의 환경 변화도 그만큼 빠르게 겪는다.

영혼은 은밀히 품고 있는 것을 끌어당긴다. 좋아하는 것은 물론이고 두려워하는 것까지도. 영혼은 가슴속에 품은 원대한 포부만큼 높이 이르고, 억제하지 못하는 탐욕의 수준만큼 타락한다. 환경은 영혼이 자기 몫을 받아들이는 수단이다.

마음밭에 뿌려지거나 떨어져 뿌리를 내린 생각의 씨앗들은 모두 행동으로 꽃을 피우고 기회와 상황이라는 열매를 맺는다. 좋은 생각은 좋은 열매를 맺으며 나쁜 생각은 나쁜 열매를 맺는다.

상황이라는 외부 세계는 생각이라는 내부 세계에 맞추어 형성되며, 유쾌한 상황과 불쾌한 상황은 둘 다 그 개인의 궁극적 선善에 이바지하는 요소들이다. 자신이 뿌리고 가꾼 열매를 거두는 자로서 사람은 고난과 축복 둘 다를 통해 교훈을 얻는다.

자신을 지배하는 마음 깊은 곳의 욕구, 열망, 생각을 따름으로써(불순한 상상의 미혹을 따르거나 아니면 강하고 고매한 노력의 정도正道를 꾸준히 걸음으로써), 사람은 결국 그것들이 자기 삶의 외부 환경에서 열매 맺고 실현되는 상황에 도달한다. 성장과 조정調整의 법칙은 어디에나 적용된다.

사람은 운명이나 환경이 횡포를 부려서 극빈자의 처지에 빠지거나 교도소에 가는 것이 아니다. 비굴한 생각과 비천한 욕망 때문에 그런 일을 당하는 것이다. 마음이 맑고 깨끗한 사람이 단지 외부적인 요인 때문에 갑자기 범죄를 저지르는 일은 없다. 죄스러운 생각이 오랫동안 마음속에서 은밀히 육성되고 있다가, 기회가 오면 그 동안 축적한 힘을 드러내는 것이다. 환경이 사람을 만드는 게 아니다. 환경은 자신의 모습을 비춰 주는 거울과 같다. 사악한 마음이 없는데도 악과 불행의 구덩이로 떨어지거나, 고결한 열망으로 꾸준히 수양을 쌓지 않았는데도 높은 미덕과 지순한 행복에 도달하는 일은 있을 수 없다. 사람은 생각의 주인이며 지배자이기에 자신을 창조하고 환경을 만들어 가는 존재인 것이다.

태어나는 순간에도 영혼은 자신에게 맞는 환경에 태어나며, 살아가는 동안 선택을 할 때마다 영혼 자신을 드러내 주는 상황과 환경을 끌어당긴다. 즉 환경은 영혼의 순수함과 불순함, 강함과 나약함을 비추는 거울이다.

사람은 자신이 원하는 것을 끌어당기는 것이 아니라 자신의 본모습과 같은 성질의 것들을 끌어당긴다. 일시적인 생각이나 환상, 야망 따위는 살아가는 동안 좌절되지만, 마음 깊은 곳에 품고 있는 생각과 욕망은 더럽든 깨끗하든 그 자신을 자양분으로 삼아 성장한다. 우리의 최후 모습을 결정하는 신성神性은 우리 내면에 있으며, 바로 우리 자신이다. 사람은 자기 자신에 의해서만 속박된다. 생각과 행동은, 만약 비천한 것이면 영혼을 감금하는 운명의 간수가 되고 만약 고귀한 것이면 영혼을 해방하는 자유의 천사가 된다. 사람은 자신이 바라고 기원하는 것을 얻는 것이 아니라 자신이 당연히 받을 만한 것을 얻게 된다. 소망과 기원은 자신의 생각과 행동이 그것들과 조화를 이룰 때만 비로소 이루어지고 만족된다.

이런 사실을 놓고 볼 때, "환경에 맞서 싸운다"는 것의 의미는 무엇인가? 마음속에는 그런 환경이 생겨날 원인을 항상 품고 키워 왔으면서도, 겉으로 드러난 결과에는 반항하고 있다는 뜻이다. 그 원인은 의식적인 악의 형태일 수도 있고 무의식적인 나약함의 형태일 수도 있지만, 무엇이 되었든, 그 원인은 당사자의 노력을 완강히 방해하고, 원인의 제거를 강력히 요구한다.

사람들은 환경을 개선하고 싶은 바람이 간절하지만, 자기 자신을 개선하려고 하지는 않는다. 그래서 현재의 처지에 얽매여 머물러 있는 것이다. 자기 희생을 두려워하지 않는 사람은 마음먹은 목표를 반드시 성취한다. 이는 정신적인 일뿐만 아니라 세속적인 일에도 적용되는 진실이다. 유일한 목표가 고작 부富를 얻는 것이라 해도, 그 목표를 이루기까지는 개인적인 큰 희생이 따라야 한다. 재물만 얻으려 해도 그런데, 강하고 안정된 삶을 실현하려는 사람에게는 얼마나 큰 희생이 필요하겠는가?

여기 비참할 만큼 가난한 사람이 있다. 그는 자기 처지와 가정 형편이 좀 더 나아지기를 간절히 바라지만 항상 일을 게을리한다. 그러면서 임금을 부족하게 받으니까 고용주를 속인다 해도 자기 잘못은 아니라고 생각한다. 이런 사람은 참된 성공의 가장 단순한 기본 원리도 이해하지 못하고 있다. 그는 자신의 불행에서 벗어나기에 전적으로 부적합한 사람일 뿐만 아니라,

게으르고 기만적이고 비겁한 생각을 계속함으로써 점점 더 심한 불행을 자신에게 끌어당기고 있다.

여기, 지나친 과식 때문에 생긴 고통스럽고 끈질긴 질병에 시달리는 부자가 있다. 그는 병을 고치기 위해 상당액의 재산을 쓸 작정이지만, 본인의 지나친 식욕은 희생하지 않으려 한다. 이 사람은 비싸고 진귀한 요리를 실컷 즐기려 하면서도 건강하기를 원한다. 이런 사람은 결코 건강을 얻을 수가 없다. 건강한 삶에 필요한 첫째 원칙도 아직 깨닫지 못했기 때문이다.

여기 노동자를 고용한 사람이 있다. 그는 법에 규정된 만큼의 임금을 주지 않으려고 부정한 방법을 쓰고, 인건비를 줄여 더 큰 이익을 내고 싶어한다. 이런 고용주는 성공하기에 전혀 부적합한 사람이다. 어느 날 파산하여 명성도 재산도 거덜나면, 그는 환경을 탓한다. 그런 처지로 몰고 간 장본인이 바로 자신이라는 것은 까맣게 모른 채.

위의 세 가지 경우를 예로 든 것은, (스스로 의식하지 못하는 경우가 대부분이지만) 환경의 원인은 바로 자기 자신이라는 것과 흔히 사람들은 좋은 목표를 세워 놓고도 그 목표와 조화되지 않는 생각과 욕망을 키움으로써 스스로 그 목표의 성취를 방해하고 있다는 점을 보여 주고 싶었기 때문이다. 이러한 예는 얼마든지 많지만, 자신의 마음과 삶 속에서 생각의 법칙이 어떻게 작용해 왔는지 자세히 살펴본다면, 그런 사람이 되지 않을 수 있으며, 외부적인 요인은 자신이 처한 환경의 원인이 될 수 없다는 것을 알 수 있을 것이다.

하지만 환경이란 너무도 복잡하고, 생각은 마음 깊은 곳에 뿌리를 내리고 있으며, 행복의 조건 또한 사람마다 너무 크게 다르기 때문에, 겉으로 드러난 삶의 모습만 보고 그 사람의 정신 상태 전체를 (본인은 알 수도 있지만) 남이 판단할 수는 없다. 어떤 면에서 정직한 사람이 가난으로 고생하는 경우도 있고 어떤 면에서 부정직한 사람이 부유한 경우도 있다.

그렇다고 해서, 누구는 그 정직함 때문에 실패하고 다른 누구는 그 부정직함 때문에 부유하다고 결론을 내린다면, 그것은 겉만 보고 판단한 하찮은 의견에 불과하다. 그런 결론은 부정직한 사람은 거의 전적으로 타락한 자이고, 정직한 사람은 거의 전적으로 고결한 자라는 전제 아래 내려진 것이기 때문이다. 더 깊은 지식과 더 넓은 경험으로 조명해 보면, 그런 판단은 잘못된 것임을 알 수 있다.

부정직한 사람에게 남이 갖지 않은 놀라운 미덕과 장점이 있을 수도 있고, 정직한 사람이 남에게는 없는 몹쓸 악덕과 약점을 갖고 있을 수도 있다. 정직한 사람은 정직한 생각과 행동이 낳은 좋은 결과를 거둬들이는 한편, 자신의 악덕이 낳는 고통도 함께 받는다. 부정직한 사람 역시 스스로 초래한 고통과 행복을 함께 거둬들인다.

자신의 미덕 때문에 고통을 받는다고 생각하는 편이 자부심을 채워 주긴 할 것이다. 그러나 자기 정신에서 역겹고 모질고 불순한 모든 생각을 뿌리뽑고, 자기 영혼에서 모든 죄의 얼룩을 씻어 낸 후에야 비로소 자기는 선함 때문에 고통을 당하는 것이지 사악해서가 아니라고 당당하게 주장할 수 있다.

최고의 완성에 도달하기까지는 아직 먼 길이 남아 있지만, 그 곳을 향해 걷다 보면 자신의 마음과 삶에 작용하는 위대한 법칙을 발견하게 된다. 이 법칙은 절대적으로 공정해서 선을 악으로, 악을 선으로 갚을 수 없는 법칙이다. 이런 지식을 터득하고 나면 비로소 깨닫게 될 것이다. 무지하고 맹목적이던 자신의 과거를 되돌아볼 때, 자신의 인생은 공정한 법칙의 지배를 항상 받아 왔고 현재도 그러하며, 좋든 나쁘든 과거의 모든 경험은 점점 진화해 가지만 아직 완전히 진화하지 않은 자아가 한 일이었음을……

좋은 생각과 행동은 절대로 나쁜 결과를 낳을 수 없고, 나쁜 생각과 행동은 절대로 좋은 결과를 낳을 수 없다. "콩 심은 데 콩 나고, 팥 심은 데 팥 난다"는 속담 그대로이다. 사람들은 자연 현상을 대할 때는 이 법칙을 이해하고 거기에 맞춰 일하면서도, 정신과 도덕의 영역에서는 이 법칙을 잘 이해하지 못하여 그것과 협력하지 않는다. 자연계에서와 똑같이 정신 세계에서도 단순하고 엄정하게 작용하는 데도 말이다.

고통은 어떤 면에서 나쁜 생각을 했기 때문에 나타나는 결과이다. 고통은 자기 자신과 조화를 이루지 못했다는, 자기 존재의 법칙과 조화를 이루지 못했다는 표시이다. 고통을 가장 훌륭하게 이용하는 유일한 방법은, 쓸모 없고 불순한 생각을 모두 태워 버리고 정화시키는 것이다. 순수한 사람에게는 고통이 멈춘다. 불순물이 다 제거된 후에는 더 이상 금을 불에 달굴 필요가 없듯이 완벽하게 순수하고 깨달음을 얻은 존재는 더 이상 고통을 겪지 않는다.

고통스러운 환경은 정신의 부조화가 빚어 낸 결과이며, 행복을 느끼는 환경은 정신적 조화를 이룰 때 나타나는 결과이다. 올바른 생각은 물질적 재산이 아닌 행복을 낳는다. 그릇된 생각은 가난이 아닌 불행을 낳는다. 부유하면서 저주 받은 사람이 있을 수도 있고 가난하면서 행복한 사람이 있을 수도 있다. 부가 올바르고 현명하게 쓰일 경우에만 행복과 부는 하나로 결합되며, 가난한 사람이 자기 처지를 부당하게 부과된 짐으로 여기면 그는 오직 불행의 수렁으로 떨어질 뿐이다.

불행의 양극단을 이루는 것은 결핍과 과잉이다. 두 가지 모두 자연의 이치에 어긋난 것이며, 정신적인 무질서의 결과이다. 사람은 행복하고, 건강하고, 번영하는 존재가 되기 전까지는 올바른 상태에 있는 것이 아니다. 행복, 건강, 번영은 내면과 외부, 사람과 그의 환경이 조화를 이룬 결과이기 때문이다.

불평과 원망을 멈추고, 자신의 삶을 규제하는 보이지 않는 정의를 찾기 시작할 때에야 비로소 사람다운 사람이 된다. 자신의 삶을 규제하는 요인에 마음을 순응시키면, 자신이 현재의 처지에 빠지게 된 원인을 더 이상 다른 사람에게 돌리지 않고, 강하고 숭고한 생각으로 인격을 다시 확립하게 된다. 즉 환경에 반항하는 것을 그만두고, 오히려 그 환경을 자신이 더 빠르게 발전하는 데 도움이 되는 수단으로, 그리고 자기 내면에 숨겨진 힘과 가능성을 발견하는 수단으로 이용하기 시작한다.

우주를 지배하는 원리는 불변의 법칙이지 혼돈이 아니다. 불의가 아닌 정의가 삶의 영혼이자 본체이다. 세상을 영적으로 통치하며 세상을 움직이고 형성하는 힘은 부정이 아닌 올바름이다. 그러므로 우주가 정의롭다는 진실을 발견하려면 사람은 자신을 똑바로 세우는 수밖에 없다. 그리고 자신을 바로 세우는 과정에서, 세상과 다른 사람에 대한 자신의 생각을 바꾸면 세상과 다른 사람이 자신을 대하는 태도가 달라진다는 것을 발견하게 될 것이다.

이런 사실의 증거는 모든 사람에게서 볼 수 있으며, 체계적인 자기 반성과 자기 분석을 통해 쉽게 조사할 수 있다. 자신의 생각을 근본적으로 바꾸어 보라. 생각의 변화에 따라 자신을 둘러싼 물질적 환경이 얼마나 빠르게 변화하는지 보고 놀라게 될 것이다.

사람들은 생각을 비밀스럽게 간직할 수 있다고 믿지만, 그럴 수가 없다. 생각은 습관으로 신속히 구체화되고, 습관은 환경으로 굳어진다.

- 야만적인 생각은 주색에 탐닉하는 습관으로 구체화되며, 이 습관은 궁핍과 질병이라는 환경을 낳는다.
- 여러 가지 불순한 생각은 무기력하고 무질서한 습관으로 구체화되며, 이 습관은 마음을 혼란하게 만드는 역경을 낳는다.
- 두려움과 의심, 우유부단한 생각은 나약하고 비겁하고 미적거리는 습관으로 구체화되며, 이 습관은 실패, 결핍, 의존적인 환경을 낳는다.
- 게으른 생각은 불결하고 부정직한 습관으로 구체화되며, 이 습관은 비천하고 궁핍한 환경을 낳는다.
- 증오하고 저주하는 생각은 비난과 폭력의 습관으로 구체화되며, 이 습관은 상처 받고 박해를 당하는 상황을 낳는다.
- 온갖 종류의 이기적인 생각은 자기 중심적인 습관으로 구체화되며, 이 습관은 괴로운 환경을 낳는다.

한편, 온갖 아름다운 생각은 품위 있고 친절한 습관으로 구체화되며, 이 습관은 다정하고 밝은 환경으로 굳어진다.

- 순수한 생각은 절제와 자제의 습관으로 구체화되며, 이 습관은 안정되고 평화로운 환경을 낳는다.
- 용기와 자립심, 그리고 결단력이 있는 생각은 당당하고 씩씩한 습관으로 구체화되며, 이 습관은 성공과 풍요와 자유를 누리는 환경을 낳는다.
- 활력이 넘치는 생각은 깨끗하고 부지런한 습관으로 구체화되며, 이 습관은 즐겁고 화목한 환경을 낳는다.
- 온화하고 너그러운 생각은 친절하고 예의 바른 습관으로 구체화되며, 이 습관은 자신을 보호하고 지켜 주는 환경을 낳는다.
- 다정하고 남을 배려하는 생각은, 남을 위해 희생하는 습관으로 구체화되며, 이 습관은 확실하고 지속적인 번영과 진정한 부를 누리는 환경을 낳는다.

좋든 나쁘든 어떤 일련의 생각들을 끊임없이 계속하면, 그 영향이 성격과 환경에 미치지 않을 수가 없다. 사람은 자신의 환경을 직접 선택할 수는 없지만, 자신의 생각을 선택할 수는 있고, 따라서 간접적이지만 확실하게, 자기가 원하는 환경을 만들 수 있다.

자연은 각 개인이 마음속으로 가장 열심히 키우고 있는 생각이 만족되도록 도와 주며, 마음속에 품은 선한 생각과 악한 생각 모두를 현실로 가장 빨리 드러낼 기회를 각자에게 제공한다.

사악한 생각을 버려라. 그러면 온 세상이 부드럽고 따뜻하게 당신을 대할 것이고 당신을 기꺼이 도울 것이다. 나약하고 병든 생각을 떨쳐 버려라. 그러면 당신의 단호한 결심을 도와 주는 도움의 손길이 여기저기서 나타나 기회를 줄 것이다. 선한 생각들을 키워 나가라. 그러면 어떤 불운도 당신을 비참하고 수치스러운 삶으로 전락시키지 못한다.

　이 세상은 당신의 마음을 비추는 만화경과 같다. 매 순간마다 당신이 체험하는 다양한 성질의 새로운 현상들은 끊임없이 움직이고 있는 당신의 생각에 절묘하게 맞추어 제공되는 그림들인 것이다.

그대는 그대가 원하는 모습대로 된다네.
실패자는 '환경'이라는 가없은 세계에서
실패의 원인을 찾을 테지만,
정신은 그것을 비웃으며, 환경에서 자유롭다.

정신은 시간을 지배하고 공간을 정복하지.
정신은 허풍쟁이 사기꾼인 운수chance를 몰아 내고
폭군 같은 환경에게 명령한다네.
왕관을 내놓고 하인의 자리로 가라고.

보이지 않는 힘이요,
불멸의 영혼이 낳은 지식인
인간의 의지는
어떤 견고한 장애물도 뚫고 나아가
목표로 향한 길을 개척할 수 있다.

늦어진다고 초조해 하지 말고,
깨달음을 얻은 자로서 기다려라.
정신spirit이 잠에서 깨어나 명령할 때,
신들은 복종할 준비가 되어 있으니.

생각이 건강과
육체에 미치는 영향

　　　　　　　　　몸은 마음의 종이다. 몸은 마음의 작용에 순순
히 따른다. 마음의 작용이 의도적으로 선택된 것이든 무의식적으로 표출된
것이든 말이다. 옳지 못한 생각을 실천할 때마다 몸은 급속히 쇠약해지며
쉽게 병에 걸린다. 반면에 기쁘고 아름다운 생각을 실천할 때마다 몸은 젊
음과 아름다움으로 장식된다.

　환경과 마찬가지로, 질병과 건강 역시 생각에 그 뿌리를 두고 있다. 병든
생각은 병든 몸을 통해 자신을 표현한다. 공포심은 총알처럼 빠르게 사람
을 죽음으로 몰고 가는 것으로 널리 알려져 왔으며, 그렇게 빨리는 아니더
라도 끊임없이 수많은 사람들을 죽음에 이르게 하고 있다. 늘 질병을 두려
워하며 사는 사람은 병에 걸리기 마련이다. 근심 걱정은 빠른 속도로 온몸
의 기운을 떨어뜨려 마침내 질병에 걸리게 한다. 불순한 생각은 실천으로
옮기지 않더라도 곧바로 신경 조직을 손상시킨다.

　강하고 순수하고 행복한 생각은 몸을 활기차고 우아하게 만든다. 몸은
섬세하고 유연한 도구여서 마음속에 떠오른 생각에 손쉽게 반응하며, 생각
의 습관은 좋은 것이든 나쁜 것이든 몸에 그 영향을 미친다.

더러운 생각을 품고 있는 동안은 불순하고 오염된 피를 계속 갖게 될 것이다. 깨끗한 삶과 깨끗한 몸은 깨끗한 마음에서 비롯된다. 더럽혀진 마음에서는 너러운 삶과 쇠약한 몸이 나온다. 생각은 행동과 삶과 겉모습의 원천이며, 따라서 원천인 생각을 깨끗하게 만들면 모든 것이 순수해진다.

생각을 바꾸지 않으면, 식생활을 바꾼다 해도 건강에 별로 도움이 되지 않는다. 생각을 순수하게 만들면 깨끗하지 않은 음식은 저절로 더 이상 원하지 않게 된다.

깨끗한 생각은 깨끗한 습관을 만든다. 성자라고 일컬어지는 사람이 자기 몸을 씻지 않는다면, 그는 진짜 성자가 아니다. 자신의 생각을 강하게 만들고 정화시킨 사람은 악성 세균을 걱정할 필요가 없다.

몸을 완벽하게 만들고 싶으면, 당신의 마음을 보호하라. 몸을 새롭게 하고 싶으면, 당신의 마음을 아름답게 가꿔라. 악의와 질투, 실망과 의기소침한 생각은 몸에서 건강과 품위를 앗아 간다. 심술궂은 얼굴은 우연히 그렇게 된 것이 아니라, 심술궂은 생각 때문에 만들어진 것이다. 보기 싫은 주름살들은 어리석은 생각과 격한 감정과 자만심 때문에 생긴다.

내가 아는 한 부인은 96세지만, 소녀처럼 해맑고 순수한 얼굴을 지니고 있다. 또한 아직 중년도 안 되었는데 얼굴에 보기 싫은 주름살이 가득한 한 남자도 나는 잘 알고 있다. 그 부인의 얼굴은 즐겁고 쾌활한 마음씨의 결과이고, 그 남자의 얼굴은 격렬한 감정과 불만을 품고 살아온 결과이다.

신선한 공기와 햇빛이 집안에 잘 들어와야 쾌적하고 위생적인 집이 될 수 있듯이, 기쁘고 선하고 평화로운 생각들을 마음속에 자유롭게 받아들여야 건강한 몸과 밝고 행복하고 평온한 표정을 유지할 수 있다.

노인들의 얼굴에 나 있는 주름살을 보면, 어떤 노인의 주름살은 그의 동정심 때문에 생겨났고, 다른 어떤 노인의 주름살은 강하고 순수한 생각 때문에 생겨났고, 또 다른 어떤 노인의 주름살은 성급한 격정passion 때문에 생겨난 것임을 알 수 있다. 누군들 그 차이를 구별하지 못하겠는가? 올바르게 살아온 사람은 저물어 가는 해처럼 고요하고 평화롭게, 부드럽게 늙는다. 최근에 나는 한 철학자의 임종을 지켜보았는데, 그는 나이 말고는 늙은 데가 없는 사람이었다. 그는 지금껏 살아온 대로 아름답고 평온하게 저 세상으로 떠났다.

몸의 병을 내쫓는 데는 밝고 유쾌한 생각만큼 훌륭한 의사가 없다. 슬픔과 비애의 그림자를 몰아 내는 데는 선한 마음만큼 좋은 위로자가 없다. 계속해서 악의와 냉소, 의심과 질투에 물든 생각 속에 살면 자기가 만든 감옥에 갇히게 된다. 모든 것을 좋게 생각하고, 모든 것을 기쁘게 받아들이고, 모든 것에서 좋은 점을 발견하는 법을 끈기 있게 배우는 것, 이러한 이타적인 생각이 바로 천국으로 들어가는 문이다. 모든 생명체에 대해 늘 우호적인 생각을 품고 살아가는 사람에게는, 넘치도록 풍요로운 평화가 찾아올 것이다.

생각과 목적

　　　　　　생각은 목적과 연결되어야 비로소 지적인 성취를 이룰 수 있다. 대다수의 사람들은 자신의 생각이라는 배가 삶이라는 바다에서 방향을 잃고 표류하도록 그냥 내버려 두고 있다. 목적 없이 사는 것은 흔히 볼 수 있는 죄악이며, 재앙과 파멸을 피하고 싶은 사람들은 이와 같은 표류를 더 이상 계속하면 안 된다.

　삶에 주요 목적이 없는 사람은 사소한 걱정, 두려움, 근심, 자기 연민 등 나약함을 나타내는 심리 상태에 쉽게 빠져든다. 그리고 나약한 마음은 의도적으로 계획한 죄와 마찬가지로 반드시 (그러나 다른 경로를 통해) 실패, 불행, 상실에 이른다. 보다 강한 힘을 향해 진화하고 있는 우주에서 나약함은 살아남을 수 없기 때문이다.

　사람은 마음속에 올바른 목적을 품고, 그것을 성취하기 위해 나아가야 하며, 이 목적을 생각의 중심으로 삼아야 한다. 목적은 당시 그 사람의 성향에 따라 영적인 이상理想일 수도 있고, 세속적인 목적일 수도 있지만, 어느 쪽이든 자기가 세운 목적에 사고력을 꾸준히 집중시켜야 한다.

　이 목적을 가장 중요한 의무로 삼아야 하며, 목적을 달성하는 데 몸과 마음을 다 바쳐야 하고, 생각이 덧없는 공상이나 막연한 동경과 상상에 빠져 헤매지 않도록 주의해야 한다. 이것이 극기와 진정한 집중력을 성취하는 지름길이다.

목적 달성에 몇 번이고 거듭 실패한다 해도(나약함을 극복할 때까지는 반드시 그럴 수밖에 없는데), 그 과정에서 얻어진 강한 인격은 진정한 성공의 잣대가 될 것이며, 미래의 힘과 승리를 위한 새로운 출발점이 될 것이다.

위대한 목적을 이해할 준비가 되어 있지 않은 사람들은 우선, 아무리 자신의 직무가 하찮게 보이더라도, 자신의 의무를 완벽히 수행하는 데 생각을 집중해야 한다. 이런 방법을 통해서만 생각을 한데 모으고 집중시킬 수 있으며, 결단력과 추진력이 길러진다. 그리고 집중력과 결단력, 추진력을 갖추면, 이루지 못할 일이 없게 된다.

자신의 약점을 파악하고, 강한 힘은 오직 노력과 실천에 의해서만 계발될 수 있다는 진실을 믿는다면, 아무리 나약한 영혼이라도 그렇게 믿는 즉시 노력을 시작할 것이다. 그리고 노력에 노력을 더하고, 인내에 인내를 거듭하고, 힘에 힘을 더한다면, 그 영혼은 끊임없이 성장하여 마침내 신처럼 강해질 것이다.

몸이 약한 사람이라도 주의 깊게 꾸준히 훈련함으로써 몸을 강하게 만들 수 있듯이, 나약한 생각을 지닌 사람이라도 올바르게 생각하는 훈련을 함으로써 강해질 수 있다.

목적 없는 삶과 나약함을 떨쳐 버리고, 목적을 가지고 생각하기 시작하면 강한 사람들의 반열에 끼게 된다. 강한 사람들이란 '실패는 성공의 어머니'라 여기며, 모든 상황을 자신에게 유리하게 만들고, 강하게 생각하고 대담하게 시도하며 솜씨 좋게 성취하는 사람들이다.

삶의 목적을 정한 사람은 그 목적을 향해 똑바로 나아가는 곧은 길을 마음속으로 계획해야 하며 그 이외의 길은 염두에 두지 말아야 한다. 의심과 두려움은 엄격하게 차단시켜야 한다. 그것들은 노력이라는 곧은 진로를 망가뜨려, 구부러지게 하고 쓸모 없게 만드는 방해 요소이다. 의심과 두려움에 물든 생각은 아무것도 이루지 못하며 어떤 것도 성취할 수 없다. 그런 생각은 언세나 실패를 낳는다. 목적과 얼의, 추신력, 그리고 모든 강한 생각은 의심과 두려움이 슬며시 파고드는 순간, 멈추고 만다.

하겠다는 의지는 할 수 있다는 앎에서 샘솟는다. 그런데 의심과 두려움은 이해력을 철저히 방해하는 적이므로, 마음속에서 이것들을 뿌리뽑지 않고 키우는 사람은 무슨 일을 할 때마다 스스로를 방해한다.

의심과 두려움을 정복한 사람은 실패를 정복한 사람이다. 그의 모든 생각은 힘과 결합되어 있어서, 그는 모든 난관을 용감하게 대처하여 지혜롭게 극복한다. 이런 사람의 목적은 제때에 파종되어 꽃을 피우고, 익기도 전에 땅에 떨어지는 일 없이 풍성한 열매를 맺는다.

생각이 두려움 없이 목적과 결합하면 창조적인 힘이 된다. 이것을 아는 사람은 흔들리는 생각과 동요하는 감정 덩어리 이상의 좀더 고귀하고 강한 존재가 될 준비를 갖춘 상태이다. 그리고 생각과 목적을 두려움 없이 결합시킨 자는 자신의 정신력을 지혜롭게 의식적으로 제어하고 사용하는 사람이 된다.

생각과 성취의 관계

성취하는 모든 것과 성취하지 못하는 모든 것은 자신이 갖고 있는 생각의 직접적인 결과이다. 균형이 깨진다는 것은 곧 전적인 파괴를 의미할 만큼 완벽하게 질서 정연한 이 우주에서, 개인의 책임은 절대적일 수밖에 없다. 한 인간의 약점과 장점, 순수함과 불순함은 남의 것이 아닌 바로 자신의 것이다. 그것들은 자기 자신에 의해 초래된 것이지 다른 사람이 안겨 준 게 아니다. 따라서 오직 자신만이 그것들을 바꿀 수 있으며 다른 사람은 결코 바꿀 수 없다. 자신이 처한 상황 역시 자신의 것이지 다른 누구의 것도 아니다. 자신이 겪는 고통과 행복은 자기 내면에서부터 전개되어 나온다. 사람은 생각하는 대로, 존재하게 된다. 그리고 계속해서 생각하는 대로, 머무르게 된다.

강한 사람도 도움을 받지 않으려는 약자는 도울 수 없다. 그리고 도움을 받을 수 있다 해도 약자는 스스로의 힘으로 강해져야 한다. 약한 사람은 다른 사람을 보고 부러워했던 힘과 장점을 스스로의 노력으로 계발해야 한다. 자신의 처지는 오직 자신만이 바꿀 수 있다.

대부분의 사람들은 "독재자 한 명 때문에 많은 사람들이 노예가 된다. 그러니 그 독재자를 증오하자"라고 생각하고 말해 왔다. 하지만 요즈음 이런 견해를 뒤집어, "많은 사람들이 노예이기 때문에 한 명의 독재자가 나타난다. 그러니 노예를 경멸하자"라고 말하는 경향이 조금씩 늘고 있다.

사실 독재자와 노예는 모르는 가운데 서로 협조하며, 겉으로는 서로 괴롭히는 것 같지만 실제로는 자신을 괴롭히고 있다. 완전한 깨달음의 눈으로 보면, 억압 받는 자의 나약함과 억압하는 자의 권력 남용 사이에서 어떤 법칙이 작용하고 있는지 파악할 수 있다. 완전한 사랑의 눈으로 보면, 양쪽 모두가 필연적으로 겪는 고통을 알게 되어 어느 쪽도 비난하지 않는다. 완전한 자비심은 억압하는 자와 억압 받는 자를 모두 끌어안는다.

나약함을 극복하고 모든 이기적인 생각을 떨쳐 버린 사람은 남을 억압하지도 않고 억압을 당하지도 않는다. 그는 자유롭다.

사람은 생각을 드높이 끌어올려야만 도약하고 극복하고 성취할 수 있다. 생각을 고양시키지 않으려 하면, 나약하고 비천하고 불행한 존재로 남을 수밖에 없다.

뭔가를 성취하려면, 그것이 세속적인 것일지라도, 먼저 생각의 수준을 높여야 하며 노예적이고 동물적인 방종에 생각이 이끌려서는 안 된다. 성공하기 위해 동물적 본능과 이기심을 반드시 다 버려야 하는 것은 아니지만, 적어도 그 중 일부분은 희생시켜야 한다.

본능적인 쾌락을 가장 중요하게 생각하는 사람은 명석하게 사고하지 못하며, 체계적인 계획을 세울 수도 없다. 그런 사람은 자신의 잠재력을 찾아 계발할 수도 없으며, 하는 일마다 실패한다. 자신의 생각을 과단성 있게 통제하는 노력을 시작하지 않았으므로, 그는 업무를 관장하거나 막중한 책임을 수행할 수 있는 처지가 못 된다. 그는 독립적으로 행동하거나 홀로 설 준비가 되어 있지 않다. 그러나 그는 자신이 선택한 생각에 의해서만 제한을 받고 있다.

희생 없이는 발전도 성취도 있을 수 없다. 세속적인 성공을 이루는 것조

차도, 음탕한 잡념을 희생시키고 자신의 계획을 실현해 나가는 것과 결단력과 자립심을 강화하는 것에 얼마나 정신을 집중하는가에 달려 있다. 그리고 생각의 수준을 높이면 높일수록, 더욱 용감하고 올바르고 정의로운 사람이 될 것이며, 성공도 더 커질 것이며, 그가 이루는 업적은 더 많이 축복 받고 더 오래 지속될 것이다.

우주는 탐욕스러운 자, 부정직한 자, 사악한 자를 좋아하지 않는다. 언뜻 보기에는 그런 자들이 운이 좋은 것처럼 보일 수도 있지만 말이다. 우주는 정직한 자, 관대한 자, 고결한 자를 돕는다. 고금의 위대한 스승들 모두가 다양한 방법으로 이 사실을 단언해 왔으며, 그것을 증명하고 깨달으려면, 자신의 생각을 고양시켜 점점 더 높은 덕을 꾸준히 쌓아야만 한다.

지적인 성취는 인생이나 자연에서 아름다움과 진리를 탐구하거나 지식을 추구하는 데에 생각을 집중한 결과이다. 이러한 성취가 때때로 허영심과 야망에 연결되기도 하지만, 지적인 성취가 본래 그런 자질에서 나오는 것은 아니다. 지적인 성취는 순수하고 사심 없는 생각으로 오랫동안 열심히 노력할 때 자연히 얻어지는 결과다.

영적인 성취는 성스러운 열망이 실현된 결과이다. 고귀하고 숭고한 생각 속에 항상 머물며 순수하고 이타적인 생각에 몰두하는 사람은, 마치 태양이 정점에 이르고 달이 차는 것처럼 확실하게 지혜롭고 숭고한 성품을 지니게 될 것이며, 강한 영향력을 소유하고 행복을 누리는 상태로 상승할 것이다.

어떤 종류의 성취든, 성취는 노력과 생각의 결과로 얻는 명예이다. 자제력, 결단력, 순수함, 의로움, 그리고 올바른 생각의 도움으로 사람은 보다 높은 차원으로 향상한다. 방탕함, 게으름, 불순함, 사악함, 그리고 혼미한 생각의 도움으로 사람은 보다 낮은 차원으로 전락한다.

세상에서 크게 성공하고 정신 세계에서도 높은 수준에 올랐더라도, 오만하고 이기적이고 사악한 생각에 사로잡히면 다시 나약하고 비참한 상태로 전락할 수 있다.

올바른 생각으로 얻은 승리라 하더라도 방심하지 않아야 계속 유지될 수 있다. 성공이 확실하게 보이는 때에 방심하다가 순식간에 실패자로 전락하는 사람들이 많다.

사업 분야에서든 학계에서든 정신 세계에서든, 모든 성취는 명확하게 방향이 설정된 생각의 결과이며, 모두 같은 원리에 의해 지배 받고, 같은 방법으로 얻어진다. 단지 성취의 대상이 다를 뿐이다.

적게 이루고 싶은 사람은 적게 희생해도 좋다. 많이 성취하려는 사람은 많이 희생해야 한다. 높은 곳에 도달하려는 사람은 엄청난 희생을 치러야 한다.

비전과 이상

꿈꾸는 이들은 세상을 구원하는 사람들이다. 눈에 보이지 않는 정신 세계가 보이는 물질 세계를 지탱하듯이, 사람들은 시련과 죄악과 지저분한 일을 겪으면서도, 외로이 꿈꾸는 이들의 아름다운 비전으로 정신적인 자양분을 섭취한다. 인류는 꿈꾸는 이들을 잊을 수 없으며, 그들의 이상이 바래지고 소멸하게 내버려 두지 않는다. 인류는 그들의 이상 속에서 살며, 그 이상이 언젠가는 인류가 직접 보고 아는 현실이 될 것임을 알고 있다.

작곡가, 조각가, 화가, 시인, 예언자 그리고 현자는 미래의 세계를 만들고 천국을 건축하는 사람들이다. 그들이 있기에 세상은 아름답다. 그들이 없다면 고통을 겪고 있는 인류는 멸망의 길로 빠져들 것이다.

아름다운 비전과 숭고한 이상을 마음속에 품은 사람은 언젠가는 그것을 실현한다. 콜럼버스는 미지의 다른 세계에 대한 비전을 소중히 간직했고, 결국 신대륙을 발견했다. 코페르니쿠스는 천체의 다양성에 대한 비전을 키우던 끝에 결국 그 진실을 밝혀 냈다. 깨끗한 아름다움과 완전한 평화의 영적 세계spiritual world를 꿈꾸던 석가모니는 결국 그 세계로 들어갔다.

당신의 비전을 소중히 간직하라. 당신의 이상을 소중히 간직하라. 당신의 가슴 속에서 울려 퍼지는 음악을, 당신의 정신 속에서 형성된 미(美)를, 당신의 가장 순수한 생각들을 감싸고 있는 사랑스러움을 소중히 간직하라. 모든 즐거운 상황과 모든 천국 같은 환경이 그것들로부터 자라날 것이며, 당신이 그것들에 대해 성실성을 지킨다면, 당신의 세계는 결국 그것들을 재료로 해서 만들어질 것이다.

원하면 얻을 것이고, 열망을 품으면 이룰 것이다. 가장 저속한 욕망은 완전히 충족되는데, 가장 순수한 열망은 영양 부족으로 굶주려 쓰러지는 일이 발생하겠는가? 세상에 그런 법은 없으며, 그런 상황은 결코 일어나지 않는다.

숭고한 꿈을 꾸어라, 그러면 당신은 바라는 모습대로 될 것이다. 당신의 비전은 언젠가 이루어질 당신의 모습에 대한 약속이며, 당신의 이상은 마침내 드러날 당신의 모습에 대한 예언이다.

가장 위대한 업적도 처음에는 그리고 한동안은 꿈이었다. 참나무가 도토리 안에서 잠자고 있고 새는 알 속에서 부화를 기다리듯이, 영혼의 가장 높은 비전 안에서는 활짝 깨어 있는 천사가 활동하고 있다. 꿈은 현실로 자라날 어린 묘목이다.

지금의 처지가 당신의 성미에 맞지 않을 수도 있지만, 당신이 자신의 이상을 깨닫고 거기에 도달하려고 애쓴다면 그런 상황은 오래 계속되지 않을 것이다. 내면적으로는 앞으로 나아가고 있는데 외부적으로 가만히 멈추어 있을 수는 없기 때문이다.

여기 가난과 힘든 노동에 짓눌린 젊은이가 있다. 그는 건강에 좋지 않은 열악한 일터에서 오랜 시간 작업을 해야 하며, 학교도 다니지 못했고, 세련된 학문과 예술을 접하지 못했다. 하지만 그는 보다 나은 삶을 꿈꾸고 있으며, 지성과 교양과 우아함과 아름다움에 대해 생각한다. 그는 이상적인 삶의 조건을 마음속으로 구상하고, 보다 폭넓은 자유와 보다 큰 활동 범위를 향한 비전에 사로잡혀 있다. 앞날에 대한 조바심이 그의 꿈을 실천에 옮기도록 이끌자, 그는 얼마 안 되는 여가 시간 전부를 자신의 잠재력과 재능을 계발하는 데 활용한다.

머지않아 그의 정신 세계가 변화하여, 그가 일하는 작업장은 더 이상 그를 붙들어 두지 못한다. 그 작업장은 그가 갈고 닦은 정신 세계와 어울리지 않기 때문에 마치 낡은 헌옷이 버려지듯이 그의 삶에서 떨어져 나가게 된다. 점점 커지는 그의 능력에 알맞는 기회가 많아지면서 그는 그 곳을 영원히 벗어나게 된다.

세월이 흐르고, 우리는 완전한 성인이 된 그 젊은이를 본다. 그는 누구도 넘보지 못할 강한 내면의 힘을 지닌 정신적 지도자가 되어 온 세상에 영향을 미치고 있다. 그의 손에는 엄청난 책임이 쥐어져 있다. 그가 입을 열면, 그의 말을 듣는 사람들의 인생이 바뀐다. 사람들은 그의 말과 생각에 의지하여 자신의 인격을 고친다. 그는 마치 태양처럼, 빛나는 부동不動의 중심이 되어 수많은 사람들의 운명이 그의 주위를 돈다. 그는 젊은 날의 비전을 실현시켰다. 그는 자신의 이상理想과 하나가 되었다.

당신의 손에는 당신의 생각에서 빚어진 정확한 결과가 쥐어질 것이다. 당신은 뿌린 대로 거둔다. 그 이상도, 그 이하도 아니다. 당신이 지금 처해 있는 환경이 무엇이든 간에, 당신은 당신의 생각과 비전과 이상에 따라 추락하거나 그대로 머무르거나 높이 비상할 것이다. 당신은 당신을 지배하는 욕망만큼 작아질 것이고 당신을 지배하는 열망만큼 위대하게 될 것이다.

스탠턴 커크햄 데이비스의 아름다운 글 중에 이런 구절이 있다.

"…… 그대는 지금 회계 장부를 기록하고 있을지도 모르지만, 이제 그토록 오랫동안 그대의 이상을 가로막는 것처럼 보였던 문 밖으로 걸어 나가 보라. 귀에는 아직 펜이 꽂혀 있고 손가락에는 잉크 얼룩이 묻은 채로, 관중 앞에 서 있는 자신을 발견하게 될 것이다. 그러면 거기서 그대의 영감靈感을 폭포수처럼 힘차게 쏟아 내라."

"…… 그대는 지금 양떼를 몰고 있을지도 모르지만, 순박하고 어리둥절한 얼굴을 한 채 도시로 떠나 보라. 그리고 그대의 영혼이 대담하게 이끄는 대로 위대한 스승의 연구실을 찾으리라. 세월이 흐른 후에 스승은, '자네에게 더 가르칠 게 없군'이라고 말할 것이다. 이제 그대는 현자가 되었다. 얼마 전까지는 양떼를 몰면서 원대한 꿈을 꾸었던 그대는 마침내 소망을 이루었다. 이제 그대는 세상을 쇄신하는 일을 떠맡기 위해서, 양떼를 모는 지팡이 따위는 내려놓아야 한다."

경솔하고 무지하며 게으른 사람은 사물의 본질을 보지 못하고 겉으로 드러난 결과만 보기 때문에 행운이나 재수, 요행이라는 말을 자주 들먹인다. 점점 부자가 되는 사람을 보면 그들은, "정말 재수가 좋군!"이라고 말한다. 지성인이 되는 사람을 보면, 그들은 "운명이 그 사람 편인가 봐!"라고 부러워한다. 또 높은 덕을 쌓고 많은 사람을 감화시키는 사람을 보면, "하는 일마다 정말 운이 좋군!"이라고 말한다.

그들은 이런 사람들이 경험과 능력을 쌓기 위해 자발적으로 감내했던 시련과 실패와 투쟁을 알지 못한다. 그들은 이런 사람들이 도저히 넘을 수 없을 것 같은 장애물을 극복하고 마음속에 품은 비전을 실현하기 위해 어떤 희생을 치렀는지, 얼마나 용감하게 노력했는지, 어떻게 신념을 지켰는지 전혀 모른다. 그들은 이런 사람들이 겪었던 어둠과 아픔을 알지 못하고, 지금 겉에 나타난 빛과 기쁨만을 보고 그것을 '행운'이라고 부른다. 그 길고 험난했던 여정은 보지 못한 채, 즐거움이 있는 목적지만 보고 "운이 좋다"고 말하며, 힘들게 거쳐 온 과정은 이해하지 못하고 얻어진 결과만 보고 그것을 '요행'이라고 부른다.

모든 인간사에는 노력과 그에 따르는 결과가 있으며, 얼마나 노력했는지는 결과를 보면 알 수 있다. 우연이란 없다. 재능과 능력, 물질적, 지적, 영적 재산은 모두 노력의 열매다. 이것들은 완성된 생각이고, 달성된 목적이며, 실현된 비전이다.

당신의 삶은 당신이 마음속으로 찬양하고 있는 비전과 당신이 가슴속에 소중히 품고 있는 이상에 의해 만들어질 것이며, 그 비전과 이상은 당신의 미래 모습이 될 것이다.

마음의 평온

마음의 고요함은 지혜가 낳은 아름다운 보석이다. 그것은 오랫동안 끈기 있는 노력으로 자제심을 기른 결과이다. 고요한 마음은 원숙한 경험을 나타내며, 생각의 법칙과 작용에 관해 비범한 지식을 쌓았다는 것을 의미한다.

사람은 자신의 존재가 생각이 전개되고 발전한 결과라는 사실을 이해하는 정도만큼 마음이 평온해진다. 이리한 깨달음은 다른 사람도 생각의 결과라는 사실을 이해해야 얻을 수 있기 때문이다. 올바른 깨달음을 위해 노력하여, 사물과 현상의 내적인 관계를 인과 관계의 측면에서 점점 더 명확히 이해할수록, 안달복달하거나 화내거나 걱정하거나 슬퍼하는 일이 없어지고, 대신에 침착하고 확고하고 평온한 마음을 유지하게 된다.

마음이 평온한 사람은, 자신을 다스리는 법을 터득했기 때문에 다른 사람에게 자신을 맞추는 법도 안다. 그러면 사람들은 그의 정신적인 힘을 존경하고, 그에게서 많은 것을 배우고 그를 믿을 수 있다고 느끼게 된다. 마음이 점점 더 차분해질수록, 성공과 영향력도 커지고 선을 행하는 능력도 커진다. 평범한 사업가라 할지라도, 보다 큰 자제력과 평정심을 지닐수록 사업도 더 크게 번창한다. 사람들은 언제나 침착한 태도를 지닌 사람과 거래하기를 좋아하기 때문이다.

강하고 차분한 사람은 늘 사랑 받고 존경 받는다. 그는 메마른 땅에 그늘을 만들어 주는 커다란 나무 같고, 폭풍 속에서 몸을 피할 수 있는 큰 바위 같은 존재이다. 평온한 마음과 상냥한 성품과 안정된 삶을 좋아하지 않을 사람이 어디 있겠는가? 이런 축복을 소유한 사람들은 궂은 일이 생기든 좋은 일이 생기든, 어떤 변화가 밀어닥치든 개의치 않는다. 언제나 상냥하고, 침착하고 평온하기 때문이다.

평정심serenity이라 일컬어지는 완벽하게 균형 잡힌 성품은 인격 수양의 마지막 단계이다. 그것은 삶의 개화開花이며, 영혼의 결실이다. 그것은 지혜만큼 귀중하며, 황금보다 더 탐나는 것이다. 진리의 바다 속에 머물러 심리적인 동요와 세상 풍파를 초월하고 영원한 평화를 누리는 평온한 삶과 비교할 때, 오로지 돈만 추구하는 삶은 얼마나 하찮은 것인가!

자신의 삶을 쓰라리게 만들고, 발끈하는 성질 때문에 사랑스럽고 아름다운 것들을 황폐하게 하고, 자기 성격을 망가뜨려 나쁜 피를 만들어 내고 있는 사람이 우리 주변에 얼마나 많은가! 대다수의 사람들은 자제력이 부족해서 자기 삶을 파괴하고 행복을 망쳐 버린다. 완성된 인격의 특징인 우아한 평정심을 지니고, 건전한 상식을 갖춘 사람을 만나기란 얼마나 어려운가!

그렇다. 사람의 마음은 억제되지 않은 열정으로 요동치고, 다스리지 못한 슬픔에 격앙되며, 불안과 의심에 휘둘린다. 생각을 다스리고 정화시킨 지혜로운 사람만이 영혼의 바람과 폭풍우를 잠재울 수 있다.

세파에 시달리는 영혼들이여, 그대가 어디에 있든, 어떤 환경에서 살든, 이것만은 알아 두라. 삶이라는 넓은 바다에는 축복의 섬들이 미소짓고 있으며, 그대의 이상理想이라는 햇살 가득한 해변이 그대를 기다리고 있다는 사실을. 생각이라는 방향키를 단단히 붙잡아라. 그대의 영혼이라는 배 안에서 선장이 몸을 기대고 잠만 자고 있다. 이제 그를 깨워라. 자제력은 힘이며, 올바른 생각은 숙련된 기술이고, 평온한 마음은 능력이다. 그대 가슴에 말하라. "영원히 평온할지어다!"

2

번영의 길

당신이 진정으로, 영원히 번영을 누리고 싶다면 먼저 덕을 갖추어야 한다.

성공을 인생의 유일한 목적으로 삼아, 탐욕스럽게 달려드는 것은 어리석은 짓이다.

그것은 결국 자기 자신을 패배시키는 길이다.

그러므로 자기 완성에 목표를 두고, 유익하고 이타적인 봉사를 통해

사회의 번영에 기여하기를 인생의 목적으로 삼아 영원히 변치 않는

최고의 목적으로 삼아 영원히 변치 않는 최고의 선을 향해 항상 믿음의 손을 뻗으라

나는 세상을 두루 살펴보고, 세상이 슬픔으로 어두워져 있고 고통의 맹
렬한 불꽃으로 타오르고 있음을 보았다. 나는 그 원인이 무엇인지 탐구했
다. 나는 깊이 생각해 보았으나 그 원인을 찾을 수 없었다. 책을 들여다보
아도 그것을 찾을 수 없었다. 그런데 내 마음 속을 조사했을 때 나는 거기
서 그 원인을 발견했고 또한 그 원인이 나 자신에게서 비롯된 것임을 발견
했다. 나는 다시 더 깊이 탐구했고, 해결책을 발견했다. 나는 사랑의 법칙
이라는 하나의 법칙을, 그 법칙에 순응하는 삶이라는 하나의 삶을, 겸손한
정신과 고요하고 유순한 마음의 진실이라는 하나의 진실을 발견했다. 그리
고 나는, 부자든 가난한 자든 배운 사람이든 배우지 못한 사람이든 세속적
인 사람이든 속세를 떠난 사람이든, 모든 이들이 자신의 내면에서 모든 성
공, 모든 행복, 모든 성취, 모든 진실의 근원을 발견하도록 돕는 책을 쓰겠
다고 꿈꾸었다. 그 꿈은 항상 내 마음 속에 있다가 마침내 실현되었다. 이
제 나는 이 책(번영의 길, 마음의 평화에 이르는 길)에 치유와 행복의 사명을 담
아 세상에 내놓는다. 이 책에 담긴 메시지는 행복과 진실의 근원을 찾고 있
는 사람들의 마음속 깊이 도달할 수밖에 없음을 알기 때문에.

— 제임스 앨런

악의 교훈

　　　　　　　불안과 고통과 슬픔은 인생의 어둠이다. 세상을 살다 보면 누구나 가슴아픈 고통을 겪게 되고, 근심과 곤란의 어두운 바다에서 마음이 어지러워지고, 형언하기 어려운 고뇌의 뜨거운 눈물이 눈앞을 가로막는 체험을 하게 된다. 가슴이 찢어지는 아픔을 주고 슬픔의 어두운 장막을 드리우는 질병과 죽음이라는 위대한 파괴자는 모든 가족을 찾아온다. 파괴할 수 없을 듯 보이는 강한 악의 올가미에 모든 사람이 다소간에 꽉 붙잡혀 있어서 고통, 불행과 악운이 숙명처럼 모든 이를 계속해서 기다린다.

　사람들은 이 어두운 그림자에서 벗어나기 위해, 또는 그것을 어떤 식으로든 누그러뜨리기 위해 맹목적으로 무수한 책략을 성급히 동원한다. 어리석게도 그들은 그런 방법을 통해 안정된 행복의 경지에 들어서기를 희망하는 것이다. 말초적인 흥분에 탐닉하는 술꾼과 창녀들, 세상의 슬픔을 외면한 채 인간을 무기력하게 만드는 사치스러운 생활에 빠진 배타적인 심미주의자, 부와 명성을 갈망하고 그 실현을 최우선으로 여기는 자, 종교적인 의식을 이행하는 데서 위안을 찾는 자들이 바로 그런 사람들이다.

그들의 눈에는 자신이 추구하는 행복이 금방이라도 손에 잡힐 듯 보인다. 그래서 그들은 잠시 동안, 달콤한 방심에 빠져 악의 존재를 잊고 안일하게 지낸다. 그러나 병에 걸리는 날이 결국 찾아오게 되며, 나약한 영혼에게는 어느 날 갑자기 엄청난 슬픔, 유혹, 불운이 습격하기 마련이다. 그리하여 그들의 공상적인 행복은 산산조각나게 된다.

모든 개인적인 즐거움의 배후에는 고통을 안겨 주는 위험이 항상 도사리고 있다. 올바른 지식으로 무장하지 않은 이의 영혼은 언제 어느 때나 고통의 습격을 받아 좌절에 빠지기 쉽다.

아이는 어른이 되고 싶은 마음이 간절하고, 어른은 잃어버린 어린 시절의 행복을 그리워한다. 가난한 자는 자신을 옭아매는 가난의 굴레에 짜증을 내고, 부자는 가난에 대한 두려움에 휩싸여 살거나 혹은 스스로 행복이라 이름지은 종잡을 수 없는 그림자를 찾아 세상을 헤맨다.

인간의 영혼은 때로 특정 종교를 택하고, 논리와 철학을 받아들이고, 지적 · 예술적 이상을 세우는 데서 보다 확실한 평화와 행복을 추구하기도 한다. 그러나 어떤 압도적인 유혹을 겪고 나면, 종교는 부적절하거나 불충분함을 드러낸다. 철학 이론은 쓸모 없는 버팀목임을 깨닫게 된다. 지성과 예술의 열광적인 추종자가 수년 동안 숱한 노력을 바쳐 추구해 온 이상은 한 순간에 물거품이 되어 버린다.

정녕 인생의 고통과 슬픔에서 벗어날 방법은 없는 것인가? 악의 속박을 끊어 낼 방법은 없는 것인가? 영원한 행복, 안정된 번영, 그리고 지속적인 평화는 바보 같은 꿈에 지나지 않는 것인가?

아니, 그렇지 않다. 분명 방법은 있다. 지금부터 나는 악을 영원히 근절할 수 있는 방법에 대해 기꺼이 이야기하려 한다. 질병, 가난, 불행한 조건이나 상황을 다시는 겪지 않도록 근원적으로 극복할 수 있는 방법이 있다. 역경이 재발할 거라는 두려움이 전혀 없는, 영구적인 번영을 확보할 수 있는 방법이 있다. 또한, 온전하고 영구적인 평화와 행복을 누릴 수 있게 하는 실천 방법이 있다. 이러한 영광스러운 삶을 실현하는 길은 악의 본질에 대한 올바른 이해로부터 시작된다.

악을 부정하거나 무시하는 것으로는 충분치 않다. 악에 대한 이해가 필요하다. 악을 없애 달라고 신에게 기도드리는 것만으로는 충분하지 않다. 악이 존재하는 이유와 악이 주는 교훈이 무엇인지 알아 내야 한다. 당신을 속박하는 굴레에 대해 화내고, 초조해 하고, 안달하는 것은 아무 소용이 없다. 당신이 왜, 어떻게 속박 받고 있는지 알아야 한다.

그러므로 독자여, 당신은 객관적인 입장에 서서 스스로를 반성하고 이해하는 작업에 착수해야 한다. 당신은 경험이라는 학교에서 문제아가 되는 것을 그만두고, 정신의 고양과 인격 완성이라는 궁극의 목적을 위해 설정된 악의 교훈을 겸손하고 인내하는 자세로 배우기 시작해야 한다. 왜냐하면 악이란, 올바로 이해되기만 하면, 이 우주에서 무소불위無所不爲의 힘이나 원리가 아니라 인생 경험의 한 통과 단계일 따름이고, 따라서 배우려는 사람에게 악은 스승이 되어 주기 때문이다.

악은 당신 외부에 존재하는 추상적인 무엇이 아니다. 그것은 바로 당신이 마음속에서 구체적으로 느끼는 경험이다. 자신의 마음을 꾸준히 점검하고 바로잡는다면, 당신은 점차 악의 근원과 본질을 발견하게 될 것이며, 종국에는 반드시 악을 완전히 근절할 수 있을 것이다.

모든 악은 교정과 치료의 성격을 가지고 있으므로, 영속적인 게 아니다. 악은 사물과 현상의 진정한 본질과 관계에 대한 무지에 뿌리를 두고 있다. 우리가 그러한 무지의 상태에 머물러 있는 한, 악에 대한 예속 상태는 계속될 수밖에 없다.

세상의 모든 악은 무지의 결과로 생겨난다. 우리가 기꺼이 악의 교훈을 배우려는 자세로 임한다면, 악은 우리를 좀더 고차원적인 지혜로 인도하고 나서 사라져 버릴 것이다. 그러나 사람들은 여전히 악의 함정에 빠져 있으며, 악은 사라지지 않았다. 악의 교훈을 배울 자세가 갖춰져 있지 않기 때문이다.

내가 아는 한 아이는 엄마가 그를 잠자리에 데려갈 때마다 엄마에게 촛불을 가지고 놀게 해 달라고 떼를 썼다. 그러던 어느 날, 그 아이는 엄마가 잠시 자리를 비운 틈을 타서 촛불을 손에 쥘 수 있게 되었다. 피할 수 없는 결과가 뒤따랐고, 그 아이는 다시는 초를 가지고 놀려 하지 않았다. 단 한 번의 어리석은 행동으로 인해 아이는 부모님 말씀에 순종해야 한다는 교훈을 철저히 깨달았으며, 불은 뜨겁다는 지식을 갖게 되었다.

이 이야기는 모든 죄와 악의 본질과 의미, 궁극적인 결과를 완벽하게 설명해 주고 있다. 그 아이가 불의 성질을 몰라서 고통을 겪은 것처럼, 그보다 훨씬 나이 든 '아이'들도 그들이 간절히 원하고 또한 얻고자 애쓰면서도 막상 얻고 나면 그들에게 해를 끼치는 것들에 대한 무지로 인해 고통을 겪는다. 다만 후자의 경우, 무지와 악이 좀더 깊은 뿌리를 가지고 있고 그 실체가 더 모호하다는 점이 다를 뿐이다.

악의 상징은 항상 어둠이었고, 선의 상징은 언제나 빛이었다. 이러한 상징 체계 안에 선과 악에 대한 정확한 해석, 즉 진실이 들어 있다. 빛은 언제나 우주에 가득하고, 어둠은 끝없이 광대한 빛의 몇 줄기만을 차단하는 작은 물체에 의해 생긴 그림자나 반점에 불과하듯, 최고선最高善의 빛은 우주에 가득 충만한 긍정적 힘이자 생명을 주는 힘이며, 악은 침투하려 애쓰는 빛의 광선을 차단하고 막는 '이기적 자아'에 의해 드리워진 작은 그림자에 불과하다.

밤은 빛이 통하지 않는 암흑의 장막으로 세상을 덮어 버린다. 그러나 그 어둠이 아무리 짙을지라도, 밤은 우리가 살고 있는 작은 행성의 절반 정도의 공간만을 덮을 뿐이다. 반면에 우주 전체는 강렬한 빛으로 밝게 빛나고 있으며, 모든 영혼은 자신이 아침 빛에 깨어날 것을 알고 있다.

그렇다면 슬픔과 고통, 불행의 어두운 밤이 당신의 영혼을 뒤덮고 당신이 확신 없는 지친 발걸음으로 비틀거리며 걸을 때는, 당신이 기쁨과 행복의 무한한 빛을 당신의 개인적인 욕구로 가로막고 있을 뿐이라는 것을, 그리고 당신을 뒤덮은 어두운 그림자는 그 어느 누구도 아닌 바로 당신 자신이 드리운 그림자라는 것을 알도록 하라.

외부의 어둠이 근원도 방향도 일정한 거처도 없는 비현실, 즉 부정적인 negative 그림자인 것처럼 내부의 어둠도 빛에서 태어나 발전해 가는 영혼을 비추고 지나가는 부정적인 그림자이다.

"그런데 도대체 왜 악의 어둠을 통과해야 한단 말인가?"라고 누군가 묻는다면 이렇게 대답하겠다. 왜냐하면, 당신은 자신의 무지로 인해 그렇게 하기로 선택했기 때문이오. 그리고 어둠을 뚫고 지나감으로써 당신은 좀더 많은 빛을 감지해 낼 수 있고, 선과 악을 보다 잘 이해할 수 있을 것이기 때문이오. 모든 악은 무지의 직접적인 결과이다. 따라서 당신이 악의 교훈을 충분히 숙지한다면 무지는 어느덧 사라지고 지혜가 그 자리를 대신하게 될 것이다.

그러나 반항적인 아이가 학교 수업을 거부하듯이 경험의 수업을 배우지 않으려 할 수도 있고, 그리하여 계속적인 어둠 속에 머무르고 질병, 실망과 슬픔의 형태로 거듭 발생하는 형벌을 겪을 수도 있다. 그러므로 자신을 에워싸는 악을 떨쳐 버리려는 사람은 기꺼이 배우려는 자세를 가져야 하며 단련과 수양의 과정을 견디어 낼 각오가 되어 있어야 한다. 그 과정 없이는 지혜나 영구적인 행복과 평화가 조금도 확보될 수 없다.

스스로 어두운 방에 틀어박혀 빛의 존재를 거부하는 사람이 있을 수도 있다. 그러나 빛은 외부의 모든 곳에 퍼져 있으며, 어둠은 단지 그의 작은 방 안에만 존재할 뿐이다. 마찬가지로 당신은 진리의 빛을 마음에 받아들이지 않을 수도 있고, 또는 자신의 둘레에 쌓아올린 편견과 이기주의와 그릇된 생각의 장벽을 쓰러뜨리는 작업을 시작함으로써 어디에나 존재하는 찬란한 진리의 빛을 받아들일 수도 있다.

진지한 자기 반성을 통해, 악은 지나가는 한 단계이며 자신이 만들어 낸 그림자에 불과하다는 사실을 단지 이론으로만 인정하지 말고 철저히 실감하도록 노력하라. 또한 당신이 겪는 모든 고통, 슬픔, 그리고 불행은 오류 없이 절대적으로 완전한 우주적 법칙에 의해 당신에게 온 것임을, 당신이 그런 일을 당할 만하고 그런 일을 겪을 필요가 있기 때문에 당신에게 온 것임을, 그런 일을 견디어 내고 이해함으로써 당신은 더 강해지고 더 현명해지고 더 고귀해질 수 있음을 깨닫도록 노력하라.

그와 같은 깨달음에 충분히 들어섰다면, 당신은 자신의 환경을 스스로 만들고, 모든 악을 선으로 바꾸고, 뛰어난 솜씨로 운명의 천을 짤 수 있는 능력을 이미 갖춘 셈이다.

지금은 밤이지만, 오 깨어 있는 자여!
희미하게 동터오는 새벽이,
태양빛을 예고하는 황금빛 사자使者인 여명이
산꼭대기에 보이는가?
여명의 고운 빛줄기가 산꼭대기에 드리워져 있는가?

어둠을 쫓아내기 위해, 그리고 어둠과 함께
밤의 모든 악마들을 몰아내기 위해
빛이 오고 있다. 빛의 광선이 그대의 시야를 비추는가?
죄인들의 운명을 알리는 그의 목소리를 그대는 듣는가?

빛의 연인인 아침이 오고 있다.
산등성이를 지금도 황금빛으로 물들이면서
나는 밤을 향하여 지금도 다가오고 있는
빛의 진로를 어렴풋이 본다.

어둠은 사라질 것이다. 그리고 어둠을 사랑하고

빛을 미워하는 모든 것들은

밤과 함께 영원히 사라질 것이다.

기뻐하라! 빠르게 다가오고 있는 사자使者가 이렇게 노래하므로.

세상은
내면의 거울

당신이 어떤 존재인가에 따라, 당신의 세계가 만들어진다. 외부 세계에 있는 모든 것은 당신의 내면적 경험으로 바뀌어진다. 외부에 존재하는 것들은 별로 문제가 되지 않는다. 그것들은 모두 당신의 의식 상태를 비추는 영상이기 때문이다. 당신의 내면에 있는 것이 결정적으로 중요하다. 외부에 있는 모든 것이 이에 따라 비춰지고 채색되기 때문이다.

당신이 확실히 알고 있는 모든 것은 당신 자신의 경험 속에 들어 있는 것이다. 당신이 앞으로 알게 될 모든 것은 경험의 문을 거쳐서 들어온 다음 당신 자신의 일부가 된다.

당신의 생각, 욕망, 열망이 당신의 세계를 구성한다. 아름다움과 즐거움과 행복의 세계에 속한 모든 것, 추악함과 슬픔과 고통의 세계에 속한 모든 것이 당신 자신 안에 들어 있다. 당신의 생각에 따라 당신의 삶, 당신의 세계, 당신의 우주가 만들어지거나 망가진다.

당신이 생각의 힘으로 내면적 삶을 구성하듯이, 당신의 외적인 삶과 상황도 그에 따라 만들어진다. 마음속 가장 깊은 곳에 품고 있는 모든 생각은 필연적인 반작용의 법칙에 의해 머지않아 당신의 외적인 삶에 그 형상을 만들게 된다.

불순하고, 야비하고, 이기적인 영혼은 불행과 파멸을 향해 지극히 정확하게 끌려가고 있다. 순수하고, 이타적이고, 고귀한 영혼은 행복과 번영을 향해 똑같은 정확함으로 끌려가고 있다. 모든 영혼은 제각기 자신에게 속한 것만을 끌어당기며, 영혼에 이질적인 것은 결코 그 영혼에 도달할 수 없다. 이 점을 깨달으면 성스러운 법칙의 보편성을 깨닫게 된다.

어떤 이의 생활 속에서 벌어지는 사건들은, 성공이든 실패든, 그 영혼의 정신 세계가 지닌 특성과 힘에 이끌려 일어난 것이다. 모든 영혼은 경험과 생각이 모여 이루어진 복잡한 결합체이며, 몸은 영혼을 나타내 주기 위해 만들어진 매개체에 불과하다. 그러므로 당신이 생각하는 바가 당신의 실제 자아이며 당신이 경험하는 세상은 당신의 생각이 세상에 투사한 모습을 띠고 있다.

"우리의 현재 상태는 모두 지금까지 우리가 생각해 온 것의 결과이다. 정신적 상태는 생각에 기초하며, 생각으로 이루어져 있다." 부처는 이렇게 말했다. 그러므로 어떤 이가 행복하다면 그가 행복한 생각 속에 살기 때문이고, 불행하다면 의기소침하고 무기력한 생각에 젖어 있기 때문이라는 결론이 나온다. 어떤 이가 겁이 많든 대담하든, 어리석든 현명하든, 불안하든 평온하든 간에, 그가 처한 모든 정신 상태의 원인은 그의 영혼 내부에 있으며, 결코 외부에 있지 않다.

지금 독자들이 일제히 외치는 목소리가 들리는 것 같다. "그런데 당신은 정말로 외부적인 상황이 우리의 정신에 아무런 영향을 끼치지 않는다는 겁니까?"라고. 나는 그렇게 단정적으로 말하는 것이 아니다. 상황은 단지 당신 스스로 허용할 경우에만 당신에게 영향을 끼친다고 말하려는 것이고, 이것은 의심할 여지없는 진리이다. 당신은 생각의 본질, 효용, 힘을 올바로 이해하지 않고 있기 때문에 상황에 좌우되는 것이다. 당신은 외부 상황이 당신의 삶을 성공으로 이끌거나 망치게 하는 힘이 있다고 믿는다(그리고 믿음이라는 이 단어 하나에 따라 우리들의 모든 슬픔과 기쁨이 결정된다). 그렇게 믿음으로써 당신은 외부 상황에 굴복하고, 외부 환경이 당신을 절대적으로 조종하는 주인이며, 당신은 노예라고 스스로 인정하고 있다. 또한 그렇게 믿음으로써, 당신은 아무런 힘도 없는 외부 상황에 힘을 부여한다. 그런데 당신이 굴복하는 대상은, 실은 상황 그 자체가 아니라 당신의 정신 세계가 외부 상황에 투사한 우울함이나 기쁨, 두려움이나 희망, 장점이나 약점이다.

나는 언젠가 젊은 나이에 몇 년 동안 힘들게 일해서 번 돈을 잃어버린 두 사람의 얘기를 들은 적이 있다. 한 사람은 아주 많이 고통스러워하고, 분노를 터뜨리고, 걱정하고, 낙담하였다.

그러나 다른 한 사람은 자신이 돈을 맡긴 은행이 아무런 가망 없이 파산해 버렸다는 신문 기사를 읽고 이제 돈을 되찾을 길이 없다는 사실을 알았지만, 그저 조용하고 단호하게 다음과 같이 말했다. "다 끝난 일이야. 괴로워하고 걱정한다 해도 그 돈은 다시 돌아오지 않아. 열심히 일해서 다시 벌어야지"라고. 그는 새로운 각오로 열심히 일하기 시작했고, 얼마 안 가 많은 돈을 벌게 되었다. 반면에, 앞 사람의 경우는 돈을 잃은 걸 슬퍼만 하면서, 자신의 '불운'에 대해 푸념만 늘어놓다가 결국 불행한 상황의 노리개로 전락하고 말았다. 나약하고 비굴한 생각이 그대로 현실로 굳어진 것이다.

그에게는 돈을 잃은 일이 저주의 씨앗이었다. 그는 어둡고 침울한 생각으로 그 사건을 해석했기 때문이다. 하지만 똑같은 일이 다른 이에게는 축복이었다. 그는 그 사건을 강하고 희망적인 생각으로 해석했고, 새로운 각오로 노력을 했기 때문이다.

만약 축복을 주거나 해를 끼치는 힘이 상황 자체에 있다면, 상황은 모든 사람들에게 똑같이 축복을 내리고 해를 끼칠 것이다. 그러나 똑같은 상황이라도 각각의 사람에 따라 좋을 수도 있고 나쁠 수도 있다는 사실은 선이나 악이 상황 자체에 있지 않고, 상황을 맞아들이는 사람의 정신 속에 있다는 것을 증명한다.

이 점을 깨닫기 시작할 때, 당신은 자신의 생각을 단속하고, 자신의 정신을 다스리고 훈련시키기 시작할 것이며, 당신의 영혼이라는 내면의 신전神殿을 다시 지어서 쓸모 없고 불필요한 생각은 모두 없애고, 기쁨과 평온, 힘과 생명, 동정심과 사랑, 아름다움과 불멸의 생각만을 당신의 존재 안으로 통합시키기 시작할 것이다. 그리고 그렇게 함에 따라 당신은 기쁨과 평온, 힘과 건강, 동정심과 사랑으로 충만하게 되고, 불멸의 미로 아름다워질 것이다.

우리가 각자 자신의 생각이라는 색안경을 통해 사건을 체험하는 것처럼, 우리는 주변의 현실 세계에서 보이는 대상들도 자신의 생각이라는 색안경을 통해 본다. 그래서 어떤 이가 조화와 아름다움을 보는 곳에서 다른 사람은 역겨움과 추함을 보기도 한다.

어떤 열성적인 자연주의자가 어느 날 취미 삼아 시골길을 돌아다니다가 농장 근처에서 연못 하나를 발견했다. 그는 현미경으로 검사해 볼 목적으로 작은 병에 물을 담기 위해 그 쪽으로 가면서, 옆에 서 있던 어리숙해 보이는 농사꾼에게 이 연못 속에 숨어 있는 수많은 놀라운 현상에 대해 열광적으로 설명하였고, 다음과 같은 밀로 끝을 맺었다. "그래요. 이 연못 속에는 수백, 아니 수만 개의 세계가 들어 있어요. 이를 알아볼 수 있는 감각이나 도구가 있다면 그 세계를 이해할 수 있을 텐데……."

그러자 그 소박한 농부는 지루한 목소리로 이렇게 말했다. "저 연못에는 올챙이가 많이 있죠. 잡기도 쉬워요."

이 자연주의자의 정신은 자연 현상에 대한 지식으로 가득 차 있어서 아름다움과 조화, 그리고 숨겨진 장관을 연못에서 보았지만, 과학 지식을 전혀 모르는 이 농부는 같은 연못을 보면서도 불쾌한 흙탕물만 보았다.

어떤 여행자가 길을 가다 무심코 밟아 버린 들꽃도 시인의 영감 어린 시선으로 바라보면 하늘에서 내려온 천사의 메신저로 보인다. 많은 이들에게 바다는 그저 배가 항해하고 가끔씩 조난을 당하기도 하는 넓디넓고 적막한 물의 공간일 뿐이다. 그러나 음악가의 영혼을 지닌 사람에게 바다는 살아 있는 생명체이며, 그는 시시때때로 변하는 바다의 분위기 속에서 신성한 화음의 소리를 듣는다. 보통 사람들이 재난과 혼란을 보는 곳에서, 철학자의 정신을 지닌 사람은 가장 완벽한 인과 관계의 연속을 본다. 또한 유물론 자가 끝없는 물질 현상만 보는 곳에서, 신비주의자는 영원한 생명의 약동을 본다.

우리는 자신의 생각이라는 색안경을 통해 사건과 대상을 바라보는 것처럼, 다른 사람을 대할 때도 생각의 색안경을 통해 바라본다. 의심이 많은 사람은 모든 사람이 의심스럽다고 믿는다. 거짓말쟁이는 세상에 정말로 진실한 사람이 있다고 믿는 건 바보 같은 짓이라고 생각해야 마음이 편해진다. 시기심 많은 사람은 다른 모든 사람들도 시기심이 많다고 생각한다. 구두쇠는 모든 사람들이 자신의 돈을 탐내고 있다고 생각한다. 양심을 속이면서까지 재물을 쌓는 사람은 잠잘 때 베개 밑에 권총을 넣어 두면서 세상은 자기 돈을 강탈하려는 자들로 넘치고 있다는 망상에 사로잡힌다. 방탕한 호색가好色家는 성인聖人을 위선자로 간주한다.

반면, 사랑에 충만한 생각을 하며 살아가는 사람은 모든 사람 안에서 자신의 사랑과 동정심을 일으키는 장점을 본다. 의심할 줄 모르고 정직한 사람은 의심으로 인한 고통을 받지 않는다. 본성이 착하고 인정이 많은 사람은 다른 사람들의 행운에 기뻐하며 질투의 의미를 알지도 못한다. 또한 자기 내부의 신성을 깨달은 사람은 모든 생명 안에서, 심지어 짐승 안에서도 신성을 알아본다.

사람들은 인과의 법칙에 따라 자신들이 뿌린 대로 거두게 되고, 자신과 비슷한 생각을 가진 사람들과 만나게 되어 있다는 사실 때문에, 자신들의 정신적 시야를 바꾸지 못하고 고정 관념이 깊어지기 쉽다. 유유상종類類相從 이란 속담은 사람들이 흔히 이해하고 있는 뜻보다 훨씬 깊은 의미를 담고 있다. 생각의 세계는 물질의 세계와 마찬가지로 같은 종류끼리 끌어당기기 때문이다.

친절한 대우를 받고 싶습니까? 친절하게 대하십시오.
진실을 원합니까? 진실한 사람이 되십시오.
당신이 나누어 준 대로 당신도 받을 것입니다.
당신의 세계는 바로 당신을 비춘 거울입니다.

만약 당신이 사후에 존재하는 더 행복한 세계를 간절히 바라고 기대하는 사람들 중 한 명이라면, 당신을 위한 기쁜 소식이 여기 있다. 즉, 그 행복의 세계는 온 우주를 채우고 있고, 당신 안에 있으며, 당신이 찾아서 인정해 주고 소유해 주길 기다리고 있다.

존재의 내적인 법칙을 알았던 사람은 이렇게 말했다. "사람들이 여기로 오라 저기로 오라 말할 때, 그 뒤를 쫓아가지 말라. 천국은 네 안에 있다." 당신이 해야 할 일은, 의심에 물들지 않은 정신으로 이것을 믿고, 이해될 때까지 깊이 생각하는 것이다. 그러면 당신은 자신의 내면 세계를 정화하여 새롭게 구성하기 시작할 것이고, 뜻밖의 새로운 사실들을 계속 깨달아 가면서 당신이 발전함에 따라, 스스로 다스리는 영혼의 놀라운 힘 옆에서는 외적 요소가 완전히 무력하다는 것을 알게 될 것이다.

만약 당신이 세상을 바로잡고,
모든 악과 불행을 내쫓고 싶다면,
황무지에 꽃이 피게 하고 적막한 불모지가
장미꽃이 만발하듯 번영하게 만들고 싶다면,
먼저 당신 자신을 바로잡으라.
오랫동안 죄에 사로잡혀 있는 이 세상이

영광을 향해 방향을 전환하도록 이끌고 싶다면,
찢어진 사람들의 가슴을 회복시키고,
슬픔을 근절하고, 감미로운 위로가 넘치게 하려면,
먼저 당신 마음의 방향을 전환하라.

세상의 오랜 질병을 치료하고,
세상의 슬픔과 고통을 끝내려면,
모든 것을 치유하는 기쁨을 세상에 가져오려면,
그리고 고생하는 이들에게 평안을 주려면,
먼저 당신 자신을 치료하라.
세상을 사랑과 평화로 인도하고,
영원한 생명의 빛과 광명에 이르게 하여
죽음과 음울한 투쟁의 잠으로부터
세상을 깨우고 싶다면,
먼저 당신 자신이 깨어나라.

원치 않는 환경을
극복하는 길

악은 이기적 자아가 영원한 선善의 초월적 형상을 가로막아서 생긴 일시적 그림자에 불과하다는 사실과 세상은 자신의 모습을 그대로 반영하는 거울이라는 사실을 깨닫고 나면, 이제 우리는 우주의 영원한 법칙을 깨닫고 바라보는 인식 단계를 향해 안정되고 여유 있는 걸음을 내딛게 된다.

이 인식 단계에 도달하면 모든 것이 원인과 결과의 끊임없는 상호 작용 안에 포함되어 있으며, 그 어느 것도 이 법칙에서 벗어날 수 없다는 사실을 알게 된다. 사람의 아주 사소한 생각이나 말, 행동에서부터 천체의 배치에 이르기까지 영원의 법칙은 우주 최고의 힘으로 통치한다.

그 법칙을 잠시라도 벗어난 제멋대로의 상태는 있을 수 없다. 그런 경우는 영원한 법칙의 부정이자 폐지일 것이기 때문이다. 그러므로 삶의 모든 상태는 질서 정연하고 조화로운 이치와 밀접한 관계를 맺고 있으며, 모든 상태의 비밀과 원인은 그것 자체 안에 숨어 있다.

"뿌린 대로 거두리라"는 법칙은 영원의 문 위에 타오르는 듯한 글씨로 새겨져 있으며, 아무도 이 법칙을 부정할 수 없고, 속일 수 없고, 벗어날 수 없다. 불 속에 손을 넣은 사람은 불길이 다 사그라질 때까지 타 들어가는 고통을 느껴야 하며, 어떤 저주의 말을 내뱉거나 간절히 기도를 드려도 소용이 없고 상황을 바꿀 수 없다. 이와 똑같은 법칙이 정신의 영역도 지배한다.

증오, 분노, 질투, 시기, 욕망, 탐욕, 이것들은 모두 타오르는 불길이며, 이 불길에 살짝 손만 갖다 댄 사람들도 타는 고통으로 괴로워해야 한다. 이러한 모든 정신적 상태는 당연히 '악'으로 불리고 있다. 왜냐하면, 이런 것들은 무지한 상태에서 영원한 법칙을 뒤엎으려는 영혼의 결과이고, 뒤이어 정신적인 혼돈과 혼란에 이르고, 얼마 안 가 질병, 실패, 불행과 같은 외부적 상황이 슬픔, 고통, 절망과 맞물려 찾아오기 때문이다.

사랑, 온순함, 선의, 순수는 이를 추구하는 영혼에게 평화를 불어넣는 시원한 공기와도 같으며, 영원의 법칙과 조화를 이루면서 건강, 평화로운 주위 상황, 정도에서 벗어나지 않는 성공과 행운의 형태로 실현된다.

우주 전체를 속속들이 관통하는 이 위대한 법칙을 완벽하게 이해하면 복종이라는 정신 상태에 들어가게 된다. 정의, 조화, 사랑이 우주에서 최고의 가치임을 이해하면 온갖 불운하고 고통스러운 상태가 이 법칙에 복종하지 않아서 생긴 결과라는 것도 마찬가지로 알게 된다. 이것을 알면 힘과 능력을 갖게 되며, 진정한 삶과 영속적인 성공과 행복은 이러한 이해의 바탕 위에서만 이루어질 수 있다.

모든 상황에서 인내하고, 모든 상태를 자신을 수련하는 데 필요한 요소로 받아들인다면 모든 고통스러운 상태를 초월하게 되고, 고통이 다시는 찾아올 수 없게끔 확실하게 극복할 수 있다. 법칙에 복종하는 힘에 의해 고통의 상태가 완전히 없어지기 때문이다. 법칙에 복종하는 사람은 법칙과 조화를 이루어 일을 하고, 사실상 법칙과 자기 자신을 동일시하며, 그가 극복한 결점은 영원히 극복된 것이고, 그가 쌓은 덕은 결코 파괴되지 않는다.

모든 힘의 원인은 모든 나약함의 원인과 마찬가지로 내부에 있다. 모든 행복의 비결도 불행의 경우와 마찬가지로 내부에 있다. 정신적인 발전과 따로 떨어진 진보는 있을 수 없으며, 이해력이 단계적으로 착실히 향상하지 않으면 번영이나 평화의 확고한 빌판이 마련되지 않는다.

당신은 자신이 상황에 구속당하고 있다고 말한다. 당신은 좀더 좋은 기회, 좀더 넓은 시야, 물질적 조건의 향상을 소리쳐 요구하고 있으며, 마음 속으로는 아마도 당신의 손과 발을 묶어 놓는 운명을 저주하고 있을 것이다. 그러나 당신이 자신의 내적 삶을 향상시키겠다고 확고히 결심한다면, 당신이 바라는 보다 나은 조건을 당신의 외적 삶에서도 만들어 낼 수 있다.

나는 이런 방식이 처음에는 아무 효과가 없을 것처럼 보인다는 걸 알고 있다. 진리는 항상 그런 식이다. 처음부터 유혹적이고 매혹적으로 다가오는 것은 잘못과 기만뿐이다. 그러나 당신이 그 길을 걷기 시작하고, 자신의 정신을 끈기 있게 수련하여 약점들을 뿌리째 뽑으면서, 당신의 정신적 힘과 영적 힘이 펼쳐지도록 한다면, 당신은 자신의 외적인 삶에 일어날 마술과도 같은 변화에 놀라게 될 것이다.

앞으로 나아갈수록 당신의 앞길은 황금빛 기회로 뒤덮이게 되고, 그런 기회를 적절히 이용할 수 있는 능력과 판단력이 당신의 내면에서 샘솟을 것이다. 또한 기만히 있어도 좋은 친구들이 다기을 것이다. 비늘이 지석에 달라붙는 것처럼 당신과 마음이 통하는 영혼들이 다가올 것이다. 그리고 일부러 찾지 않아도 당신이 필요로 하는 책과 온갖 외부적 도움을 얻게 된다.

어쩌면 당신에게는 가난의 굴레가 무겁게 씌워져 있을 수도 있고, 친구가 없어 외로울 수도 있으며, 당신이 짊어진 짐이 가벼워지기를 강렬히 바라지만 정신적 부담은 계속되어, 당신은 점점 더 짙어지는 어둠 속에 싸여 있는 듯 느낄 수도 있다. 어쩌면 당신은 불평을 하고, 자신의 운명을 슬퍼하며, 당신의 출생, 부모, 고용주를 탓할 수도 있다. 또는, 당신에게는 너무도 부당한 가난과 고생을 주고 다른 어떤 사람에게는 풍요와 안락을 준 운명의 신들이 불공평하다고 탓할 수도 있다.

불평하지도 초조해하지도 말라. 당신이 탓하는 대상들 때문에 당신이 가난한 것이 아니다. 원인은 당신 내부에 있다. 그리고 원인이 있으면 구제할 방법도 있다. 당신이 불평꾼이라는 바로 그 사실은 모든 노력과 발전의 기초인 믿음이 없다는 것을 보여 준다.

법칙의 세계에는 불평꾼을 위한 자리가 없으며, 걱정 근심은 자기 영혼을 죽이는 짓이다. 바로 그러한 정신 자세 때문에 당신은 자신을 구속하는 굴레를 더 단단히 만들고 있으며, 당신의 주위를 감싸고 있는 어둠을 스스로 끌어들이고 있는 것이다.

삶에 대한 생각을 바꾸어라, 그러면 당신의 외적 삶도 바뀔 것이다. 믿음과 분별력을 갖춘 사람이 되도록 인격을 수양하라. 그리고 더 좋은 환경과 폭넓은 기회를 가질 만한 가치가 있는 사람으로 자신을 만들어라. 무엇보다 당신이 지니고 있는 것을 최대한 활용하도록 하라. 작은 것쯤은 그냥 넘어가도 커다란 발전을 이룰 수 있다는 생각으로 자신을 기만하지 말라. 발전할 수 있다 해도 그것은 영원하지 못하며, 자신이 무시하고 넘어간 교훈을 배우기 위해 다시 후퇴해야 할 것이다.

학생은 다음 진도로 나아가기 전에 기본을 완벽하게 해야 하는 것처럼, 당신이 원하는 위대한 선을 이루기 전에 당신이 이미 지니고 있는 것을 충실히 이용해야 한다. 성경에 나오는 달란트의 비유는 이러한 진리를 잘 보여 주는 아름다운 이야기이다. 이 이야기는 우리가 가진 재능이 아무리 하잘것없고 시시한 것이라 해도, 그것을 오용하거나 무시하거나 가치를 떨어뜨린다면 그것마저 우리에게서 달아난다는 사실을 비유적으로 묘사하고 있다. 자신의 재능을 무시하고 오용하는 사람은 그것을 소유할 가치가 없음을 스스로 보여 주고 있는 셈이다.

당신은 작은 오두막에 살고 있고, 별로 좋지 않은 환경에 놓여 있을지도 모른다. 당신은 좀더 크고 청결한 집을 갖고 싶어한다. 그렇다면 당신은 우선 자신이 살고 있는 오두막을 될 수 있는 대로 작은 낙원으로 만듦으로써 청결하고 큰 집에서 살 수 있는 마음의 준비를 해야 한다.

당신의 집을 한 점의 얼룩도 없이 깨끗하게 유지하라. 자신의 한정된 여건 속에서 최대한 멋있고 기분 좋은 공간으로 만들어라. 간소한 음식이라도 모든 정성을 다해서 요리하고, 당신의 소박한 식탁을 최대한 입맛이 당길 수 있는 식탁으로 꾸며라. 카펫을 살 여유가 없다면, 미소와 환영의 마음을 방바닥에 깔고 인내의 망치로 친절한 말들의 못을 단단히 박아 놓아라. 이런 카펫은 햇볕에 바래지도 않고, 계속해서 사용해도 닳지 않는다.

현재의 주위 환경을 이런 식으로 품위 있게 만듦으로써 당신은 그것을 극복할 것이고, 그것의 필요성도 극복할 것이며, 때가 되면 당신이 갖기 위해 준비하고 노력해 왔던 좋은 집과 주위 환경으로 나아가게 될 것이다.

아마도 당신은 생각하고 노력할 시간을 더 많이 원하고, 노력에 들인 시간이 너무 힘들고 길다고 느낄지도 모른다. 그렇다면 자신에게 주어진 금쪽 같은 시간을 최대한 충실히 이용하도록 하라. 당신에게 주어진 시간이 아무리 적더라도 그것을 이미 낭비하고 있다면 더 많은 시간을 원한다 해도 소용 없는 일이다. 당신은 점점 더 나태해지고 냉담해질 것이기 때문이다.

가난과 시간 부족조차도 당신이 생각하는 바와 달리 악이 아니다. 이것들이 당신의 발전을 막는다면, 당신이 스스로의 나약함을 이것들을 통해 표현했기 때문이며, 당신이 이것들 속에서 보는 악은 실제로는 당신 자신에게 있는 것이다.

당신이 스스로의 정신을 형성하고 만드는 한, 당신의 운명을 만드는 사람은 당신 자신임을 충분히 그리고 완전히 이해하려고 노력하라. 당신은 인격을 변화시키는 자기 훈련의 힘에 의해, 이 사실을 점점 더 깨달음에 따라 소위 악이라는 것이 축복으로 바뀔 수도 있다는 걸 이해하게 될 것이다.

그러면 당신은 자신의 가난을 인내심과 희망, 용기를 계발하는 데 이용할 것이며, 또한 작은 시간도 소중하게 효율적으로 이용함으로써 시간의 부족을 결단력과 행동의 기민성을 얻는 데 이용할 것이다.

두엄 냄새가 진동하는 토양에서 가장 아름다운 꽃이 자라나듯, 인류 역사상 위인들은 가난의 어두운 토양에서 아름다운 인간성의 꽃을 피운 경우가 많았다. 어려움에 대처해야 하고, 불만족스런 상태를 극복해야 하는 상황에서 미덕은 가장 크게 번성하고 또한 그 영광을 나타낸다.

당신은 가혹한 고용주 밑에서 심한 대우를 받고 있다고 느낄지도 모른다. 이것도 당신의 수련에 필요한 과정이라고 생각하라. 고용주의 몰인정한 행동에는 관용과 용서로 대하라. 인내심과 자제심을 끊임없이 실천하라. 정신적 힘과 영적 힘을 얻는 데 이러한 불리한 조건을 잘 이용하여 전화위복이 되게 하라. 당신이 조용히 모범을 보이고 감화를 줌으로써, 당신의 고용주는 느낀 바가 있게 되어 스스로 자기가 한 행동을 뉘우치게 될 것이며, 동시에 당신은 보다 높은 정신적 수준에 도달할 것이다. 그리고 높은 수준의 정신에 도달함으로써 당신은 기회가 주어질 때 당신 수준에 맞는 새로운 환경으로 들어갈 수 있게 된다.

당신이 착취당하고 있다고 불평하지 말고, 품위 있는 행동으로 현재의 상태를 극복하라. 자신이 다른 사람에게 구속되어 있다고 불평하기 전에, 혹시 스스로 자신을 구속하고 있는 것은 아닌지 살펴보라.

자신의 내부를 살펴보라. 엄격하게 살펴보고, 자신에게 자비를 베풀지 마라. 어쩌면 당신은 자신의 내부에서 노예적인 생각과 욕망을 발견할 수도 있고, 자신의 일상 생활과 행위에서 노예적인 습관을 발견할 수도 있을 것이다. 이를 극복하라. 이제 더 이상 자기 자신의 노예가 되지 말라. 그리하면 어느 누구도 당신을 노예로 만들 힘을 갖지 못한다. 당신이 자기 자신을 극복한다면, 온갖 불리한 상태도 극복해 낼 것이며 모든 어려움은 당신 앞에 무릎을 꿇을 것이다.

자신이 부자들의 억압을 받고 있다고 불평하지 마라. 만약, 당신이 부를 얻는다면 당신 자신은 가난한 자를 억압하지 않을 거라고 확신하는가? 우주에는 절대적으로 정의로운 영원한 법칙이 존재하며, 현재 다른 사람을 억압하는 사람은 미래에는 자신이 억압의 대상이 되어야 한다는 것을 기억하라. 이 논리는 예외 없이 적용된다. 따라서 위대한 법칙에 따르면, 어쩌면 당신이 전생에는 부유하고 억압하는 자였을 수도 있다. 그러므로 용기와 신념을 실천하라. 영원한 정의, 영원한 선에 대해 항상 마음속으로 곰곰이 생각하라.

개인적이고 일시적인 차원에서 벗어나 보편적이고 영원한 차원으로 들어가기 위해 노력하라. 당신이 다른 사람으로부터 상처 받고 억압 받고 있다는 자기 기만을 떨쳐 버려라. 그리고 삶을 지배하는 법칙과 자신의 정신적 삶에 대한 깊은 이해를 바탕으로, 당신은 오로지 자신 내부의 요소에 의해서만 실제로 상처를 받는다는 것을 깨닫기 위해 노력하라.

자기 연민보다 더 불명예스럽고 저질이며 지겨운 일은 없다. 자기 연민을 버려라. 그런 나쁜 요소가 당신의 마음을 좀먹고 있는 한, 당신은 절대로 충만한 삶으로 들어설 수 없다. 다른 사람에 대한 비난은 그만두고, 자기 자신을 비난하기 시작하라. 완벽한 순수에 맞먹지 못하거나, 순결한 선의 빛을 견디지 못할 행동이나 욕구, 생각은 절대로 너그럽게 봐 주지 마라. 그렇게 함으로써 당신은 영원의 토대 위에 집을 지을 수 있을 것이고, 당신의 행복과 평안을 위해 필요한 모든 것은 때가 되면 당신에게 올 것이다.

마음속의 이기적이고 부정적인 상태를 뿌리뽑는 길 말고는 가난이나 어떤 원하지 않는 환경을 영원히 극복할 수 있는 길은 없다. 가난 같은 원치 않는 환경은 이기적이고 부정적인 생각의 반영이고, 그런 생각 덕분에 지속되는 것이다. 참된 부를 얻는 방법은 덕을 쌓음으로써 영혼을 풍요롭게 하는 것이다. 참된 마음의 미덕 없이는 번영도 힘도 생겨나지 않는다. 겉모습만 그렇게 보일 뿐이다.

덕을 지니지도 못했고, 덕에 대한 욕구도 거의 없는 사람이 돈을 벌고 있는 경우도 있다. 그러나 그렇게 번 돈은 참된 부를 이루지 못하며, 그 돈의 소유는 일시적이고 불안정하다.

다음은 다윗의 증언이다. "이것은 내가 악인들이 잘 되는 것을 보고 교만한 자들을 질투하였음이라……. 그들의 눈은 비만으로 인해 튀어나오고, 그들의 소득은 지나치게 많으며……. 내가 깨끗한 마음으로 살고 죄를 짓지 않은 것이 허사구나……. 내가 이 모든 문제를 이해하기가 무척 힘들었으나, 내가 하나님의 성소에 들어갔을 때 악인들의 최후를 깨달았다."(시편 73:3, 7, 13, 16, 17)

악인들의 성공과 번영은 다윗이 하나님의 성소에 들어가기 전까지는 그에게 크나큰 시련이었으며, 성소에 들어가고 난 후에야 그는 그들의 결말을 알았다. 당신도 마찬가지로 하나님의 성소에 들어갈 수 있다. 그것은 당신의 마음속에 있다. 이는 온갖 더럽고, 사사롭고, 일시적인 것을 넘어서서 보편적이고 영원한 원칙이 실현될 때 유지되는 의식의 상태이다. 이는 신적神的인 의식 상태이며 하나님의 성소이다.

오랜 노력과 자기 수련으로 당신이 성스러운 신전 안으로 들어가는 데 성공하면, 숨겨진 것도 꿰뚫는 통찰력으로, 모든 사람의 생각과 노력의 결과와 열매를, 선과 악 둘 다를 알아보게 된다. 그러면 당신은 부도덕한 자가 물질적 재산을 축적하는 것을 보더라도 신앙심이 약해지는 일이 더 이상 없을 것이다. 그가 가난과 타락의 길로 다시 들어설 수밖에 없음을 알기 때문이다.

덕이 없는 부자는 실은 가난하며, 강물이 바다로 흘러가고 있듯이 그는 부의 풍요 속에서 서서히 가난과 불행 쪽으로 나아가고 있는 중이다. 설령 그가 부자인 채로 죽는다 해도, 그는 생전에 저지른 모든 부도덕한 행실의 쓰디쓴 열매를 거두기 위해 다시 태어나야 한다. 그리고 그가 부도덕하게 여러 번 부자가 되더라도, 결국에 오랜 경험과 고통을 통해 내면의 가난을 극복할 때까지 그만큼 다시 가난 속에 던져진다.

　그러나 물질적으로 가난해도 덕이 많은 사람은 실로 부자이고, 현재의 가난 속에서 성공과 번영을 향해 확실히 나아가고 있는 중이며, 넘치는 기쁨과 행복이 그를 기다리고 있다.

　당신이 진정으로, 그리고 영원히 번영을 누리고 싶다면 먼저 덕을 갖추어야 한다. 그러므로 성공에만 목표를 두고 성공을 인생의 유일한 목적으로 삼아, 그것을 향해 탐욕스럽게 달려드는 것은 어리석은 짓이다. 그것은 결국 자기 자신을 패배시키는 길이다. 그러므로 자기 완성에 목표를 두고, 유익하고 이타적인 봉사를 통해 사회의 번영에 기여하는 것을 인생의 목적으로 삼아, 영원히 변치 않는 최고의 선을 향해 믿음의 손을 항상 뻗으라.

　당신은 자기 자신을 위해서가 아니라, 선한 사업을 하고 다른 이들에게 베풀기 위해 부를 원한다고 말한다. 만약 이것이 진짜 동기라면, 부는 당신에게 돌아갈 것이다. 당신이 많은 재산을 소유하면서도 자신을 그 돈의 주인으로 생각하지 않고 그 돈의 관리자로 기꺼이 여긴다면, 정말로 당신은 강하고 이타적인 사람이기 때문이다.

　하지만 당신의 동기를 엄밀히 검토하라. 다른 사람의 행복을 위해 돈이 필요하다는 사람들 대부분의 경우, 숨겨진 진짜 동기는 대중의 인기를 얻고 싶은 것, 그리고 박애주의자나 개혁가인 체 모양을 내고 싶은 것이다.

　당신이 가진 돈이 아무리 적더라도 지금 그것으로 선을 행하고 있지 않다면, 당신은 틀림없이 돈을 많이 벌수록 점점 이기적으로 되어 간다. 그리고 당신이 자신의 돈으로 베풀었던 것으로 보였던 모든 선행은 교묘한 자기 자랑이었을 것이다.

　당신이 진정으로 바라는 것이 선을 행하는 것이라면, 선을 실천하기 전에 돈이 생기길 기다릴 필요가 없다. 바로 지금 당신이 있는 곳에서 선을 행할 수 있다. 만약 당신이 믿는 것처럼 진정으로 당신이 이타적인 사람이라면, 다른 이를 위해 지금 자신을 희생함으로써 그 사실을 보여 줄 수 있을 것이다. 당신이 아무리 가난하다 하더라도 자기 희생을 위한 여지는 남아 있다. 성경에 나오는 과부도 약소하나마 자신의 전 재산을 헌금함에 넣지 않았던가?

선을 진정으로 행하고자 하는 마음은 실천에 앞서 돈이 생기길 기다리지 않고, 희생의 제단으로 간다. 그리고 사사로운 욕심의 무가치한 요소들을 그 곳에 남겨 놓고 밖으로 나와서 이웃과 이방인, 친구와 적에게 똑같이 축복의 기운을 불어넣는다.

결과는 원인에 연관되어 있듯이 번영과 힘은 내적인 선에 연관되어 있으며, 가난과 무기력은 내적인 악에 연관되어 있다.

돈이 많다고 진정한 부를 이루는 것은 아니며, 지위나 권력도 마찬가지다. 그런 것에만 의지하는 것은 미끄러운 장소에 서 있는 것과 같다.

당신의 진정한 재산은 당신이 쌓은 덕이며, 당신의 진정한 힘은 덕을 어떻게 이용하느냐에 따라 생겨난다. 당신의 마음을 바로잡아라. 그러면 당신의 삶도 바로잡힐 것이다. 정욕, 증오, 분노, 허영, 오만, 탐욕, 방종, 자기 본위, 완고함, 이것들은 모두 가난이고 약점이다. 반면에 사랑, 순수, 친절, 온순, 인내, 동정심, 관대함, 헌신, 자기 희생, 이것들은 모두 재산이자 힘이다.

가난과 무기력의 요소가 극복되면 모든 것을 이겨 내는 막강한 힘이 내부로부터 생겨나며, 최고의 덕을 자신의 것으로 굳히는 데 성공한 사람은 온 세상을 자신에게 복종시킨다.

그러나 부자들도 나름대로 불만족스런 조건들을 가지고 있으며, 가난한 사람보다 행복으로부터 더 멀리 떨어져 있는 경우가 흔히 있다. 그래서 우리는 행복이 외적인 도움이나 소유에 달려 있는 것이 아니라 내적인 삶에 달려 있다는 것을 알아보려고 한다.

당신은 고용주이고 당신이 고용한 사람들과 마찰이 끊이지 않는다고 치자. 그러면 당신이 유능하고 성실한 직원들을 구해도 금방 떠나게 되어 있다. 그 결과 당신은 인간 본성에 대한 믿음을 잃어버리게 된다. 봉급을 올리고, 어느 정도의 자율을 주어서 문제를 해결하려고 해 보지만 아무 소용이 없다. 내가 충고 하나 하겠다.

당신이 곤란에 빠진 이유는 직원들에게 있는 것이 아니라 당신 자신에게 있다. 자신의 잘못을 발견해서 고치겠다는 겸허하고 진지한 자세를 가지고 자신의 내면을 살펴본다면, 머지않아 당신이 겪고 있는 모든 불행의 원인을 찾을 것이다.

그 원인은 이기적인 욕구이거나, 마음속에 잠재되어 있는 의심이거나, 몰인정한 정신 자세일 수 있다. 당신의 말투에서는 그런 기미가 보이지 않을지 몰라도, 이런 것들은 당신의 주위 사람들에게 해독을 끼치며 당신 자신에게도 반작용을 일으킨다. 직원들을 애정으로 대하고, 그들의 행복과 평안을 고려하라. 그리고 당신 자신도 하고 싶지 않은 너무 과중한 양의 업무를 직원들에게 요구하지 마라.

선을 베푸는 고용주의 모습에 직원들이 전적으로 자기 자신을 잊고 열심히 일하는 회사가 있다면, 그 고용주의 겸손은 참으로 아름답고 진귀하다 할 수 있다. 그러나 자신의 행복은 잊은 채, 자신에 의해 생활을 유지하는 직원들의 행복을 위해 애쓰는 고용주가 있다면, 그의 고귀함은 더욱 진귀하며 신성한 아름다움으로 빛나기까지 한다. 그런 고용주는 수십 배로 행복해질 수 있으며, 자신이 고용한 사람들의 불평을 들을 필요도 없다.

대규모의 직원을 고용하면서도 한 번도 직원을 해고할 필요가 없었던 어떤 잘 알려진 고용주는 이렇게 말했다. "나는 우리 직원들하고 항상 행복한 관계를 가져 왔다. 어떻게 그럴 수 있었냐고 설명을 부탁한다면, 나는 다른 사람이 나에게 해 주기를 바라는 대로 직원들에게 해 주겠다는 목표를 처음부터 지녀 왔던 것뿐이다." 바로 이 말 속에 모든 바람직한 상태를 이루고, 바람직하지 않은 모든 것을 극복할 수 있는 비결이 들어 있다.

당신은 자신이 외롭고 사랑 받지 못하는 존재이며, "세상에 친구 하나 없다"고 한탄하는가? 그렇다면 당신은 자신의 행복을 위해서 다른 어느 누구도 아닌 바로 당신 자신을 탓하라고 말하고 싶다. 다른 사람들에게 친절히 대하라. 그러면 당신 주변에 곧 친구들이 몰려올 것이다. 자신을 순수하고 사랑스러운 존재로 만들어라. 그러면 모든 사람에게 사랑받을 것이다.

당신의 삶을 고되게 만드는 상황이 무엇이든지 간에, 당신은 자기 정화와 자기 극복의 힘을 내면에서 계발하고 이용하여 그 상태를 벗어나고 극복할 수 있다. 그것이 지긋지긋한 가난이든(내가 여기서 말하고 있는 가난은 죄에서 해방된 영혼들의 명예인 자발적인 가난이 아니라 불행의 원천으로서의 가난이다), 부담이 되는 부(富)이든, 또는 인생이라는 그림의 어두운 배경을 이루는 수많은 불행, 슬픔, 근심거리이든 간에, 당신은 그것들에 생명력을 불어넣은 당신 내면의 이기적 요소를 극복함으로써 그것들을 극복할 수 있다.

절대적인 영원의 법칙에 의해, 과거의 생각과 행위 중에 속죄하고 처리해야 할 부분이 있다는 것은 중요한 문제가 아니다. 왜냐하면, 동일한 법칙에 의해 우리는 삶의 매순간마다 새로운 생각과 행위를 하고 있고, 그 생각과 행위를 좋게 혹은 나쁘게 만들 수 있는 힘이 있기 때문이다. 우리가 돈을 잃거나 지위를 상실하게 (우리가 뿌린 씨를 거두는 과정으로) 된다고 해서 우리가 꿋꿋함과 정직성도 상실해야 하는 것은 아니며, 우리의 진정한 재산과 힘과 행복은 바로 용기와 정직성이다.

자아에 집착하는 사람은 스스로의 적이 되며, 적들에게 둘러싸이게 된다. 자아를 버리는 사람은 스스로의 구세주이며 자신에게 힘이 되어 주는 친구들로 둘러싸인다. 순수한 마음의 성스러운 빛 앞에서는 모든 어둠이 사라지고 모든 구름이 걷히며, 자아를 정복한 사람은 세상을 정복한 것과 같다. 그러니 가난에서 벗어나라. 고통에서 벗어나라. 자아에서 벗어남으로써 당신의 근심 걱정, 탄식, 불평, 번민, 외로움에서 벗어나라.

오래 되어 너덜너덜해진 이기심의 옷을 벗고, 보편적인 사랑의 새 옷으로 갈아 입어라. 그리하면 당신은 마음속의 천국을 실현시킬 것이며, 그 천국의 모습은 당신의 외적인 생활 전체에 반영될 것이다.

자기 극복의 길에 확고히 발을 들여 놓고, 믿음이라는 지팡이의 도움을 받으면서 자기 희생의 길을 걷는 사람은 틀림없이 최고의 성공과 번영을 이룰 것이며, 풍요롭고 영구적인 기쁨과 행복을 누리게 될 것이다.

최고선最高善을 추구하는 자들에게는
모든 것이 가장 지혜로운 목적에 공헌한다.
어떤 것도 나쁘게 오지 않으며, 지혜는
모든 형태의 악을 선으로 바꾸어 놓는다.

즐거운 빛으로 빛나려고 기다리는 별을
음울한 슬픔이 덮어 가리지만,
지옥은 천국을 섬긴다. 그래서 밤이 지나면
멀리서 황금빛 영광이 온다.

패배는 우리가 그것을 발판으로 삼아 더 순수한 의도로
더 고귀한 목적을 향해 나아가는 계단일 뿐이다.
손실은 이득으로 인도하며, 기쁨은 시간의 언덕을
오르는 진실한 발걸음과 동행한다.
고통은 인간을 거룩한 기쁨의 길로,
신성한 생각과 말과 행위의 길로 인도한다.
어둠을 드리우는 구름과 빛나는 광명은,
위로 향한 인생의 대로大路를 따라 서로 맞닿는다.

불행은 그 길을 구름처럼 덮을 뿐,
그 길의 목적과 종점은

밝고 드높은 성공의 하늘에 있고,

그 곳은 우리가 찾아 내어 머무르기를 기다리고 있다.

우리의 희망의 계곡을 뒤덮는

의심과 공포의 무거운 장막,

영혼이 맞서 싸우는 마음속 어둠,

눈물어린 쓰디쓴 결과,

상심, 불행, 그리고 슬픔,

믿었던 의리가 깨어져 생겨난 마음의 상처,

이 모든 것들은 우리가 그것들을 발판으로 삼아

확실한 믿음의 살아 있는 길에 오르는 계단이다.

주의 깊은 사랑과 동정심이 죽음의 나라에서

생명의 나라로 오는 순례자를 마중하러 달려 나간다.

모든 영광과 모든 선한 것이

순례자가 오기를 기다린다.

생각의
고요한 힘

　　세상에서 가장 강력한 힘들은 눈에 보이지 않고 귀에 들리지 않으면서도, 그 힘의 강도에 따라 바르게 힘의 방향이 유도되면 이로운 힘이 되고 잘못 사용되면 해로운 힘이 된다. 증기, 전기, 원자력과 같은 역학적 힘에 이 원리가 적용된다는 사실은 많은 사람이 이해하고 있다. 그러나 이 원리를 정신의 영역에도 적용하는 사람은 아직 드물다. 정신 영역에서는 (모든 힘 중에서 가장 강력한) 생각의 힘이, 끊임없이 발생되고 있으며 구원이나 파멸의 흐름으로써 계속 방출되고 있다.

　인류 발전의 현 단계에서, 이제 인간은 이 힘을 소유하기 시작했고, 현재 진보의 전체적 방향은 이 힘을 완전히 복종시키는 쪽으로 향해 있다. 지상에 살고 있는 인간에게 가능한 모든 지혜는 완전한 극기self-mastery를 통해서만 찾을 수 있으며, "네 원수를 사랑하라"는 계명은 자신의 정신적 힘들을 소유하고 지배하고 변화시킴으로써, 최고의 지혜를 바로 지금 여기서 소유하기 시작하라는 권고의 말씀이다. 왜냐하면 인간은, 아직은 이기주의의 물결 위에 떠 있는 지푸라기처럼 자신의 무의식적 힘에 노예처럼 종속되어 있는 처지이기 때문이다.

이스라엘의 예언자들은 최고의 법칙을 완벽히 이해했기 때문에 외부적인 사건들을 내적인 생각에 항상 관련시켰으며, 국가적 재난이나 번영의 원인을 그 시대에 국가를 지배했던 생각과 욕망에 관련시켰다. 생각이 사건을 일으키는 원동력이라는 이해는 그들이 예언한 내용의 기초이며, 모든 진정한 지혜와 힘의 기초이기도 하다.

국가적 사건들은 국가의 정신적 힘으로부터 생겨난다. 전쟁, 전염병, 그리고 기근은 방향이 잘못 잡힌 생각의 힘들이 서로 만나고 충돌하여 빚어진 것이며, 파괴가 법칙의 대리인으로 개입한 최고의 갈등 지점이다. 전쟁이 독재자 한 사람 때문에 일어났다고 생각하는 것은 어리석은 판단이다. 전쟁은 국가적 이기주의가 빚어 낸 극한 공포이다.

모든 존재와 사건을 나타나게 하는 원동력은, 보이지 않고 들리지 않으면서도 무엇보다도 강한 생각의 힘이다. 우주는 생각에서 생겨났다. 물질을 궁극적으로 분석하면 물질이 객관화된 생각에 불과함이 밝혀진다. 인간의 모든 업적은 생각 속에서 먼저 구상되고, 그런 다음 구체화된다. 작가, 발명가, 건축가들은 처음에는 머릿속의 생각으로 자신의 작품을 만들고, 설계 단계에서 작품의 모든 부분을 완벽하게 조화된 모습으로 완성시키고 나서 실제 형체를 만들기 시작하여, 물질이나 감각으로 작품을 보고 느낄 수 있게 해 놓는다.

생각의 힘은 우주를 지배하는 법칙과 조화를 이루는 방향으로 사용될 때 그 힘이 건설적이고 보존적이지만, 방향이 잘못된 생각의 힘은 붕괴시키는 그리고 자기 파괴적인 힘이 된다.

선善의 전능성과 주권에 대한 완전하고 변치 않는 믿음에 당신의 모든 생각을 맞추는 것이, 바로 그 전능한 선善과 협력하는 것이고 또한 당신 내면에서 모든 악을 해체하고 파괴하는 것이다. 믿음을 가져라 그러면 살게 될 것이다. 그리고 여기에 구원의 참 의미가 있다. 즉, 살아 있는 영원한 선의 생생한 빛으로 들어가고 그 빛을 실감함으로써 악의 어둠과 비존재로부터 구원 받는 것이다.

두려움, 걱정, 고민, 의심, 근심, 원통함, 실망이 있는 곳에는 무지와 신념의 부족이 있다.

이러한 정신 상태는 모두 이기심의 직접적인 결과이며, 악의 힘과 우월성에 대한 타고난 믿음을 바탕으로 하고 있다. 그러므로 이런 정신 상태는 실질적인 무신론을 구성하며, 이런 부정적이고 영혼 파괴적인 정신 상태에 이끌려 사는 것이야말로 유일한 진짜 무신론이다.

인류가 필요로 하는 것은 그런 상태로부터 구원 받는 것이다. 그리고 자신이 그런 상태에 어쩔 수 없이 속박당하고 굴복하는 동안에는 구원을 받았다고 자랑하지 마라. 두려워하거나 걱정하는 것은 욕설을 퍼붓는 것만큼 죄스런 일이다. 왜냐하면 영원한 정의, 전능한 선, 무한한 사랑을 본질적으로 믿는 자가 어떻게 두려워하거나 걱정할 수 있겠는가? 두려워하고, 걱정하고, 의심하는 것은 부정하고 불신하는 것과 마찬가지다.

모든 나약함과 실패는 그런 정신 상태에서 비롯된다. 왜냐하면, 그것들은 긍정적인 생각의 힘이 없어지고 무너졌음을 보여 주기 때문이다. 긍정적 사고의 힘이 무너지지 않았더라면 목표를 향해 힘차게 속도를 냈을 것이고, 나름대로 유익한 결과를 가져왔을 것이다.

이런 부정적인 상태를 극복하는 것은 힘이 넘치는 삶 속에 들어서는 것이고, 노예 상태를 그만두는 것이며, 주인이 되는 것이다. 그리고 이런 부정적인 상태를 벗어날 수 있는 방법은 딱 한 가지이다. 그것은 정신적인 인식과 자각을 꾸준하게 지속적으로 확장하는 것이다.

마음속으로 악을 부인하는 것으로는 충분하지 않다. 매일 실천하고 극복하고 깨달아야 한다. 마음속으로 선을 긍정하는 것만으로는 불충분하다. 확고한 노력으로 선 속에 들어가고 선을 이해해야 한다.

자제심을 현명하게 실천하면 자신 내면의 생각의 힘을 빨리 이해하게 되며, 나중에는 생각의 힘을 올바르게 이용하고 이끄는 능력을 가지게 된다.

당신은 자아를 지배하는 정도에 비례해서 정신적인 힘에 통제되는 대신, 당신이 그것을 통제하는 정도에 비례해서 일상의 일과 외부적 상황을 지배하게 된다.

손만 대면 모든 것이 무너져 버리고, 자신의 코앞에 놓인 성공도 성취하지 못하는 사람이 있는가? 그런 사람은 바로 힘이 결여된 정신 상태 속에 계속해서 머물러 있는 사람이다.

의심의 수렁 속에 항상 빠지고, 두려움의 유사流砂에 계속 말려들거나 걱정의 바람에 끊임없이 휩쓸리는 사람은, 성공과 권세가 언제나 문을 두드린다고 해도, 그는 노예가 되고 노예의 삶을 살게 된다. 그런 사람은 신념이 없고 자제력이 없는 사람으로 자신의 일을 제대로 다스리는 능력이 없고, 상황에 얽매이기 쉬우며, 실제로는 자기 자신에게 얽매인 노예이다. 그런 사람은 고통을 통해 교육 받으며, 쓰디쓴 경험의 스트레스를 통해 결국 약한 자에서 강한 자로 변한다.

신념과 목표는 삶의 원동력을 구성한다. 강한 신념과 굽히지 않는 목표가 있으면 이루지 못할 것이 없다. 신념을 묵묵히 매일 실천함으로써 생각의 힘은 하나로 모이고, 목표를 묵묵히 매일 강화시킴으로써 생각의 힘은 성취의 대상을 향해 방향이 잡힌다.

인생길에서 당신이 어떤 처지에 놓여 있든지 간에, 어느 정도의 성공과 유능함, 힘을 갖게 되길 원하기 전에 먼저 당신은 침착함과 평온을 길러 둠으로써 생각의 힘을 집중시키는 방법을 터득해야 한다. 당신은 사업가인데 갑자기 어찌할 수 없는 어려움이나 재앙에 부딪쳤다고 하자. 당신은 두려움과 걱정이 커지면서 어찌할 바를 모르게 된다. 그러나 그러한 정신 상태를 지속하는 것은 치명적이다. 걱정을 하게 되면 정확한 판단을 못하기 때문이다.

이제 이른 아침이나 밤에 한두 시간 정도 조용한 시간을 택해서, 호젓한 장소나 집안에서 당신이 아무런 방해도 받지 않고 있을 수 있는 방으로 가

라. 그리고 편안한 자세로 앉은 다음, 당신의 삶에서 즐겁고 행복을 주는 무언가를 머리 속에 떠올림으로써 당신의 정신이 걱정의 대상으로부터 벗어날 수 있도록 하라. 그러면 고요하고 평안한 힘이 점차 당신의 정신 속으로 살며시 들어와서, 근심과 걱정은 사라지고 말 것이다.

당신의 정신이 걱정이라는 낮은 단계로 내려가고 있다는 것을 알아차리면, 즉시 정신을 되돌려 평화와 힘의 높은 단계에서 정신을 회복하라. 이것이 충분히 이루어졌을 때에는 자신의 온 정신을 자신의 어려움을 해결하는 데 집중시킬 수 있다. 그리하면 당신이 걱정하는 동안에는 극복할 수 없었던 복잡한 문제도 쉽고 간단해지며, 고요하고 침착한 정신일 때만 갖게 되는 명확한 통찰력과 완벽한 판단력이 생겨 어떤 과정을 추구해야 하고, 어떤 결과를 끌어 내야 할 것인지 알게 된다.

완벽한 마음의 평온을 이루려면 아마도 당신은 매일 노력해야 할 것이다. 하지만 꾸준히 노력한다면 틀림없이 그렇게 될 수 있다. 그리고 당신은 그 고요한 시간에 마음속으로 결정했던 일처리 방침대로 실행해야만 한다.

그 날의 업무에 다시 휩쓸리고 근심이 다시 찾아와서 당신을 지배하기 시작하면, 당신은 이미 정한 방침이 잘못되거나 어리석은 것 같다는 생각이 들 것이다. 그러나 그런 암시에 마음을 두지 말라. 걱정의 그림자에 죄우되지 말고, 고요한 통찰력이 안내하는 대로 무조건 철저하게 따르라.

고요의 시간은 깨달음과 올바른 판단력이 활동하는 시간이다. 이와 같은 정신적 훈련 과정을 통해, 산만해졌던 생각의 힘은 다시 통일되고, 미해결의 문제에 마치 탐조등의 불빛처럼 생각의 힘이 비추어져서 문제는 해결되고 만다.

생각의 힘을 고요하고 강력하게 집중시키면 아무리 큰 어려움이라도 무너지게 되어 있으며, 정당한 목적이라면 무엇이든지 영혼의 힘을 지혜롭게 사용하고 이끌어 감으로써 빠르게 실현시킬 수 있다.

당신은 자신의 내적 본성을 깊고 철저하게 탐구하고 그 안에 잠재되어 있는 수많은 적들을 물리치고 난 후에야, 생각의 미묘한 힘에 대해, 외적인 물질적 요소와 생각의 힘과의 뗄 수 없는 관계에 대해, 또는 올바르게 방향과 균형이 잡힌 경우에 생각의 힘이 삶의 상태를 재조정하고 변화시키는 과정에서 발휘하는 마법 같은 효력에 대해 비로소 어느 정도 정확한 이해를 할 수가 있다.

당신이 하는 모든 생각은 밖으로 방출되는 힘이며, 그것의 본질과 강도強度에 따라 그 생각은 자신을 잘 받아들이는 정신 속에 머물 곳을 찾아 나서게 된다. 그러고 나서, 다시 당신 자신에게 이로움이나 해로움으로 되돌아 올 것이다. 정신과 정신 사이에는 끊임없는 상호 작용이 있으며 생각의 힘이 계속해서 상호 교환되고 있다.

이기적이고 불온한 생각들은 악하고 해로운 힘이자 악의 사자使者로 보내져서 다른 이들의 정신 속에 있는 악을 자극하고 증대시킨 다음, 더 추가된 힘으로 당신에게 되돌아온다.

평온한, 순수한, 그리고 이타적인 생각들은 건강과 치유와 축복을 날개에 싣고 세상에 보내지는 천사의 사자使者이며, 악의 힘을 방해하고, 근심과 슬픔의 바다인 세상에 기쁨의 기름을 쏟아 붓고, 비탄에 잠긴 마음에게는 불멸의 천성을 회복시켜 준다.

좋은 생각들을 하라. 그러면 그것들은 좋은 상황이라는 형태로 당신의 외적인 삶에 빠르게 실현될 것이다. 자신의 영혼의 힘을 지배하고 통제하라. 그러면 당신이 원하는 대로 외적인 삶을 형성할 수 있을 것이다. 구세주와 죄인의 차이점은 이것이다. 즉 구세주는 자신 내부의 모든 힘을 완벽하게 지배하지만, 죄인은 내부의 힘에 의해 지배당하고 통제된다.

진정한 힘과 영속적인 평화로 가는 길은 자제, 극기, 그리고 자기 정화에 의한 것 외에는 결코 없다. 자신의 성질과 기분에 휘둘리면 이 세상에서 무능하고, 불행하고, 쓸모가 별로 없는 존재가 된다. 당신이 좋아하는 것과 싫어하는 것, 변덕스러운 사랑과 미움의 감정, 그 밖에 당신이 어느 정도

어쩔 수 없이 사로잡히는 분노, 의심, 질투 등 모든 변덕스러운 기분의 극복, 이것은 당신이 행복과 번영의 황금 실로 삶의 옷감에 수놓으려 할 때 당신 앞에 주어지는 괴제이다.

당신이 내부의 변덕스런 기분의 노예로 남아 있는 한, 살아가는 동안 당신은 다른 사람이나 외부의 도움에 의지할 필요가 있을 것이다. 확고하고 굳은 결심으로 살아가면서 어떤 성취를 이루려고 한다면, 당신은 마음을 어지럽히고 발전을 저지하는 모든 정신적 동요를 극복하고 제어하는 법을 터득해야 한다.

당신은 정신을 안정시키는 습관, 즉 흔히 말하는 "고요 속에 들어가기"를 매일 실천해야 한다. 이것은 근심스러운 생각을 평화로운 생각으로, 약한 생각을 강한 생각으로 바꾸는 방법이다. 이를 실천하는 데 성공하고 나서야 당신은 삶의 문제들과 당신이 추구하는 일에 정신의 힘을 기울여 상당한 성공을 거두기를 바랄 수 있다.

이것은 흩어진 정신력을 하나의 강력한 방향으로 모으는 과정이다. 잘 설계된 배수로를 새로 설비하여 여기저기 흩어진 쓸모 없는 지류를 하나의 수로로 흐르게 함으로써 버려진 습지가 황금빛 옥수수밭이나 과수원으로 바뀔 수 있는 것처럼, 마음이 평온을 얻고 자신 내부의 생각의 흐름을 억제하고 지배하는 사람은 자신의 영혼을 구제하며, 자신의 마음과 삶을 비옥하게 한다.

당신의 충동과 생각을 지배하는 데 성공할 때, 당신은 새롭고 고요한 힘이 내부에서 자라남을 느끼기 시작할 것이며, 침착함과 힘의 안정된 느낌을 항상 지닐 것이다. 당신의 잠재 능력은 활개를 펴기 시작할 것이며, 예전에는 당신의 노력이 나약하고 효과가 없었던 데 반해 이제 당신은 성공을 보장하는 침착한 확신을 가지고 일할 수 있을 것이다.

또한 이러한 새로운 힘과 능력에 더불어 '직관'이라고 하는 내적인 깨달음이 마음속에서 일어나며, 당신은 더 이상 어둠과 추측이 아닌 빛과 확신

속에서 걸어가게 된다.

이 영혼의 시력이 계발되면 판단력과 통찰력이 끝없이 확장되며, 당신의 내부에서 예언 능력이 발달하여 이것의 도움으로 당신은 앞으로 일어날 일을 감지하고 자신이 노력한 결과를 놀랍도록 정확하게 예측할 수 있게 된다.

또한 당신의 내부가 바뀌어진 정도만큼 삶에 대한 당신의 견해도 바뀌게 된다. 다른 사람에 대한 정신 자세가 바뀌면 그들이 당신을 대하는 태도나 행동도 바뀐다. 당신이 열등하고 허약하고 파괴적인 생각의 힘을 극복하면, 강하고 순수하고 고귀한 사람들이 발산하는 긍정적이고, 기운을 북돋우는, 발전적인 기류와 만나게 된다. 당신의 행복은 헤아릴 수 없을 만큼 커지고, 당신은 극기를 통해서만 생겨나는 기쁨, 정신력, 힘을 실감하기 시작할 것이다.

또한 이러한 기쁨, 정신력, 힘은 계속해서 당신에게서 발산될 것이며, 당신이 어떤 노력을 하지 않아도, 아니 당신이 아예 의식하지 못한다고 해도, 강한 사람들이 당신에게 몰려들 것이고, 영향력이 당신 손에 들어올 것이며, 당신의 변화된 정신 세계에 맞추어 외부적 사건들이 형성될 것이다.

유능하고, 강하고, 행복한 존재가 되려는 사람은 부정적이고, 인색하고, 불순한 생각을 순순히 받아들이는 습관을 그만두어야 한다. 현명한 가장이 하인들을 다스리고 손님을 초대하는 것처럼, 그는 자신의 욕구를 하인처럼 다스리고, 자신의 영혼이라는 저택에 어떤 생각을 손님으로 받아들일지를 권위 있게 말하는 법을 배워야 한다. 극기를 실천하는 데 아주 조금이라도 성공하면 정신력이 상당히 확대되며, 이 신성한 성취를 완성하는 데 성공하는 사람은 꿈에도 생각지 못했던 지혜와 정신력과 평화를 소유하게 되며, 우주의 모든 힘은 자기 자신의 영혼을 지배하는 사람의 발걸음을 거들고 보호한다는 것을 깨닫는다.

그대가 가장 높은 천국에 오를 것인가

가장 낮은 지옥까지 뚫고 내려갈 것인가는

항상 아름다운 꿈과 이상 속에서 사는가 아니면

가장 비열한 생각 속에 머무르는가에 달려 있다.

당신의 생각들은 당신 위에 있는 천국이며,

또한 당신 밑에 있는 지옥이기 때문이다.

행복은 생각 밖에서는 존재하지 않으며,

고통도 생각을 통해서만 느낄 수 있는 것이다.

생각이 없다면 세상은 사라질 것이다.

영광은 꿈속에서만 존재한다.

역사라는 드라마는

영원한 생각으로부터 흘러나온다.

위엄과 수치와 슬픔,

고통과 고뇌, 사랑과 미움은

운명을 지배하는,

약동하는 강력한 생각의 외관일 뿐이다.

무지개의 일곱 빛깔이 합쳐지면

무색無色의 한 광선을 이루듯이,

세상의 모든 변화들은

영원한 하나의 꿈을 이룬다.

그리고 그 꿈은 당신 안에 있는 모든 것이다.

꿈꾸는 사람은 오랫동안

아침을 기다리고 있다.
이상을 실현시키고 지옥의 꿈을 없애 줄

강력하고 활기찬 생각으로
그를 깨워 줄 아침을.
순수하고 완성된 영혼은
가장 높고 가장 신성한 천국에 거주한다.

악한 것을 지향하는 생각이 악이며,
선을 지향하는 생각이 선이다.
빛과 어둠, 죄와 순수함도
마찬가지로 생각에서 생겨난다.

가장 위대한 것을 지향하는 생각 속에 머물라.
그리하면 당신은 가장 위대한 존재를 보게 될 것이다.
당신의 정신을 가장 고귀한 것에 고정시켜라.
그리하면 당신은 가장 고귀한 존재가 될 것이다.

힘과 건강, 성공의 비결

아무리 들어도 질리지 않는 동화 이야기를 귀기울여 듣던 어린 시절의 즐거운 기억을 누구나 갖고 있을 것이다. 위기의 순간마다 교활한 마녀, 잔혹한 거인, 또는 사악한 마귀할멈의 흉계로부터 항상 보호를 받는 착한 소년 소녀의 파란 많은 운명에 우리는 얼마나 열심히 귀를 기울였던가. 우리의 어린 가슴은 주인공의 운명에 대해 결코 비관하지 않았으며, 주인공이 모든 적을 결국 이길 거라고 굳게 믿었다. 왜냐하면 우리는 요정들이 절대 잘못을 저지르지 않으며, 선과 진리의 편에 선 자를 저버리는 일이 없다는 것을 알고 있었기 때문이다.

또 결정적인 위기의 순간에 요정의 여왕이 마법의 힘을 발휘하여 어둠과 고통을 전부 몰아 내고, 착한 소년 소녀의 소원이 모두 이루어지도록 해 주고, 그들이 오래오래 행복하게 잘 살았다더라 하는 말로 이야기가 끝날 때, 형언할 수 없는 기쁨에 우리의 마음은 얼마나 두근거렸던가.

그러나 나이가 들어 소위 인생의 '현실'과 점점 더 깊은 관계를 맺으면서, 어린 날의 아름다운 동화 속 세계는 기억에서 사라져 가고, 신기했던 동화의 등장 인물들은 실재하지 않는 상상물로 기억 속에서 분류되고 만다. 흔히, 사람들은 그런 식으로 어린 날 꿈의 세계를 영원히 떠나는 것이 현명해지고 강해지는 성장의 과정이라 생각한다. 그러나 놀라운 지혜의 세계에서 다시 조그만 어린이가 될 때, 우리는 용기와 영감을 주는 어린 시절의 꿈으로 다시 돌아가서 그것이 결국 현실이라는 것을 깨닫게 된다.

아주 작고 거의 항상 눈에 안 보이는 영적 존재이면서도 모든 것을 이겨내는 마법의 힘을 소유하고, 선한 사람들에게 건강과 부와 행복을 주고, 자연의 선물도 아낌없이 풍부하게 선사하는 요정들은, 지혜가 발전함에 따라 생각의 힘과 존재의 내적 세계를 지배하는 법칙들을 이해하게 된 사람의 정신 세계에서 다시 현실이 되기 시작하고, 또한 그 안에서 불멸의 존재가 된다. 그런 사람에게, 요정들은 우주를 지배하는 선善과 조화를 이루어 일하는 생각의 인간, 생각의 전달자, 생각의 힘으로써 도움을 준다. 그리하여 최고선最高善의 마음에 자기 마음을 맞추기 위해 매일 노력하는 사람들은 진정한 건강과 부와 행복을 정말로 획득한다.

선한 마음만큼 탁월한 보호 수단은 없다. 그런데 여기서 '선한 마음'이라는 말로 내가 의미하고자 하는 바는 도덕 규범에 외견상 순응하는 태도가 아니라, 순수한 생각, 고귀한 영감, 이타적인 사랑, 자만심으로부터의 자유이다. 선한 생각들 속에 지속적으로 머무르는 사람의 주위에는 사랑스럽고 힘찬 정신적 분위기가 감돌게 되고, 그 분위기에 접촉하는 모든 사람들은 감명을 받게 된다.

떠오르는 태양이 무력한 어둠을 물리치듯이, 무기력한 악의 모든 에너지는 순수와 믿음 속에서 강해진 마음으로부터 발산되는 긍정적 사고의 날카로운 광선에 의해 산산이 흩어지고 만다.

타협하지 않는 순수와 진정한 믿음이 있는 곳에 건강이 있고, 성공이 있고, 힘이 있다. 질병, 실패, 그리고 불행은 그러한 사람에게서 머물 곳을 찾을 수가 없다. 그 사람 안에는 그것들이 자라날 여지가 전혀 없기 때문이다.

신체적 상태까지도 대부분 정신 상태에 의해 결정된다. 그리고 과학계도 이 사실에 주목하기 시작하고 있다. 육체의 조건과 현상이 정신 현상을 결정한다는 과거의 유물론적 믿음은 급속히 사라져 가고 있으며, 인간의 정신은 육체보다 우월하며 육체적 현상은 생각의 힘에 의해 좌우될 수 있다는 고무적인 믿음이 널리 퍼지고 있다. 사람들은 이제 아프기 때문에 절망적인 게 아니라, 절망적이기 때문에 아픈 거라고 이해하기 시작한 것이다. 모든 질병이 마음에서 비롯된다는 사실은 머지않아 상식이 될 것이다.

이 우주에 악은 존재하지 않는다. 다만 인간의 마음속에 악의 뿌리와 원인이 존재할 뿐이다. 사실 인간의 죄, 질병, 슬픔과 고통은 우주의 보편적 질서에 속한 것이 아니며, 사물의 본성에 고유한 것도 아니다. 그것들은 사물의 올바른 관계에 대한 우리의 무지에서 비롯된 결과이다.

전해 오는 이야기에 따르면, 고대 인도에는 절대적으로 순수하고 소박한 삶을 추구한 한 철학 유파가 있었다고 한다. 그들은 평균적으로 150세까지 살았으며, 질병에 걸리는 것을 용서할 수 없는 치욕으로 여겼다. 그것은 자연의 법을 위반했음을 나타내는 것으로 간주되었기 때문이다.

인간의 질병은 격노한 신이 내린 벌이나, 어리석은 섭리의 시험이 아니다. 그것은 우리 자신의 잘못이나 죄의 결과이다. 그것을 빨리 깨닫고 인정할수록 건강의 정도正道에 그만큼 빨리 들어서게 된다. 스스로 병을 끌어당기는 자, 병을 잘 받아들이는 정신과 육체를 소유한 자에게 질병은 찾아온다. 그러나 강하고 순수하고 긍정적인 사고를 지님으로써 치유와 활기의 기운을 발산하는 사람에게는 질병이 멀리 달아난다.

만약 당신이 분노, 걱정, 질투, 탐욕 등 조화롭지 않은 정신 상태에 빠져 있으면서도 완벽하게 건강한 신체를 바란다면, 당신은 불가능한 것을 기대하는 것이다. 왜냐하면, 당신은 병의 씨앗을 계속 자기 마음속에 뿌리고 있기 때문이다. 현명한 사람이라면 그러한 정신 상태가 썩은 하수구나 전염병에 오염된 집보다 훨씬 위험하다는 것을 안다.

모든 질병의 고통과 아픔에서 벗어나 완벽한 신체적 건강을 즐기려면, 정신을 올바르게 가다듬고 생각들을 조화롭게 정리하라. 즐겁고 사랑이 가득한 생각만을 하도록 하라. 호의好意의 영약靈藥이 당신의 혈관 속에 흐르게 하라. 그러면 그 어떤 명약도 필요치 않을 것이다.

질투심, 의심, 걱정, 증오, 방종을 버려라. 그러면 병과 피로, 신경 쇠약, 뼈마디 쑤시는 증세가 없어질 것이다. 그러나 만약 이러한 허약하고 타락한 성질을 고수한다면, 병에 걸려 몸져눕게 되었다고 불평해도 소용 없을 것이다.

다음은 정신과 신체의 밀접한 관계를 보여 주는 이야기이다. 심각한 병으로 고생하는 한 남자가 용하다는 의사는 다 찾아갔지만 소용이 없었다. 심지어 병에 좋다는 온천을 찾아 여러 마을을 전전하며 목욕을 했지만 오히려 병은 더 깊어만 갔다.

그러던 어느 날 밤, 꿈에 정령이 나타나 이렇게 말했다. "형제여, 모든 치료법을 다 써 보았느냐?" 그는 대답했다. "네, 그렇습니다."

정령은, "아니다. 아직 네가 알지 못하는 온천이 있다. 나를 따라 오라."

남자는 정신 없이 정령의 뒤를 따라 갔다. 이윽고 정령은 깨끗한 물웅덩이로 그를 안내하고 나서 말했다. "이 물에 몸을 담그면 깨끗이 낫게 될 것이다." 그리고 정령은 사라졌다.

물 속에 몸을 담그고 있던 남자가 잠시 후 몸을 일으켰을 때, 세상에! 병이 씻은 듯이 사라진 게 아닌가! 그 때 물웅덩이 위쪽에 "포기하라"는 글자가 씌어져 있는 게 보였다.

잠에서 깨어나자마자 꿈의 의미 전체가 그의 뇌리를 스쳐 갔다. 그는 곰곰이 스스로를 반성했고 지금껏 방종한 생활로 기력을 빼앗겨 왔다는 사실을 깨달았다. 그는 방종한 생활을 영원히 포기하겠다고 맹세했다. 그는 맹세를 지켰으며, 그 날 이후 그의 고통은 사라지기 시작했고 곧 건강을 되찾게 되었다.

사람들은 대개 과도한 업무 때문에 자신이 쇠약해졌다고 불평한다. 그러나 대부분 건강이 나빠지는 것은 자신의 에너지를 어리석게 낭비했기 때문이다. 건강을 지키기 위해서는, 충돌이나 알력이 없이 일하는 법을 터득해야 한다. 걱정하거나 흥분하거나 쓸데없이 사소한 일에 속 태우는 것은 건강에 해롭다.

두뇌 활동이든 육체 노동이든 간에 일이란 인간에게 건강을 주는 유익한 것이다. 근심 걱정을 모두 떨치고 인내심을 가지고 꾸준하게 묵묵히 일하는 사람, 당면한 일에 치열하게 정신을 쏟는 사람은 항상 서두르고 걱정하는 사람보다 훨씬 더 많은 것을 성취할 뿐 아니라 건강도 유지하게 된다.

진정한 건강과 진정한 성공은 언제나 함께 간다. 왜냐하면, 정신 영역에서 그 둘은 밀접하게 서로 얽혀 있기 때문이다. 정신적 조화가 신체적 건강을 만드는 것처럼, 신체적 건강은 정신이 계획한 바가 현실 속에서 조화로운 순서대로 실현되도록 뒷받침한다.

당신의 생각을 정리정돈하라. 그러면 당신의 인생도 질서정연해질 것이다. 걱정과 편견의 거친 바다 위에 평온의 기름을 부어라. 그러면 당신의 영혼이라는 배가 삶의 바다를 헤쳐 나아갈 때 제 아무리 위협적인 불행의 폭풍우가 몰아쳐도, 당신의 배를 난파시키지는 못할 것이다. 그리고 그 배가 마음에서 우러난 변하지 않는 믿음으로 조종된다면, 그 항로는 더욱더 안전할 것이며 많은 위험이 옆을 그냥 지나갈 것이다. 그러나 믿음 없이 조종된다면 많은 위험이 배를 공격해 올 것이다.

모든 불후의 업적은 믿음의 힘으로 성취된다. 신에 대한 믿음, 우주를 지배하는 법칙에 대한 믿음, 자신의 일에 대한 믿음, 그리고 그 일을 성취할 능력에 대한 믿음은 당신이 쓰러지지 않고 꿋꿋하게 목적을 달성하려면 반드시 모든 일의 기초로 삼아야 할 반석이다.

어떤 상황에서도 자기 내면의 가장 고귀한 충동을 따르는 것, 자신의 신성한 자아에 언제나 충실한 것, 마음의 목소리와 마음의 빛에 의지하는 것,

대담하고 평온한 마음으로 자신의 목적을 추구하는 것, 미래가 자신의 모든 생각과 노력에 대해 보답할 것을 믿는 것, 우주의 법칙은 절대로 오류를 저지르지 않는다는 것과 자신이 뜻한 바는 지극히 정확하게 자기 자신에게 되돌아온다는 것을 아는 것, 이것이 믿음이요 믿음의 삶이다.

이러한 믿음의 힘은 불확실성의 어두운 바다를 갈라 놓고, 모든 곤란의 산을 무너뜨려 믿음을 가진 영혼이 무사히 지나가게 한다.

오, 독자여! 무엇보다도 우선, 값을 매길 수 없는 이 담대한 믿음을 소유하기 위해 노력하라. 그것이야말로 행복과 성공과 평화와 힘의 부적符籍이며, 인생을 단순한 고생 이상의 훌륭한 것으로 만드는 모든 것의 부적이기 때문이다. 이 믿음을 당신 삶의 토대로 삼으라. 그러면 당신은 영원의 반석 위에 영원의 재료를 가지고 삶을 펼치는 것이다. 당신이 세우는 삶의 구조물은 절대로 와해되지 않을 것이다. 왜냐하면, 그것은 종국에는 헛되이 사라지고 말 모든 물질적인 사치와 부의 축적을 초월한 것이기 때문이다.

슬픔의 심연에 빠지거나 기쁨의 절정에 오르거나, 항상 이 믿음을 꼭 붙잡으라. 언제나 그것을 당신의 든든한 안식처로 삼고, 그 불멸의 확고한 기반 위에 견고하게 자리잡으라. 당신이 이러한 믿음에 중심을 두는 한, 당신에게 부딪쳐 오는 온갖 악의 에너지를 잡동사니 유리 장난감처럼 손쉽게 깨뜨릴 수 있을 것이다. 또한 세속적인 이익만을 추구하는 자들은 절대로 알 수도, 꿈꿀 수도 없는 기막힌 성공을 이루게 될 것이다.

"너희가 의심하지 않고 믿는다면, 내가 한 이 일을 할 수 있을 뿐만 아니라……. 이 산을 향하여 '땅에서 들려 바다에 빠져라' 하여도 그대로 될 것이다."(마태 복음 21장)

살과 피를 가진 인간이면서도 오늘날 이 믿음을 깨닫고, 하루하루를 믿음 속에서 믿음에 의해 살아가는 사람들이 있다. 그들은 이 믿음을 최대한도로 시험해 보고서 믿음의 영광과 평화를 소유하게 된 사람들이다. 그들은 믿음의 명령을 내려서 슬픔과 실망의 산, 정신적 피로와 신체적 고통의 산을 망각의 바다 속으로 던져 버린 사람들이다.

당신이 이 믿음을 가지게 된다면, 미래의 성공이나 실패를 걱정할 필요
조차 없이 저절로 성공이 찾아올 것이다. 올바른 생각과 올바른 노력은 필
연적으로 올바른 결실을 맺는다는 사실을 안다면, 일의 결과에 대해 근심
할 필요 없이 즐겁고 평화롭게 일하게 될 것이다.

나는 다양한 기쁨과 만족 속에 살아가는 한 여인을 알고 있다. 최근에 어
떤 친구가 그녀에게 이런 말을 건넸다. "아, 당신은 정말 운이 좋군요! 그저
바라기만 하면 원하는 것이 이루어지니 말입니다."

사실 표면적으로는 그렇게 보였다. 하지만 실상은 달랐다. 그 여인의 인
생에 찾아든 모든 행복은 그녀가 일생 동안 완성을 향해 열심히 계발하고
단련해 온 정신적 행복의 직접적인 결과였다. 단순히 바라기만 하는 것은
실망밖에 가져오지 않는다. 효과를 내는 것은 실제 삶이다. 어리석은 자는
바라기만 하고 불평한다. 반면에 현명한 자는 묵묵히 일하면서 기다린다.

그 여인은 내적으로나 외적으로 부단히 노력했다. 그녀는 특히 자신의
감정과 마음을 정성들여 가꾸었다. 그녀는 영혼이라는 보이지 않는 손으로
믿음, 희망, 기쁨, 헌신, 사랑이라는 보석을 가지고 아름다운 빛의 신전을
마음속에 건축했다. 그 신전의 찬란한 광휘는 항상 그녀 주위를 감쌌다. 그
광휘는 그녀 눈 속에서 빛났고, 그녀의 얼굴과 목소리를 통해서도 발산되
었다. 그래서 그녀와 만나는 사람들은 모두 그녀의 매력에 이끌렸다.

당신 역시 그 여인의 경우와 다를 바가 없다. 당신은 당신의 성공, 당신
의 실패, 당신의 영향력, 당신의 인생 전체를 항상 지니고 다닌다. 당신 생
각의 주된 경향이 당신의 운명을 결정하는 주요 요인이기 때문이다. 사랑
스럽고, 순수하고, 행복한 생각을 내보내면 축복이 당신 손에 쥐어질 것이
며, 당신의 식탁에는 평화의 식탁보가 펼쳐질 것이다. 그러나 증오심과 불
순하고 불행한 생각을 내보내면, 저주가 당신에게 쏟아질 것이며 공포와
불안 속에서 잠들게 될 것이다.

당신의 운명은 절대적으로 당신이 만드는 것이다. 그 운명이 어떤 형태이든 말이다. 매순간 당신은 인생의 성공과 실패를 좌우할 영향력을 스스로 내보내고 있다. 당신의 마음을 관대하고, 다정하고, 이타적인 방향으로 성숙시켜라. 그러면 당신이 돈을 별로 벌지 못한다 해도, 당신의 영향력과 성공은 크고 영속적일 것이다. 사리사욕의 좁은 한계 내에 당신의 마음을 가둔다면, 설령 백만장자가 된다 해도, 당신의 영향력과 성공은 아주 보잘 것 없는 것으로 결국 평가될 것이다.

그렇다면, 이 순수하고 이타적인 정신을 도야하라. 그리고 순수성과 믿음에 단일한 인생 목표를 결합시켜라. 그러면 당신은 풍요로운 건강과 지속적인 성공의 요소뿐만 아니라 위대함과 힘의 요소까지 내면에서 끌어 내는 셈이다.

당신의 현실이 불만족스럽고 하는 일이 마음에 들지 않아도, 끈기를 가지고 성실하게 임무를 수행하라. 그리고 보다 나은 지위와 더 큰 기회가 당신을 기다리고 있다고 생각하면서, 새롭게 싹트고 있는 기회들에 대해 적극적으로 예측하고 전망하는 태도를 항상 유지하라. 그래야 결정적인 순간이 와서 새로운 길이 모습을 드러낼 때, 그 일에 충분히 준비된 정신을 가지고 또한 정신 수양에서 생겨난 지성과 선견지명을 가지고 그 길에 들어설 수 있다.

당신이 맡은 임무가 무엇이든, 그 일에 온 정신을 집중하고, 전력을 기울여라. 작은 일을 나무랄 데 없이 완벽히 수행하면 점점 더 큰일이 반드시 주어지기 마련이다. 꾸준한 노력을 통해 항상 향상의 길을 걷고 절대로 퇴보하지 않도록 주의하라. 여기에 진정한 힘의 비결이 있다.

끊임없는 연습을 통해, 당신의 정신적 자원을 보존하는 방법과 언제 어느 때라도 한 곳에 그 자원을 집중시킬 수 있는 방법을 터득하라. 어리석은 자는 육체적 방종과 경솔한 언행, 어리석은 잡담, 이기적인 논쟁으로 자신의 정신적 에너지와 영적 에너지를 모두 낭비해 버린다.

만일 당신이 압도적인 힘을 얻고 싶다면, 마음의 평정과 냉정함을 계발해야 한다. 당신은 홀로 설 수 있어야 한다. 모든 힘은 부동성不動性과 관련되어 있다. 거대한 산, 육중한 바위, 폭풍우를 견뎌 낸 참나무 등은 고독한 웅장함과 오연傲然한 불변성을 겸비했기 때문에 우리 인간에게 진정한 힘의 의미를 연상하게 한다. 반면에 이리저리 밀리는 모래더미, 부러지기 쉬운 나뭇가지, 흔들리는 갈대와 같은 것들은 움직이기 쉽고, 저항력이 없고, 무리에서 따로 떨어지면 전혀 쓸모가 없기 때문에 나약함의 의미를 연상하게 한다. 동료들 모두가 어떤 감정이나 걱정으로 인해 동요할 때도, 홀로 고요하고 흔들리지 않는 자가 바로 힘을 가진 자이다.

　자기 자신을 지배하고 통제할 줄 아는 사람만이 다른 이를 지휘하고 통제하기에 적합한 자이다. 히스테리를 일으키는 자, 근심이 많은 자, 경솔하고 경박한 자는 친구를 구하도록 하라. 친구가 없으면 지지 기반도 없이 타락하게 된다. 그러나 고요한 자, 근심 없는 자, 사려 깊고 침착한 자는 숲과 사막, 산꼭대기의 고독을 추구하도록 하라. 그렇게 하면 이미 가진 힘에 더 많은 힘이 더해져서, 흔히 인간이 빠져드는 심리적인 동요와 혼란을 성공적으로 헤쳐 나가게 될 것이다.

　걱정은 힘이 아니다. 걱정은 힘의 남용이며, 분산이다. 걱정은 튼튼한 성벽의 바윗돌에 거세게 휘몰아치는 격렬한 폭풍과도 같다. 반면에 힘은 폭풍 속에서도 끝까지 고요하게 확고부동하게 남아 있는 바위와도 같다.

　마틴 루터가 보름스Worms에 가려 하자 그의 안전을 걱정하는 많은 친구들이 그를 뜯어 말렸다. 친구들의 설득과 반대가 수그러들지 않자 그는 이렇게 말했다. "저 지붕 위의 기와만큼이나 많은 악마가 보름스Worms에 있다 해도 나는 갈 것이다." 마틴 루터의 그 말이야말로 진정한 힘의 표명이었다.

　또 벤자민 디즈레일리가 첫 의회 연설에서 실패하자 의원들의 비웃음이 빗발처럼 그에게 쏟아졌다. 그 때 그는 이렇게 말했다. "언젠가 당신들이 내 연설을 듣는 걸 영광으로 여길 날이 올 것입니다." 그것은 갓 생겨난 힘의 맹아萌芽를 보여 준 말이었다.

계속되는 실패와 불운을 겪어야 했던 디즈레일리는 친구들의 비웃음과 심지어 더 이상 노력해도 소용 없다는 말까지 들었다. 하지만 그는 의연하게 "당신들이 나의 행운과 성공에 놀랄 날이 머지않았다"고 응수했다. 그것은 그가 수많은 역경을 뚫고 멋지게 성공함으로써 자신의 삶을 빛나게 한, 고요하고 흔들림 없는 힘의 소유자라는 사실을 보여 주는 일화였다.

당신에겐 그런 힘이 없다고 한탄하지 말라. 누구라도 꾸준한 연습과 훈련을 통해 그러한 힘을 얻을 수 있다. 그리고 힘의 시작은 지혜의 시작이기도 하다. 당신은 이제까지 무익하고 하찮은 일에 에너지를 자진하여 낭비해 왔지만 그런 낭비를 극복함으로써 힘을 축적하기 시작해야 한다. 시끄럽고 자제력 없는 웃음, 타인에 대한 비방과 시시껄렁한 잡담, 단지 남을 웃기기 위한 농담을 멀리해야 한다. 그것들은 당신의 귀중한 에너지를 그만큼 낭비한다.

성 바오로는 에베소인들에게 '어리석은 말과 유치한 농담'을 하지 말라고 경고했다. 이 경고만큼 숨겨진 정신적 발전의 법칙에 대한 그의 놀라운 통찰력을 잘 보여 주는 것은 없다. 유치하고 어리석은 습관이 몸에 배면 정신적인 힘과 영적 삶이 모두 파괴되기 때문이다.

그런 정신적 낭비를 허용하지 않는 데 성공할 때, 당신은 진정한 힘이 무엇인지 이해하기 시작할 것이고, 그 때서야 당신은 자신의 영혼을 속박하고 힘에 이르는 길을 가로막는 더 강력한 욕망들과 맞붙어 싸우기 시작할 것이며, 한층 더한 발전도 보장될 것이다.

무엇보다도, 단 하나의 인생 목표를 세워라. 정당하고 유용한 목표를 갖고, 그 목표에 아낌없이 매진하라. 어떤 것에도 한눈팔지 않도록 하라. "결단을 못 내리는 사람은 어떤 길을 가든 흔들리기 쉽다"는 점을 기억하라. 열심히 배워라. 그러나 되도록 남에게 의존하지 말라. 자신의 일을 철저히 이해하고 그것을 완전히 자신의 것으로 만들어라. 절대적으로 신뢰할 수 있는 안내자인 양심의 소리를 항상 따르면서 앞으로 나아갈 때, 당신은 승승장구할 것이며, 한 걸음씩 보다 높은 곳에 오르게 될 것이고, 당신의 시야는 계속 더 넓어져, 본질적인 아름다움과 인생의 목적이 점차 눈앞에 드러날 것이다.

자신을 정화하라. 그러면 건강이 찾아올 것이다. 극기하라. 그러면 힘이 생길 것이며 당신이 하는 모든 일이 번영할 것이다. 왜냐하면, 당신이 자기 자신의 노예가 되어 전체에서 떨어져 나간 단위가 되는 것을 그만두고 우주의 위대한 법칙과 조화를 이루어 우주의 생명, 영원한 선과 더 이상 맞서지 않고 협력할 것이기 때문이다. 그러면 당신이 얻은 건강은 계속 당신과 함께 할 것이며, 당신이 이루는 성공은 모든 세속적 계산을 초월할 것이고 결코 쇠퇴하지 않을 것이다. 또한, 당신이 행사하는 영향력과 힘은 시대가 변해도 계속 증가할 것이다. 왜냐하면, 그것은 우주를 지탱하는 불변의 원리의 일부가 될 것이기 때문이다.

그렇다면, 건강의 비결은 바로 "순수한 마음과 질서 잡힌 정신"이다. 성공의 비결은 "확고한 믿음과 현명하게 설정된 목표"이다. 그리고 단호한 의지로써 욕망이라는 검은 말(馬)을 제어하는 것, 그것이 힘의 비결이다.

모든 길이 내가 지나가 주기를 기다리고 있다.
밝은 길과 어두운 길, 생기 넘치는 길과 무기력한 길,
넓은 길과 좁은 길, 높은 길과 낮은 길,
좋은 길과 나쁜 길이, 빠른 걸음이나 느린 걸음으로,
나는 지금 원하는 대로 아무 길이나 들어갈 수 있다.
그리고 실제로 걸어 봄으로써 어떤 길이 좋고 어떤 길이 나쁜지 깨닫는다.

만약 내가 마음에서 우러난 순수성이라는

높고 거룩한, 좁은 길에

신성한 맹세를 하고 들어가서 거기에 머문다면,

비아냥거리고 조소하는 사람들로부터 떨어져서

가시의 길을 지나 꽃이 만발한 초원을 향해 걷는다면,

온갖 좋은 것들이 나의 방황하는 발걸음을 기다린다.

만약 내가 지나가는 매 순간마다 사랑과 인내를

놓치지 않는다면, 또 항상 결백함을 지키고

고도의 성실성으로부터 결코 벗어나지 않는다면,

나는 건강과 성공과 힘이 기다리고 있는 곳에

설 수 있다. 그리하여 영원한 생명의 나라를

마침내 보게 될 것이다.

온갖 좋은 것들을 나는 추구하고 찾을 수 있으며, 얻을 수도 있다.

나는 권리 주장을 하지 않을 수 있으나, 잃는다면 되찾을 수도 있다.

법칙이 나를 위해 구부러질 수는 없으며 내가 법칙에

순종해야 한다. 내 고통을 종식시키려면,

내 영혼이 빛과 생명을 회복하려면,

그리고 더 이상 눈물을 흘리지 않으려면.

온갖 좋은 것들에 대한 오만하고 이기적인 권리 주장은

내 것이 아니다. 추구하고 깨닫고 알고 이해하고자 하는

겸손한 의도가 내 것이다.

모든 성스러운 발걸음은 지혜를 향하여 나아간다.

내 것이라고 주장하거나 명령할 수 있는 것은 아무것도 없다.

그러나 이해하고 알고자 한다는 의미에서는 모든 것이 내 것이다.

풍요로운
행복의 비결

　　　행복에 대한 인간의 갈망은 행복의 결핍 상태
만큼이나 대단하다. 가난한 자들은 대부분, 부를 소유하면 완전하고 영구
적인 행복을 얻을 거라 믿으면서 부를 애타게 바란다. 그러나 부자들 중 상
당수가 모든 욕망과 즉흥적인 기분을 만족시킨 후에도 권태와 포만감으로
괴로워하며, 심지어는 아주 가난한 자들보다도 행복에서 더 멀리 떨어져
있다.

　세상만사를 곰곰이 숙고해 본다면, 행복이 단순히 물질적 소유에서 오는
것이 아니며, 불행이 단순히 물질적 소유의 결핍에서 비롯되는 것도 아니
라는 아주 중요한 진실을 깨닫게 될 것이다. 만일 그게 아니라면 가난한 자
는 항상 불행하고, 부자는 항상 행복해야 할 것이다. 그러나 우리는 그 반
대의 경우도 종종 볼 수 있지 않은가.

　내가 알고 있는 아주 불행한 사람들 중에는 부와 향락에 둘러싸인 사람들
도 있다. 또, 내가 만나 본 가장 명랑하고 행복한 사람들 중에는 생활을 근
근이 유지할 정도로 궁핍한 사람들도 있다. 부를 축적한 사람들 중 상당수
가 이구동성으로 말한다. 부의 획득 뒤에 따르는 이기적인 만족은 생활의

달콤함을 앗아 갔으며, 자신은 지금 가난했던 시절만큼 행복하지 않다고.

그렇다면 무엇이 행복인가. 어떻게 행복을 지킬 수 있는가? 행복은 허구와 착각에 불과하며, 고통만이 영구적인 것인가?

일부 지혜의 길에 들어선 자들을 제외한 대부분의 사람들은 행복이란 욕망의 만족을 통해서만 얻을 수 있다고 믿는다. 무지의 토양에 뿌리를 내리고 이기적 갈망으로 계속 강화되는 이 믿음이야말로 세상 모든 불행의 원천이다.

나는 욕망이란 단어의 의미를 비천한 동물적 갈망으로 한정하는 것이 아니다. 더 고차원적인 마음의 영역에서는 훨씬 더 강력하고 미묘하고 은밀한 갈망들이 품위 있는 지성인들을 속박하며, 그들에게서 영혼의 아름다움과 조화와 순수성을 모두 빼앗아 간다. 영혼의 이 속성들이야말로 행복의 원천인데도 말이다.

대부분의 사람들은 이기심이 세상 모든 불행의 원인이라는 사실을 인정하지만, 자기 자신의 이기심이 아닌 다른 사람의 이기심이 불행의 원인이라는 영혼 파괴적인 미혹에 빠져 있다. 불행이란 자신의 이기심이 빚은 결과라는 사실을 기꺼이 인정할 때, 당신은 천국의 문에서 그리 멀지 않은 곳에 있는 것이다. 그러나 삶의 기쁨이 사라진 것이 다른 이들의 이기심 때문이라고 확신하는 동안에는, 당신은 스스로 만들어 낸 연옥의 죄수로 남아 있을 것이다.

행복은 기쁨과 평화가 샘솟는 완벽한 정신적 만족의 상태이다. 그리고 그 상태에서는 모든 욕망이 제거된다. 욕망의 충족에서 오는 만족 상태는 짧고 환상에 불과하며, 점점 더 높은 만족감을 필요하게 된다.

욕망은 결코 만족할 줄 모르며, 자신의 요구가 받아들여지면 점점 더 소리 높여 아우성친다. 욕망은 자신에게 현혹된 열광적 추종자들이 계속해서 더 많은 봉사를 하도록 요구한다. 그리하여 그 추종자들은 결국 몸과 마음의 고뇌로 쓰러지며, 고통이라는 정화의 불길 속에 던져진다.

욕망은 지옥의 영역이다. 인간의 모든 고통과 고뇌가 거기에 중심을 두고 있다. 따라서 욕망을 포기하는 것은 천국을 실현하는 것이며, 모든 기쁨이 거기서 순례자를 기다린다.

나는 천상으로 내 영혼을 올려 보냈으며
저승의 글자 몇 개를 읽었다.
이윽고 내 영혼은 나에게로 돌아왔고,
그리고 속삭였다. "나 스스로가 천국이고 지옥이다."

천국과 지옥은 마음의 상태이다. 자아와 모든 이기적 욕망에 빠져들라. 그러면 당신은 지옥에 빠져들 것이다. 그 의식 상태를 초월하여 자아를 전적으로 부정하고 잊으라. 그러면 천국에 들어설 것이다.

자아는 맹목적이며 올바른 판단력과 참된 지식을 결여하여 항상 고통에 이르고 만다. 올바른 인식, 공정한 판단, 그리고 참된 지식은 신적인 의식 상태에만 속하며, 당신은 이 신적인 의식에 도달해야만 진정한 행복이 무엇인지 알 수 있다.

사사로운 행복만을 이기적으로 계속 추구하는 동안에는, 행복이 당신에게서 멀어질 것이며 당신은 본의 아니게 불행의 씨앗들을 뿌리고 있을 것이다. 반면에 당신이 다른 이들을 위해 봉사하는 가운데 자아를 잃는다면, 그만큼의 기쁨이 당신을 찾아올 것이며, 머지않아 당신은 행복이라는 대가를 거둬들이게 될 것이다.

행복한 마음은 사랑받는 데 있지 않고
사랑하는 가운데 있다.
우리가 추구하던 대상을 발견하는 것은
선물을 구하는 데 있지 않고

선물을 주는 가운데 있다.

당신의 열망과 당신의 필요가 무엇이든,

바로 그것을 아낌없이 다 주어라.

그럼으로써 당신의 영혼은 만족하게 될 것이며,

당신의 삶은 진정 풍요해질 것이다.

자아에 집착하면 슬픔에 집착하게 된다. 자아를 포기하면 평화에 들어서게 된다. 이기적으로 얻으려고만 하면 기쁨을 잃게 될 뿐 아니라, 기쁨의 원천까지 잃게 된다. 폭식가가 끊임없이 새로운 요리를 찾고, 그것으로 자신의 약화된 식욕을 자극하는 것을 보라. 그가 과식過食으로 몸이 무거워지고 질병에 걸려, 결국에는 음식을 먹는 즐거운 행위 자체가 곤욕이 되는 것을 보라.

식욕을 절제하고, 미각의 향락에 조금도 빠져들지 않는 사람은 아무리 검소한 식사도 즐겁게 먹는다. 사람들이 욕망의 만족 속에 있다고 자아의 눈을 통해 상상하는 화려한 행복은, 막상 그것을 붙잡고 보면 불행의 해골임이 항상 드러난다. 진정, "자기 생명을 아끼는 사람은 잃을 것이며, 진리를 위해 자기 생명을 잃는 사람은 얻을 것이다."

변치 않는 행복은 당신이 이기적인 집착에서 벗어나 자발적으로 포기할 때 찾아올 것이다. 당신에게 아주 소중하지만 언젠가는 당신에게서 떠나갈 일시적인 것들을 아낌없이 체념한다면, 당신에게 고통스러운 상실처럼 보였던 것이 결국에는 최상의 이익이 됨을 발견하게 될 것이다. 얻기 위해 포기하는 것, 자발적으로 양보하고 손해를 입는 것, 그것이 참으로 생명의 길이다.

본질상 언젠가는 사라질 수밖에 없는 것들에 마음을 쏟으면서 진정한 행복을 찾을 수 있을까? 아니다. 변치 않는 진정한 행복은 영속적인 것에 마음의 중심을 둘 때만 찾을 수 있다.

그러므로 일시적이고 찰나적인 것들에 대한 집착과 갈망을 초월하라. 그러면 당신은 신神의 의식 속으로 들어갈 것이다. 그리고 자아를 초월하여 순수성, 자기 희생, 보편적 사랑의 정신이 점점 더 자라남에 따라 당신이 신神의 의식 속에 확고히 자리잡을 때, 당신은 어떤 변동도 없고 누구도 빼앗아 갈 수 없는 행복을 실현하게 될 것이다.

티끌만한 사심도 없이 타인에 대한 사랑을 실천하는 사람은 최고의 행복을 얻을 뿐만 아니라, 영원한 생명에 들어서게 된다. 그 마음은 이미 신성을 실현했기 때문이다. 당신의 삶을 뒤돌아보라. 당신이 최고로 행복했던 순간은 어느 때였는가. 그것은 아마 사심 없는 사랑이나 동정심에서 우러나온 말과 행동을 실천했을 때일 것이다.

행복과 조화harmony는 영적으로 같은 뜻이다. 조화는 우주를 지배하는 위대한 법칙의 한 양상이며, 사랑은 그 법칙의 정신적 표현이다. 모든 이기심은 부조화이다. 이기적인 마음은 신의 질서에서 벗어나 있다. 인간은 자아의 부정이기도 한 우주적 사랑을 실현할 때, 신성한 음악, 우주의 노래, 말로 형용할 수 없는 그 성스러운 멜로디에 자신을 조화시킨다.

사람들은 행복을 찾아 맹목적으로 여기저기 달려들고 있지만 행복을 찾지 못한다. 행복은 온 세상을 가득 채우고 있어서 이미 자기 마음속에 있고 자기 주위에도 있다는 것과 자신이 이기적인 추구 속에서 스스로 행복을 차단하고 있다는 것을 이해하기 전까지 사람들은 계속 방황할 것이다.

행복을 갖기 위해 나는 행복을 쫓아갔다.
높이 솟은 참나무와 바람에 흔들리는 담쟁이덩굴을 지나서.
행복은 달아나고, 나는 뒤를 쫓는다.
경사진 언덕과 골짜기를 넘어.
들판과 초원을 지나, 자줏빛 계곡에서
기운차게 흐르는 시냇물을 따라 달리며,

독수리가 우는 아슬아슬한 벼랑을 기어올랐다.

모든 육지와 바다를 바쁘게 돌아다녔지만,

행복은 늘 나를 피해 달아났다.

지치고, 마음 약해진 나는 더 이상 쫓아가질 않았고,

불모의 땅에 그냥 주저앉아 버렸다.

누군가 내게로 와 음식을 달라 하였고,

또 누군가는 자선을 부탁하였다.

나는 그들의 여윈 손에 빵과 돈을 쥐어 주었다.

누군가 동정을 구하러 왔고, 또 누군가는 휴식을 찾아왔다.

나는 도움이 필요한 모든 이와 함께 내가 가진 모든 것을 나누었다.

그 때, 보라! 감미로운 행복이 성스러운 모습으로 내 옆에 서 있네.

'나는 너의 것'이라고 부드럽게 속삭이며.

벌라이Burleigh의 이 아름다운 시구는 풍요로운 행복의 비결을 표현하고 있다. 사사롭고 일시적인 것들을 희생시켜라. 그러면 당신은 비개인적이고 영원한 차원 속으로 즉시 들어갈 것이다. 모든 것을 자신의 작은 이익에 종속시키고자 하는 편협하고 옹색한 자아를 포기하라. 그러면 당신은 천사들의 무리에 낄 것이며, 보편적 사랑의 본질과 하나가 될 것이다.

다른 이의 슬픔에 공감하고 그들을 돕는 가운데 자신을 완전히 잊으라. 그러면 성스러운 행복이 당신을 모든 슬픔과 고통에서 해방시킬 것이다. "우선 좋은 생각을 갖고, 그 다음엔 좋은 말을 하고, 그리고 나서 좋은 행동을 함으로써 나는 천국에 들어갔다." 당신 역시 똑같은 과정으로 천국에 들어갈 수 있다. 천국은 멀리 있는 것이 아니다. 바로 우리 곁에 있다. 천국은 사심 없고 이타적인 사람만이 도달할 수 있으며, 마음이 순수한 사람만 천국을 온전히 알 수 있다.

끝없는 행복인 천국을 당신이 아직 모르고 있다면, 사심 없는 사랑이라는 높은 이상을 항상 마음에 품고 그것을 열망함으로써 천국을 실현하기 시작할 수 있다. 열망이나 기도는 높은 곳을 향한 욕망이다. 변치 않는 만족감은 성스러운 영적 근원을 향해 나아가는 영혼 안에서만 발견될 수 있다. 욕망의 파괴적인 에너지는 열망에 의해 한없이 확장되는 신성한 에너지로 변화된다. 열망한다는 것은 욕망의 속박을 떨쳐 내기 위해 노력하는 것이다. 열망하는 인간이란 외로움과 고생을 통해 마침내 지혜를 깨닫고, 하나님의 집으로 돌아오고 있는 탕아蕩兒이다.

탐욕스러운 자아를 초월하여 자신을 속박하는 사슬을 하나씩 차례로 깨뜨리면, 당신은 이기적 소유의 불행에서 벗어나 나눔의 기쁨을 실감하게 된다. 즉 당신은 당신의 재산, 당신의 지적 능력, 당신 마음속에서 자라나고 있는 사랑과 빛을 이웃과 함께 나누는 기쁨을 실감하게 된다. 그 때 당신은 실로 "받는 것보다 주는 것이 더 행복하다"라는 말의 의미를 이해하게 될 것이다. 그러나 주는 행위는 보상에 대한 욕구 없이, 자아의 더러움 없이 마음에서 우러나온 것이어야 한다.

순수한 사랑의 선물에는 늘 축복이 뒤따른다. 당신이 사랑을 베풀었는데도 사람들이 고마워하지 않거나, 아첨하지 않거나, 또는 당신 이름이 신문에 실리지 않아서 언짢은 기분이 든다면, 당신이 베푼 것은 진정한 사랑에서 우러나온 것이 아니라 허영심의 발로이며, 당신은 얻기 위해 준 것 뿐이고, 따라서 진정으로 준 것이 아니라 움켜쥐려 한 것일 뿐이다.

다른 사람들의 번영에 마음을 쓰는 가운데 자아를 잃어버려라. 당신의 모든 행위 중에 자아를 잊으라. 그것이 풍요로운 행복의 비결이다.

이기심이 발동하지 않도록 항상 경계하라. 마음에서 우러나온 희생이라는 성스러운 교훈을 충실히 배우라. 그럼으로써 당신은 행복의 최정상에 올라 영원한 생명의 빛나는 옷을 입고 우주적 기쁨의 찬란한 빛 속에 항상 머물게 될 것이다.

그대는 시들거나 바래지 않는 행복을 찾고 있는가?

그대는 슬픈 날을 단 하루도 허용하지 않는, 살아 있는 기쁨을 찾고 있는가?

그대는 사랑과 생명과 평화의 시냇물을 간절히 원하고 있는가?

그렇다면 모든 욕망이 마음속에서 떠나게 하고, 이기적인 추구를 멈추도록 하라.

그대는 슬픔이 늘 따라다니는, 고통과 상처의 길에서 꾸물거리고 있는가?

그대는 그대의 지친 발을 더욱 손상시키는 길에서 방황하고 있는가?

그대는 눈물과 슬픔이 없는 안식처를 동경하고 있는가?

그렇다면 그대의 이기적인 마음을 희생시키고 평화의 마음을 찾아 내라.

번영의 실현

　　　　진정한 번영의 실현은 성실, 믿음, 관대함, 사랑이 넘치는 마음을 가진 사람에게만 허락된다. 이런 자질을 결여한 사람은 번영을 알 수가 없다. 번영은, 행복과 마찬가지로, 물질적 소유가 아니라 정신적 실현이기 때문이다.

　탐욕스런 사람은 백만장자가 될 수 있을지는 몰라도 언제나 비참하고 비열하고 불쌍하게 살아갈 것이며, 이 세상에 자기보다 더 부유한 사람이 한 명이라도 있는 한 자신의 재산이 부족하다고 생각할 것이다. 반면에 물질적 소유는 많지 않다 할지라도, 정직하고 남에게 아낌없이 베풀고 다정한 사람은 풍요롭고 완전한 번영을 이룰 것이다. 불만을 느끼는 사람이 가난한 자이다. 자신이 가진 것으로 만족하는 사람이 부유한 사람이며, 자신이 가진 것을 아낌없이 베푸는 사람은 더욱 부유한 사람이다.

　세상은 정신적 · 물질적인 온갖 좋은 것들로 가득한데, 그것에 비해 몇 푼의 금화나 몇 에이커의 땅을 지키기 위해 맹목적으로 열심히 노력하는 인간의 이기심은 얼마나 암울하고 무지한 것인가! 자기 중심적인 삶은 자기 파멸의 길이다.

자연은 조건 없이 모든 것을 베풀지만, 아무것도 잃지 않는다. 인간은 모든 것을 붙잡으려 하면서, 모든 것을 잃는다.

진정한 번영을 실현하고자 한다면, 다른 많은 사람들이 그랬던 것처럼, 당신이 옳은 일을 하면 모든 일이 잘못될 거라는 고정 관념을 갖지 말라. '경쟁'이란 단어가, 정의를 최고의 덕목으로 생각하는 당신의 믿음을 흔들지 못하게 하라. 나는 '경쟁의 법칙'에 대해 사람들이 어떤 말을 하든 개의치 않는다. 세상에는 불변의 법칙이 있다. 이 법칙은 정의로운 사람의 마음과 인생에서 언젠가는 경쟁의 법칙을 모두 몰아 내고 말 것이다. 이 불변의 법칙을 알게 된 후로, 나는 모든 부정직한 행위를 평온한 마음으로 지켜볼 수 있다. 그런 행위가 어디서 확실한 파멸을 맞게 될지 알기 때문이다.

어떤 상황에서든 당신이 옳다고 믿는 것을 실천하라. 그리고 세상을 지탱하는 불변의 법칙을, 우주에 내재하는 신성한 힘을 신뢰하라. 그러면 그 힘은 절대로 당신을 버리지 않을 것이며, 항상 당신을 보호할 것이다. 이러한 신뢰는 당신의 모든 손실을 이익으로 바꿀 것이며, 위협적인 온갖 저주의 말을 축복으로 바꿀 것이다. 성실, 관용, 사랑을 절대로 놓지 말라. 이것들이 힘과 결합되면, 당신을 진정한 번영의 상태로 끌어올려 줄 것이기 때문이다.

세상은 늘 당신에게 말할 것이다. 항상 자기 자신에게 먼저 신경 쓰고, 그런 후에 다른 사람을 배려해야 한다고. 그 말을 믿지 마라. 그런 태도는 다른 사람을 배려하는 것이 전혀 아니며 자신의 안락만을 생각하는 것이다. 그렇게 사는 사람은 언젠가는 모든 이에게 버림받을 것이다. 그리하여 자신의 말에 귀 기울이고 도움의 손길을 내밀 사람 하나 없이, 외로움과 분노에 떨며 홀로 울부짖게 될 것이다. 자기 자신만을 생각하는 사람은 모든 고귀하고 성스러운 충동을 스스로 속박하고, 왜곡하고, 방해한다. 당신의 영혼을 확장시켜라. 사랑과 관대한 온정이 담뿍 담긴 마음으로 다른 이에게 다가가라. 커다란 기쁨이 계속 당신과 함께 할 것이고, 번영이 당신을 찾아올 것이다.

정의의 길에서 벗어나 방황하는 사람은 경쟁의 세찬 흐름 속에서 자기 자신을 보호한다. 그러나 언제나 정의를 추구하는 사람은 자기 방어의 문제로 고민할 필요가 없다. 이건 빈말이 아니다. 실제로 오늘날 성실과 믿음의 힘으로 모든 경쟁을 무시하고, 그들의 신조에서 조금도 벗어나지 않은 채, 다른 이가 경쟁을 목적으로 도전해 왔을 때에도 꾸준히 번영의 길을 걸었던 사람들이 있다. 반면에 그들을 해치려는 음모를 꾸몄던 자들은 패배하여 물러갔다.

선한 정신적 자질들을 지니는 것은 악의 힘을 모두 차단하는 강력한 갑옷을 입는 것과 같다. 그리고 그러한 자질들을 도야하는 것은 흔들리지 않는 성공을 쌓아올리는 것이며, 영원히 지속될 번영의 길로 들어서는 것이다.

눈에 보이지 않는 마음의 흰 옷은
죄와 슬픔, 비탄과 고통으로 얼룩져 있다.
모든 참회의 눈물과 기도의 샘물로도
그것을 다시 새하얗게 세탁할 수 없다.

무지의 길을 걷는 동안에는
죄의 얼룩이 계속 배어들 것이다.
이기심의 구부러진 길은 마음의 불결함이 특징이다.
그 길에는 고민이 잠복해 있고 실망이 가슴을 찌른다.

지식과 지혜만이 정화淨化의 효력이 있고
내 옷을 깨끗하게 만들 수 있다.
그 안에는 사랑의 물이 있고,
영원하고 고요한, 방해받지 않는 평화가 있기 때문이다.

죄와 후회는 고통의 길이며, 지식과 지혜는 평화의 길이다.

실천이라는 가까운 길을 통해,

나는 어디에서 행복이 시작되고

어떻게 고통과 슬픔이 종식되는지 발견하게 될 것이다.

이기심은 떠나게 될 것이다. 그리고 진리가

그 자리를 차지할 것이다. 변함없는 존재인,

신(神)이 내 안에 그의 거처를 정하고

보이지 않는 마음의 흰 옷을 청결하게 해 줄 것이다.

3

마음의 평화에 이르는 길

자아에 대한 사랑과 삶을 극복하는 것,
뿌리 깊은 걱정을 가슴에서 뜯어 내는 것,
마음속 투쟁을 멈추는 것, 이것이 비로 평화이디
신성함만이 불멸의 평화이다.

서문

　나는 세상을 두루 살펴보고, 세상이 슬픔으로 어두워져 있고 고통의 맹렬한 불꽃으로 타오르고 있음을 보았다. 나는 그 원인이 무엇인지 탐구했다. 나는 깊이 생각해 보았으나 그 원인을 찾을 수 없었다. 책을 들여다보아도 그것을 찾을 수 없었다. 그런데 내 마음 속을 조사했을 때 나는 거기서 그 원인을 발견했고 또한 그 원인이 나 자신에게서 비롯된 것임을 발견했다. 나는 다시 더 깊이 탐구했고, 해결책을 발견했다. 나는 사랑의 법칙이라는 하나의 법칙을, 그 법칙에 순응하는 삶이라는 하나의 삶을, 겸손한 정신과 고요하고 유순한 마음의 진실이라는 하나의 진실을 발견했다. 그리고 나는, 부자든 가난한 자든 배운 사람이든 배우지 못한 사람이든 세속적인 사람이든 속세를 떠난 사람이든, 모든 이들이 자신의 내면에서 모든 성공, 모든 행복, 모든 성취, 모든 진실의 근원을 발견하도록 돕는 책을 쓰겠다고 꿈꾸었다. 그 꿈은 항상 내 마음 속에 있다가 마침내 실현되었다. 이제 나는 이 책(번영의 길, 마음에 평화에 이르는 길)에 치유와 행복의 사명을 담아 세상에 내놓는다. 이 책에 담긴 메시지는 행복과 진실의 근원을 찾고 있는 사람들의 마음속 깊이 도달할 수밖에 없음을 알기 때문에.

— 제임스 앨런

명상의 힘

정신적인 명상은 신성으로 나아가는 길이다. 정신적인 명상은 속세에서 천국으로, 죄에서 진리로, 고통에서 평화로 이르는 신비의 사다리이다. 모든 성인은 이 사다리를 타고 올라갔다. 모든 죄인은 조만간 이 사다리를 올라야 하며, 자아와 세상에 등을 돌리고, 하나님 집을 향해 결연히 마음을 정한 모든 지친 순례자들도 이 사다리의 황금빛 발판 위에 발을 내딛어야 한다. 이것의 도움 없이는 성스러운 상태, 성스러운 모습, 성스러운 평화로 발전할 수 없으며, 진리의 시들지 않는 영광과 순수한 즐거움은 당신에게 보이지 않은 채로 남을 것이다.

명상이란 어떤 생각이나 주제에 대해, 그것을 철저히 이해하겠다는 목적을 가지고, 마음속으로 아주 깊이 생각하는 것이다. 그런데 당신이 자신에 대해 어떤 주제를 가지고 끊임없이 명상을 하면 그것이 무엇이든 간에 결국 이해하게 될 뿐만 아니라 당신은 점점 더 그것과 비슷하게 닮아질 것이다. 왜냐하면 그 생각이 당신의 존재 안에 합쳐질 것이고, 실제로는, 바로 당신 자신이 될 것이기 때문이다. 그러므로 이기적이고 타락한 생각을 계속해서 하는 사람은 결국 이기적이고 타락한 존재가 된다. 또한, 순수하고 이타적인 생각을 끊임없이 하는 사람이라면 틀림없이 순수하고 이타적인 존재가 된다.

당신이 가장 자주 그리고 가장 몰두해서 생각하는 것, 즉 고요한 시간에 당신의 영혼이 가장 자연스럽게 주의를 기울이는 생각이 무엇인지 말해 보라. 그러면 나는 당신이 여행하고 있는 고통의 장소 또는 평화의 장소가 어디인지, 그리고 당신이 신의 모습과 닮아 가는지 짐승의 모습과 닮아 가는지 말해 주겠다.

자신이 가장 자주 생각하는 것의 특성이 그대로 구체화되는 것은 어쩔 수 없는 경향이다. 그러므로 명상의 대상을 낮은 것이 아닌 높은 것으로 끌어 올려라. 그러면 그것을 생각할 때마다 당신은 정신적으로 높아질 것이다. 명상의 대상을 순수하게 하고, 이기적인 요소와 섞이지 않도록 하라. 그러면 당신의 마음은 정화되고 진리에 가까워질 것이며, 더 이상 희망 없이 죄에 빠져 들거나 더럽혀지지 않을 것이다.

심사숙고를 한다는 지적인 의미의 명상이 아닌, 정신적 의미에서의 명상은 정신적 삶과 인식에서 이루어지는 모든 성장의 비결이다. 모든 예언자, 현인, 구세주는 명상의 힘으로 그런 존재가 된 것이다. 부처는 "내가 진리이다"라고 말할 수 있을 때까지 진리에 대해 명상했다. 예수는 "나와 내 아버지는 하나이니라"라고 마침내 선언할 수 있게 될 때까지 신神의 내재성에 대해 골똘히 생각했다.

성스러운 실재에 초점을 둔 명상은 기도의 본질이자 생명이다. 그것은 영혼이 하나님을 향해 조용히 다가가는 행위이다. 명상이 없이 단지 간청만 하는 기도는 영혼이 없는 육체와 마찬가지며, 정신과 마음으로 하여금 죄와 고통을 넘어서게 할 힘도 없다. 만약 당신이 지혜를 달라고, 평화를 달라고, 더욱 고결한 순수를 달라고, 그리고 진리를 더 완전히 실현하게 해 달라고 매일 기도하는 데도 당신이 기도한 내용이 여전히 하나도 이루어지지 않고 있다면, 그것은 당신이 기도하는 내용과 동떨어진 생각과 행동을 하면서 산다는 것을 의미한다. 당신이 받을 자격이 없는 것을 내려 달라고 기도하거나, 당신이 다른 이에게 사랑과 동정을 베풀지 않는데도 당신에게 사랑과 동정을 베풀어 달라고 신에게 요청하지 않고 진리의 정신으로 생각하고 행동하기 시작한다면, 당신은 흠 없는 진실을 향해 하루하루 성장해 나갈 것이며, 결국 그 진실과 하나가 될 것이다.

세속적인 이익을 얻으려고 하는 사람은 그것을 위해 열심히 노력해야 한다. 노력은 하지 않은 채 단지 요청만 하면 이익이 들어올 것으로 기대하는 사람은 정말로 어리석은 사람이다. 노력을 하지 않고도 신성한 정신적 재산을 얻을 수 있다는 헛된 망상을 버려라. 진리의 왕국에서 열심히 일하기 시작할 때만 생명의 양식을 먹게 될 수 있을 것이며, 인내심을 가지고 불평하지 않고 노력하면 당신이 요청한 정신적인 임금을 벌게 될 것이며 지불이 늦춰지는 일은 없을 것이다.

만약 당신이 단순한 자기 만족이 아니라 진정으로 진리를 찾으려 한다면, 그리고 온갖 세속적인 즐거움과 이익보다 진리를 더 사랑한다면, 심지어는 행복 그 자체보다도 더 사랑한다면, 당신은 진리를 찾는 데 필요한 노력을 기꺼이 할 것이다.

만약 당신이 죄악 슬픔에서 벗어나려면, 당신이 그리워하고 기도하는 완벽한 순수를 맛보려면, 지혜와 지식을 얻고 깊고 영속적인 평화를 소유하려면, 지금 명상의 길로 들어서라. 그리고 진리가 명상의 가장 중요한 대상이 되도록 하라.

처음부터 명상은 쓸데없는 몽상과 구별되어야 한다. 명상에는 꿈 같거나 비현실적인 부분이 전혀 없다. 명상은 있는 그대로의 단순한 진리 외에는 아무것도 남기지 않는 탐구 과정이자 타협하지 않는 단호한 생각이다. 이와 같이 명상을 하면, 당신은 더 이상 편견 속에서 자신을 확립시키기 위한 노력을 하지 않을 것이다. 그 대신 자아를 잊고 자신이 진리를 찾고 있다는 사실만을 기억하게 된다. 그리하여 당신은 지금까지 가져 왔던 그릇된 생각들을 하나씩 제거할 것이며, 당신의 그릇된 생각들이 충분히 제거되었을 때 이루어질 진리의 계시를 끈기 있게 기다릴 것이다. 고요하고 겸손한 마음이 이루어졌을 때 당신은 다음과 같은 것을 깨닫게 될 것이다.

> 우리 모두의 마음속 가장 깊은 곳의 중심에
> 진리가 온전하게 머물고 있다. 그리고 이 진리는
> 거칠고 조잡한 육욕에, 겹겹이 둘러싸여 있다.
> 방해하고 왜곡시키는 육욕의 그물이,
> 이 완전하고 명료한 인식인 진리를 덮어 가리고,
> 모든 죄를 만들어 낸다. 그래서 깨달음은,
> 외부에 존재할 것으로 생각되는 빛을 억지로
> 구하는 데 있는 것이 아니라, 가두어진 광휘가
> 탈출할 수 있는 길을 여는 데 있다.

하루 중 명상을 할 시간을 선택하고, 자신의 목적을 위해 바쳐진 그 시간을 지키도록 하라. 가장 좋은 시간은 모든 것에 평안한 영혼이 깃들어 있는 이른 아침이다. 이 때는 모든 자연적인 조건이 당신에게 이롭다. 밤 동안의 오랜 단식으로 격정이 사그라지고, 전날의 흥분과 걱정은 없어졌을 것이며, 강하면서도 편안한 상태의 지성은 영적인 교훈을 잘 받아들일 것이다. 실로 당신에게 처음에 요구되는 노력 중 하나는 무기력과 방종을 떨쳐 버리는 것이다. 만약, 당신이 그것을 거부한다면 당신은 앞으로 발전할 수 없다. 정신의 요구는 피할 수 없는 명령이기 때문이다.

정신적으로 깨어 있게 되면 지적으로나 신체적으로도 깨어 있게 된다. 게으름을 피우고 방종을 일삼는 사람은 진리에 대해 아무것도 알 수 없는 사람이다. 건강과 힘을 지닌 사람이 고요한 아침의 귀중하고 평온한 시간을 졸음에 빠져 낭비한다면, 그는 천국의 고지를 오르기에 전혀 적합하지 않은 사람이다.

활짝 깨어 있는 의식으로 자신의 고귀한 가능성을 자각하게 된 사람, 세상을 둘러싸고 있는 무지의 어둠을 떨쳐 버리기 시작한 사람은 밤새도록 빛나던 별이 사라지기 전에 잠에서 일어나며, 잠자고 있는 세상이 꿈을 꾸는 동안 자신의 영혼 내부에 있는 어둠과 맞붙어 싸우면서, 신성한 열망을 통해 진리의 빛을 알아보기 위해 애써 노력한다.

위대한 자들이 다다르고 머물렀던 높은 경지는
갑작스런 도약으로 오를 수 있었던 것이 아니다.
동료들이 자고 있는 밤 시간에도 그들은
향상하기 위해 많은 노력을 기울였던 것이다.

일찍이 모든 성인, 성자, 그리고 진리의 스승은 아침에 일찍 일어났다. 예수는 아침에 습관적으로 일찍 일어나서 적막한 산을 올라가 신과 성스러운 교제를 나누었으며, 부처는 항상 해뜨는 시각 이전에 일어나서 명상에 몰두하였고, 부처의 제자들도 모두 똑같이 하도록 명을 받았다.

만약 당신이 아주 이른 시각부터 그 날 일을 시작해야 하고, 따라서 이른 아침에 체계적인 명상을 할 수 없는 상황이라면, 밤에 시간을 내도록 하라. 당신이 하는 하루 일의 양과 노동의 강도 때문에 그것이 불가능하다 해도 절망할 필요는 없다. 당신이 지금 아무런 목적 없이 낭비하고 있는 한가한 시간들을 활용하거나 일하는 사이사이에 명상을 실천할 수도 있기 때문이다. 그리고 만약 당신이 하는 일이 많은 반복과 연습 끝에 저절로 할 수 있는 기계적인 일이라면 일을 하고 있는 동안에도 명상을 할 수 있다. 유명한 기독교 성자이자 철학자인 야콥 뵈메Jacob Boehme는 제화공으로서 하루에 많은 시간을 일하면서도 엄청난 양의 신비스러운 지식을 얻었다. 모든 사람의 삶 속에는 생각할 시간의 여유가 나름대로 있으며, 아무리 바쁘고 일이 많은 사람이라고 해도 열망과 명상의 기회로부터 완전히 차단되어 있지는 않다.

　정신적인 명상과 자기 훈련은 따로 떼어 생각할 수 없다. 그러므로 당신은 당신 자신을 조사하고 이해하게 되도록 스스로에 대해 명상을 하기 시작할 것이다. 당신이 계획할 위대한 목표는 자신의 모든 그릇된 생각을 완전히 제거함으로써 진리를 깨닫는 것이기 때문이다. 당신은 자신의 동기, 생각, 행동에 대해 의문을 갖기 시작하고, 그것들을 자신의 이상과 비교하고, 냉정하고 편견이 없는 눈으로 그것들을 바라보기 위해 노력할 것이다. 이런 방법으로 당신은 정신적, 영적 안정 상태를 계속해서 더 잘 실현하게 된다. 사람은 이 안정 상태가 없이는 삶의 바다 위에 떠 있는 하찮은 지푸라기에 지나지 않는다. 만약 당신이 증오나 분노에 자주 빠지는 상태라면, 당신은 자신의 가혹하고 어리석은 행동을 예리하게 알아차리기 위해 친절과 용서에 대해 명상할 것이다. 그러면 당신은 사랑과 친절, 용서의 생각 속에 머무르기 시작할 것이다. 그리고 당신이 고상한 생각으로 저속한 생각을 극복해 낼수록, 당신의 마음속에는 성스러운 사랑의 법칙에 대한 이해가 당신도 모르게 점점 스며들고, 이와 동시에 삶과 행위에 관한 온갖 복잡한 문제에 이 법칙이 관계되어 있다는 것을 이해하게 될 것이다. 그리고 이 지식을 당신의 모든 생각과 말과 행위에 적용시켜 가는 동안, 당신은 점점 친절해지고, 사랑스러워지고, 성스러워질 것이다. 그리하여 모든 죄, 모든 이기적 욕망, 모든 인간적 나약함이 명상의 힘으로 극복된다. 그리고 죄와 그릇된 생각을 하나씩 몰아 낼 때마다 점점 더 찬란하고 더 깨끗한 진리의 빛이 순례하는 영혼을 비춘다.

　이와 같이 명상을 한다면, 당신은 자신의 유일한 진짜 적인 이기적이고 무너지기 쉬운 자아에 대항해서 당신 자신을 끊임없이 강화하게 되며, 진리와 떨어질 수 없는 신성한 불멸의 자아 속에 점점 더 확고히 당신 자신을 확립하게 된다. 명상의 직접적인 효과는 삶이라는 전투 속에서 당신이 믿고 의지할 수 있는 휴식처인 고요한 정신적 힘이다. 성스러운 생각에서 나오는 극복의 힘은 대단한 것이며, 고요한 명상의 시간 속에서 얻는 힘과 이해는 다툼, 슬픔, 또는 유혹의 시기에 힘이 되어 주는 기억으로 당신의 영혼을 풍요롭게 할 것이다.

명상의 힘에 의해 지혜가 커질수록, 당신은 변덕스럽고, 일시적이고, 슬픔과 고통을 낳는 이기적 욕구를 점점 더 단념할 것이다. 그리고 확고부동한 신념과 믿음이 커짐에 따라 당신은 불변의 원리 위에 가치관을 정립할 것이며, 거룩한 평온을 깨달을 것이다.

명상의 효과로 얻는 것은 영원한 원리와 법칙에 대한 깨달음이며, 명상의 결과로 생기는 힘은 그러한 원리와 법칙을 믿고 따를 수 있는 능력이며, 이 능력으로 신과 일체가 된다. 그러므로 명상의 목적은 진리, 신에 대한 직접적인 이해이며 신성하고 심오한 평화의 실현이다.

현재, 당신이 자리하고 있는 윤리적 토대로부터 명상을 시작하라. 당신은 꾸준한 인내를 통해 진리를 향해 성장해야 한다는 사실을 기억하라. 당신이 정통파 기독교인이라면 예수 인격의 흠 없는 순수성과 신성한 덕에 대해 끊임없이 명상하라. 그리고 예수의 모든 가르침을 당신의 내적 삶과 외적 행동에 적용시켜서 예수의 안전함에 점점 더 가까운 모습으로 닮아가라. 진리의 법칙에 대해 명상하지 않고 예수 그리스도의 가르침을 실천하지도 않으면서 형식적인 예배에 만족하고, 자신들의 특정 교리에만 집착하고, 끊임없이 이어지는 죄와 고통 속에 머무르는 그런 기독교인이 되지는 마라. 명상의 힘으로, 편파적인 신이나 교파의 교리에 대한 이기적인 집착, 이미 쓸모 없어진 절차와 생명이 없는 무지에서 벗어날 수 있도록 노력하라. 이런 식으로 순수한 진리에 정신을 집중시키고 지혜의 길을 걷는다면, 당신은 진리의 실현에 못 미치는 불완전한 상태에 사로잡혀 발전을 멈추는 일이 없을 것이다.

진지하게 명상을 하는 사람은 처음에는 진리를 어렴풋이 파악하고, 그런 다음 매일 실천함으로써 진리를 깨닫게 된다. 진리의 가르침을 알 수 있는 사람은 오직 진리의 말씀을 실천하는 사람뿐이다. 왜냐하면 순수한 생각에 의해 진리를 감지하게 된다 하더라도, 실천을 통해서만 진리가 실현되기 때문이다.

부처는 이렇게 말씀하셨다. "허영에 빠져서 인생에 진정한 도움이 되는 것을 잊은 채 쾌락만 좇으면서 명상을 등한시하는 사람은 명상을 위해 노력한 자를 부러워할 때가 올 것이다." 그리고 부처는 제자들에게 다음과 같은 '다섯 가지 중요한 명상'을 가르쳤다.

첫째, 명상은 사랑의 명상이다. 이 명상에서는 자기 원수의 행복도 포함해서 모든 존재의 행복과 번영을 간절히 바라도록 마음을 조절한다.

둘째, 명상은 연민의 명상이다. 이 명상에서는 괴로움을 느끼는 모든 존재를 생각하고 그들의 슬픔과 근심을 자신의 상상 속에 생생히 떠올려서 그들에 대한 깊은 동정심이 마음속에서 일어나도록 한다.

셋째, 명상은 기쁨의 명상이다. 이 명상에서는 다른 이들의 성공과 번영을 생각하고 다른 이들의 기쁨을 함께 기뻐한다.

넷째, 명상은 불순함에 대한 명상이다. 이 명상에서는 타락의 나쁜 결말, 죄와 질병의 결과를 깊이 생각한다. 또한 순간의 쾌락이 얼마나 하찮은지, 그리고 그 결말은 얼마나 치명적인지를 깊이 느낀다.

다섯째, 명상은 평정에 대한 명상이다. 이 명상에서는 사랑과 미움, 학대와 억압, 부와 가난을 초월하고, 자신의 운명을 편견 없는 냉정함과 완벽한 평정심을 가지고 바라본다.

이러한 명상을 통해서 부처의 제자들은 진리를 깨닫게 되었다. 그러나 당신의 목표가 진리인 한, 당신이 진정으로 갈망하는 것이 성스러운 마음과 결백한 삶인 한, 이러한 특정 주제의 명상을 하든 하지 않든 그것은 별로 중요하지 않다. 그러므로 당신이 명상을 할 때는, 당신이 모든 증오, 격정, 비난에서 벗어나 온 세상을 사려 깊은 애정으로 껴안을 때까지, 한없이 넓어지는 사랑으로 당신의 마음이 자라나고 확장되게 하라. 꽃이 아침의 햇빛을 받아들이기 위해 꽃잎을 피우듯이, 당신의 영혼이 진리의 영광스러운 빛을 더욱더 많이 받아들이도록 마음을 열라. 열망의 날개를 타고 위로 높이 솟아올라라. 아무것도 겁내지 말고 가장 고귀한 가능성을 믿으라. 완전히 온화한 마음으로 사는 삶이 가능하다는 것을 믿으라. 티 없이 순수한 삶이 가능하다는 것을 믿으라. 완벽히 거룩한 삶이 가능하다는 것을 믿으라. 최고의 진리를 깨닫는 일이 가능하다는 것을 믿으라. 그렇게 믿는 사람은 천국의 언덕을 빠르게 오르는 반면, 믿지 않는 사람은 안개로 뒤덮인 계곡에서 어둠 속을 고통스럽게 더듬으며 헤매게 된다.

그렇게 믿고, 그렇게 열망하고, 그렇게 명상을 한다면 당신은 지극히 감미롭고 아름다운 정신적 경험을 하게 되며, 당신의 정신적 시야를 황홀하게 만들 영광스러운 계시를 받게 된다. 당신이 신의 사랑, 신의 정의, 신의 순수, 완전한 선의 법칙, 또는 신을 깨닫게 되면 당신의 행복은 굉장할 것이며, 당신의 평화는 깊을 것이다. 오래된 것들은 사라질 것이며, 모든 것이 새로워질 것이다. 죄인의 눈에는 두껍고 불투명하게 보이면서도 진리의 눈에는 얇고 투명하게 보이는 물질적 우주의 베일이 벗겨지고 정신적 우주가 드러날 것이다. 시간은 멈출 것이며 당신은 영원 속에서만 살 것이다. 변화와 죽음의 운명은 더 이상 당신에게 근심과 슬픔을 일으키지 못할 것이다. 당신은 불변의 세계에 정착할 것이며 영원한 생명의 가장 중심부에 머무를 것이기 때문이다.

비슈누, 크리슈나, 붓다, 예수의

탄생을 알리는 별이여,

밤의 어둠 속에서

별빛 없는 한밤중의 어둠 속에서

그대가 빛나기를 기다리면서

마음의 평화에 이르는 길 ·

하늘을 바라보는 현자들에게,

그대는 정의의 왕국이 도래함을 예고하고,

신성이 겸손하게

격정의 마구간에,

지성과 감정의 여물통에

태어난 신비스런 이야기를 전해 주며,

슬픔으로 괴로워하는 마음에게

지친 채 기다리고 있는 영혼에게

깊고 성스러운 동정심의 비밀을

고요히 노래한다.

가장 밝게 빛나는 별이여

그대는 한밤중의 어둠을 다시 빛으로 장식한다.

종교적인 신조의 어둠 속에서 세상을 보는,

그릇된 생각의 칼날로 서로 괴롭히는

끝없는 교리 논쟁으로 지친,

형식만 남은 종교의

생명 없고 쓸모 없는 우상에 지친,

그대의 빛을 기다리다가 지쳐 버린,

현자들은 그대에게서 위로를 받고 기운을 되찾는다.

그대는 그들의 절망을 끝냈다.

그대는 그들의 길을 밝혀 주었다.

그대를 간절히 기다리는 사람들의 마음에

그대를 사랑하는 자들의 영혼에

그대는 고대의 진리를 다시 가져다 주었다.

그대는 슬픔에서 나오는

기쁨과 즐거움과 평화를 이야기한다.

밤중의 지친 방랑자들 중에,

그대를 볼 수 있는 사람들은 복되다.

그대가 비추는 위대한 빛의 힘에 자극 받아

자신의 내면에서 각성된 깊은 사랑의 약동을

가슴 속에서 느끼는 사람들은 복되다.

우리가 그대의 교훈을 참되게 배우게 하라.

그것을 성실하고 겸손한 자세로 배우도록,

그것을 유순하게, 현명하게, 기쁘게 배우도록.

거룩한 비슈누의 옛 별이여.

크리슈나, 붓다, 예수의 빛이여.

자아와 진리라는
두 주인

영혼의 주권을 차지하기 위하여, 마음의 왕권과 지배권을 위하여, 두 주인이 영혼의 싸움터에서 항상 싸우고 있다. 그 두 주인은 '이 세상의 군주'(성경에서 악마를 '이 세상의 군주'he Prince of this world 라고 표현한 것을 인용한 것임: 옮긴이 주)라고도 불리는 자아와 하나님 아버지라고도 불리는 진리이다. 자아는 격정, 자존심, 탐욕, 허영심, 아집, 그리고 어둠의 도구들을 무기로 가지고 있는 반역의 주인이며, 진리는 친절, 인내, 순수, 희생, 겸손, 사랑, 그리고 빛의 도구들을 무기로 가지고 있는 온유하고 겸손한 주인이다.

모든 인간의 마음속에서 그 전투가 벌어지고 있는데, 한 명의 병사가 서로 적대하고 있는 두 군대에 동시에 가담할 수 없듯이, 모든 영혼은 자아의 군대 아니면 진리의 군대에 소속되어 있다. 이도저도 아닌 중간은 없다. 진리의 스승인 부처는 이렇게 말했다. "자아와 진리는 화합할 수 없다. 자아가 있는 곳에는 진리가 없으며, 진리가 있는 곳에는 자아가 없다." 또, 예수 그리스도는 말했다. "아무도 두 주인을 섬길 수는 없다. 한 편을 미워하고 다른 편을 사랑하거나 한 편을 존중하고 다른 편을 업신여기게 된다. 너희는 하나님과 부(富)의 신을 동시에 섬길 수 없다." 진리는 너무도 단순하고 정도에서 결코 벗어나지 않으며 타협하지 않기 때문에, 복잡성이나 굴곡, 제한의 여지가 전혀 없다. 반면에 자아는 교묘하고, 비뚤어져 있고, 교활하고 음흉한 욕구에 의해 지배되며, 끝없는 굴곡과 제한의 여지가 있다. 미혹되어 자아를 숭배하는 자들은 자신이 모든 세속적 욕망을 만족시키는 동시에 진리도 소유할 수 있다고 헛되이 상상한다. 그러나 진리를 사랑하는 자들은 자아를 희생하여 진리를 섬기며, 자기 마음이 세속과 이기주의에 빠지지 않도록 끊임없이 주의한다.

그대는 진리를 깨닫고 진리를 실천하고자 하는가? 그렇다면 그대는 최대한도로 자아를 희생하고 포기할 준비가 되어 있어야 한다. 자아의 마지막 흔적까지 사라진 뒤에야 진리의 영광을 온전히 감지하고 알아볼 수 있기 때문이다.

예수 그리스도는 자신의 제자가 되려는 자는 "매일 자신을 부정해야" 한다고 단언했다. 당신은 자신을 부정하고, 자신의 욕망과 편견과 의견을 기꺼이 포기할 용의가 있는가? 만약 그렇다면, 당신은 진리의 좁은 길에 들어설 수 있고 세상으로부터 격리되어 있는 평화를 찾을 수 있다. 자아의 절대적인 부정과 전적인 소멸은 완벽한 진리의 상대이며, 모든 종교외 철학은 이 최고의 성취를 돕는 수단일 뿐이다.

자아는 진리의 부정이다. 진리는 자아의 부정이다. 당신이 자아를 죽게 한다면, 당신은 진리 안에서 다시 태어날 것이다. 당신이 자아에 집착한다면, 진리는 당신에게 보이지 않을 것이다.

당신이 자아에 집착하는 한 당신의 앞길은 험난할 것이며, 반복되는 고통, 슬픔과 실망이 당신의 몫이 될 것이다. 그러나 진리 안에는 어떤 어려움도 없다. 당신이 진리에 귀의하면, 모든 슬픔과 실망으로부터 자유로워질 것이다.

진리는 본래 감춰져 있거나 모호한 것이 아니다. 진리는 항상 드러나 있으며 완전히 투명하다. 그러나 맹목적이고 외고집인 자아는 진리를 알아볼 수가 없다. 한낮의 햇빛을 볼 수 없는 사람은 장님뿐이며, 자아 때문에 마음의 눈이 먼 사람들만 진리의 빛을 보지 못한다.

진리는 우주에 존재하는 단 하나의 실재이며, 내적인 조화, 완전한 정의, 영원한 사랑이다. 진리는 그 자체로 존재할 뿐, 어떤 것도 진리에 더하거나 뺄 수 없다. 모든 인간은 진리에 의존하지만, 진리는 누구에게도 의존하지 않는다.

자아의 눈을 통해 세상을 바라보는 동안에는 진리의 아름다움을 알아볼 수가 없다. 당신이 허영심 강한 사람이라면, 그 허영심으로 모든 대상을 왜곡시켜 바라볼 것이다. 당신이 탐욕스러운 사람이라면, 당신의 마음과 정신이 격정의 불꽃과 연기에 가려 모든 것이 일그러져 보일 것이다. 당신이 오만하고 독선적인 사람이라면, 이 세상에서 당신 의견처럼 위대하고 중요한 것은 없다고 여길 것이다.

진리의 인간과 자아의 인간을 분명하게 구별할 수 있는 특성이 하나 있다. 그것은 겸손이다. 허영과 고집, 자기 중심적인 사고에서 벗어나 있을 뿐만 아니라 자신의 의견을 무가치하다고 간주하는 것, 이것이 바로 진정한 겸손이다.

자아에 빠져 있는 사람은 자신의 의견이 진리이고, 다른 사람의 의견은 오류라고 생각한다. 그러나 의견과 진리를 구별할 줄 알고 진리를 사랑하는 겸손한 사람은 모든 사람을 자비慈悲의 눈으로 바라본다. 그는 굳이 자신의 의견을 옹호하려 들지 않으며, 더 많이 사랑하기 위하여, 진리의 정신을 나타내기 위하여, 자신의 의견을 기꺼이 희생한다. 진리는 본질적으로 언어적 표현이 불가능하며, 단지 삶 속에서 실천될 수 있을 뿐이다. 가장 많은 자비심을 가진 사람이 가장 많이 진리를 소유하고 있는 것이다.

열띤 논쟁을 벌이는 사람들은 자신이 진리를 옹호하고 있다고 착각하지만, 실제로는 자신의 사소한 이익과 부질 없는 의견을 방어하고 있는 것일 뿐이다. 자아를 추구하는 자는 다른 이들을 향해 무기를 든다. 진리를 추구하는 자는 자기 자신을 향해 무기를 든다. 불변성과 영원성을 지닌 진리는 당신의 의견과 나의 의견으로부터 독립적으로 존재한다. 우리는 둘 다 진리에 들어설 수도 있고, 또는 진리의 바깥에 머무를 수도 있지만, 우리의 방어와 공격은 둘 다 불필요한 것이며 우리 자신에게 되돌아온다.

자아에 사로잡혀, 성미가 급하고, 오만하며, 남을 탓하는 사람들은 그들의 특정한 신조나 종교만이 진리이며 그 밖의 모든 종교는 미신이라고 믿는다. 그리하여 그들은 격정적으로 전도를 한다. 그러나 세상에는 단 하나의 종교, 즉 진리의 종교 밖에 없다. 또 세상에는 단 하나의 죄, 즉 자아의 죄 밖에 없다. 진리는 형식적인 신앙이 아니라, 거룩한 열망을 품고 있는 이타적이고 신성한 마음이다. 진리를 지닌 자는 모든 사람과 사이좋게 지내며, 사랑의 마음으로 모든 사람을 소중히 대한다.

스스로의 정신과 마음, 행위를 조용히 검토해 보면, 자신이 진리를 숭배하고 있는지 아니면 자아를 숭배하고 있는지 쉽게 알 수 있다. 당신은 의심, 적의, 질투, 정욕, 자만의 생각을 품고 있는가? 아니면 그런 생각에 맞서 치열하게 싸우고 있는가? 만약 당신이 전자의 경우라면, 아무리 당신이 어떤 종교를 믿고 있다고 공언해도 당신은 자아에 속박되어 있다. 만약 후자의 경우라면, 외견상으로는 당신에게 종교가 없다 해도 사실상 당신은 진리를 좇고 있다.

당신은 성미가 급하고, 고집이 세며, 자신의 목표만을 항상 추구하고, 제멋대로이며, 자기 중심적인 사람인가? 아니면 온화하고, 부드럽고, 이타적이며, 모든 방종을 끊고, 항상 자기 입장을 포기할 준비가 되어 있는 사람인가? 만일 당신이 전자라면, 자아가 당신의 주인이다. 만일 후자라면, 당신의 애정은 진리를 향하고 있다.

부를 얻기 위해 애쓰고 있는가? 당신의 정당을 위해 격정적으로 싸우는가? 권력과 지도자의 지위를 간절히 원하는가? 과시와 자만에 빠져 있는

가? 아니면 부에 대한 사랑을 포기하였는가? 모든 충돌과 불화를 그만두었는가? 가장 낮은 자리를 차지하고 또 남이 알아 주지 않는 것에 만족하는가? 자신에 대해 이야기하는 습관과 자기 만족의 자만심을 버렸는가? 만일 당신이 전자의 경우라면, 신을 공경하고 있다고 스스로 생각해도 당신이 진정 섬기는 신은 자아이다. 후자의 경우라면, 당신의 입에서 신을 찬양하는 말이 흘러나오지 않아도 당신은 하나님과 함께 하고 있다.

진리를 사랑하는 자를 알 수 있는 표시는 명백하다. 에드윈 아놀드 경이 번역한 명문名文 「바가바드 기타Bhagavad Gita」에서 크리슈나가 그러한 표시들에 대해 말하는 것을 들어 보자.

대담한 용기, 정직한 성품

항상 지혜를 구하려는 의지, 남에게 베푸는 손,

욕망의 절제, 신앙심과 경건한 행위,

고독한 노력에 대한 사랑, 겸손,

공정함, 어떤 생명체에게든 해를 끼치지 않으려는 조심,

신실, 화내지 않음, 나른 사람들이 귀중하게

여기는 것들을 가볍게 포기하는 마음,

침착함, 남의 잘못을 들춰 내지 않는 자비심

고통 받는 모든 존재에 대한 동정심,

스스로 만족하여 어떤 욕망에도 동요되지 않는 마음,

유순하고 신중하며 진지한 태도,

당당한 활력, 인내심, 강건함, 순결,

복수심이나 앙심이 없음, 결코 자신을 과대 평가하지

않음, 이러한 것이 그 징후이다.

오, 인도의 왕자여! 거룩한 탄생에 이르는

올바른 길을 걷는 사람을 알 수 있는 특징은 이런 것들이다.

사람들은, 죄와 자아의 비뚤어진 길에 빠져 성스러움과 진리의 상태인 '거룩한 탄생heavenly birth'을 잊었을 때, 서로를 판단할 인위적인 기준을 세우고 특정 신학을 진리의 판단 기준으로 받아들여 그것에 집착하게 된다. 그래서 사람들은 서로 분열되어 있고, 끊임없는 반목과 투쟁 그리고 끝없는 슬픔과 고통을 겪는다.

독자여, 진리로 거듭나고 싶은가? 그렇다면 유일한 방법 한 가지가 있다. 자아를 죽게 하라. 지금까지 끈질기게 집착해 온 모든 정욕, 욕구, 욕망, 의견, 편협한 생각, 편견을 버려라. 더 이상 그것들이 당신을 속박하지 못하게 하라. 그러면 진리는 당신의 것이 될 것이다. 자신의 종교가 다른 종교보다 더 우월하다고 생각하지 말고, 자비라는 최고의 교훈을 배우기 위해 겸허하게 노력하라.

당신이 숭배하는 구세주만이 유일한 구세주이고 다른 이들이 당신만큼 성실하고 열렬하게 숭배하는 구세주는 사기꾼이라는, 싸움과 슬픔을 일으키는 그런 생각에 더 이상 집착하지 말고 성스러운 길을 부지런히 추구하라. 그러면 모든 성자들이 인류의 구세주임을 깨닫게 될 것이다.

자아를 포기한다는 것은, 단지 외형적인 것들을 포기하는 것이 아니라 마음속의 죄와 그릇된 생각을 버리는 것이다. 사치스런 옷을 입지 않고, 부를 포기하고, 어떤 음식을 삼가고, 부드러운 언어로 말한다고 해서 진리를 깨닫게 되는 것은 아니다. 그러나 허영심을 버리고, 부자가 되려는 욕심을 버리고, 제멋대로인 정욕을 절제하며, 모든 증오와 다툼, 비난과 이기적인 자세를 버리고, 마음이 친절하고 순수해지면 진리를 깨닫게 된다. 전자의 경우를 실천하고 후자를 실천하지 않는 것은 형식주의이며 위선에 불과하다. 반면에 후자는 전자를 포함한다.

당신은 외부 세계와의 관계를 끊고, 동굴이나 깊은 숲 속으로 들어가 은둔 생활을 할 수도 있지만, 이기심을 항상 지니고 있으면서 그것을 버리지 못한다면 당신의 불행은 참으로 대단할 것이며 당신의 미혹은 심각할 것이

마음의 평화에 이르는 길 ·

135

다. 당신은 바로 현재의 처지에 그대로 남아 모든 의무를 이행하면서도 내면의 적인 세속을 끊을 수가 있다. 세상 속에 있으면서도 세속적이지 않은 것이야말로 최고의 완성을 이룬 상태이고 가장 복된 평화이며, 가장 위대한 승리를 성취한 것이다. 자아를 포기하는 것은 진리로 나아가는 길이다. 그러므로

그 길에 들어서라.

증오만큼 큰 슬픔은 없고, 격정passion만큼 큰 고통은 없으며,

감각만큼 큰 속임수가 없으니.

그 길로 들어서라.

자신이 좋아하는 나쁜 행실 하나를 극복하여 밟고 지나간 사람은 그만큼 멀리 간 것이다.

자아를 극복하는 데 성공할 때, 당신은 사물과 현상들의 상호 연관성을 올바르게 보기 시작할 것이다. 격정, 편견, 호불호好不好의 감정에 조금이라도 농요되는 사람은 모는 현상을 그 특성한 성향에 맞춰 해석함으로써, 오로지 자신의 잘못된 생각만을 본다.

모든 격정, 편견, 편애, 편파성에서 완전히 벗어난 사람은 자기 자신을 있는 그대로 보고, 다른 사람들도 있는 그대로 보며, 사물과 현상을 대할 때도 그것들의 적절한 비율과 올바른 관계를 합리적으로 파악하며 본다. 그런 사람은 공격할 대상도, 방어할 대상도, 숨길 일도, 지켜야 할 이익도 없으므로 평화롭게 산다. 그는 진리의 심오한 단순성을 깨달았다. 정신과 마음이 이렇게 편견이 없고, 평온하고, 행복한 상태야말로 진리의 상태이다. 진리의 상태에 도달한 사람은 천사들과 함께 살며, 신이 발을 올려놓는 곳에 앉는다.

위대한 법칙을 알고, 슬픔의 근원을 알고, 고통의 비밀을 알고, 진리 안

에서 해방에 이르는 길을 아는 사람은 충돌이나 비난에 관여할 수가 없다. 맹목적이고 자기 중심적인 세상이 미망의 구름에 둘러싸이고, 죄와 자아의 어둠에 덮여 흔들리지 않는 진리의 빛을 감지할 수가 없고, 자아에 대해 죽었거나 죽고 있는 마음의 심오한 단순성을 전혀 이해할 수 없다는 사실을 그는 알고 있지만 말이다. 그러나 그는 또한 고통의 시대가 오래 계속되어 슬픔의 산을 쌓아올리고 나면, 좌절하고 괴로워하는 세계 정신soul of the world이 최후의 피난처로 도피할 거라는 사실을 알고 있다. 역사가 완성될 때, 모든 방탕아들은 진리의 집으로 돌아올 것이다. 그러므로 그는 모든 사람에게 언제나 호의를 가지며, 버릇없는 자식을 깊은 애정으로 대하는 아버지와 같은 마음으로 모든 이를 대한다.

사람들은 자아에 집착하기 때문에, 자아를 믿고 사랑하기 때문에, 자아를 유일한 현실reality로 믿기 때문에 진리를 이해할 수 없다. 그러나 자아야말로 유일한 망상인 것이다.

자아를 믿고 사랑하는 습성에서 벗어날 때, 당신은 자아를 버리고 진리를 향해 날아오를 것이며 영원한 실재實在를 발견하게 될 것이다.

사람들이 사치, 쾌락, 허영의 포도주에 취하면 삶의 갈증은 더욱 커지고 깊어지며, 그들은 세속적인 불멸성이 꿈에 스스로 현혹된다. 하지만 그들은 스스로 뿌린 씨앗이 열매를 맺어 고통과 슬픔이 잇달아 일어나면, 좌절하고 굴욕감을 느껴 모든 자아 도취와 사리사욕을 버리고, 아파하는 마음으로 유일한 불멸성, 즉 모든 미혹과 망상을 파괴하는 불멸성인 진리 안에서의 정신적인 불멸성을 향하게 된다.

인간은 슬픔의 어두운 문을 통해 악에서 선으로, 자아에서 진리로 나아간다. 슬픔과 자아는 뗄 수 없는 관계이기 때문이다. 오직 진리의 평화와 행복 안에서만 모든 슬픔이 종식된다. 만약 당신이 소중히 간직해 온 계획들이 좌절되어서, 또는 누군가가 당신의 기대에 미치지 못해서 당신이 실망감을 느낀다면 그것은 당신이 자아에 집착하고 있기 때문이다. 만일 당신이 스스로의 행동을 후회하고 있다면, 그것도 당신이 자아에 집착하고 있기 때문이다. 당신을 비우호적으로 대하는 누군가의 태도 때문에 당신이 억울하고 섭섭한 감정에 사로잡혀 있다면, 그것은 당신이 자아를 소중히 간직해 왔기 때문이다. 당신이 누군가의 행동이나 말 때문에 상처를 받았다면, 그것은 당신이 고통스러운 자아의 길을 걷고 있기 때문이다.

모든 고통은 자아에서 비롯되며, 모든 고통은 진리로 끝을 맺는다. 당신이 진리를 깨닫고 나면, 더 이상 실망이나 후회, 회한을 겪지 않을 것이며 슬픔이 당신에게서 떠나갈 것이다.

자아는 영혼을 구속할 수 있는 유일한 감옥이다.

진리는 감옥 문을 열도록 명령할 수 있는 유일한 천사이다.

진리가 그대를 부르러 올 때,

일어나서 빨리 그를 따르라.

그의 길은 어둠 속을 가로지를 수도 있지만,

끝에 가서는 빛에 이른다.

세상의 슬픔과 고뇌는 세상이 스스로 만든 것이다. 슬픔은 영혼을 정화시키고 영혼의 깊이를 심화시킨다. 그래서 극도의 슬픔은 진리의 전주곡이 된다.

당신은 많이 괴로워하였는가? 깊이 슬퍼하였는가? 삶의 문제에 대해 진지하게 숙고하였는가? 만약 그렇다면, 당신은 진리의 사도가 되어 자아와 맞서 싸울 준비가 된 것이다.

자아를 포기해야 할 필요성을 모르는 지식인들은 세계를 설명하는 장황한 이론들을 만들고 그것들을 진리라고 부른다. 그러나 당신이 정의를 실천하는 직접적인 길을 따른다면, 당신은 어떤 이론으로도 설명할 수 없는, 영원히 변치 않는 진리를 깨닫게 될 것이다.

당신의 마음을 계발하고 연마하라. 사심 없는 사랑과 깊은 동정심으로 끊임없이 마음에 물을 주고, 사랑과 조화되지 않는 모든 생각과 느낌들을 마음속에서 몰아 내려 노력하라. 악을 선으로, 증오를 사랑으로, 냉대를 친절로 갚고, 공격 받을 때는 침묵을 지켜라. 그럼으로써 당신은 마음속의 모든 이기적 욕구들을 사랑의 순금純金으로 변화시키게 될 것이며, 자아는 진리 안에서 사라질 것이다. 그러면 당신은 겸양이라는 가벼운 멍에를 지고, 겸손이라는 성스러운 옷을 입고서 사람들 사이에서 떳떳하게 걸어다니게 될 것이다.

오, 지쳐 있는 형제여, 오라! 그대의 분투와 노력은
진리의 마음 안에서 끝난다.
왜, 그대는 자아의 황량한 사막에서
진리의 생명수에 목말라 이리저리 방황하고 하는가?

바로 여기에, 그대가 탐구하며 죄를 짓는 길 옆에
생명의 즐거운 시냇물이 흐르고 사랑의 오아시스가 푸르게 번성해 있다.
오라, 이리 와서 쉬어라. 종말과 시작을 알라,
탐구되는 대상과 탐구하는 주체를 알라, 보는 자와 보이는 것을 알라.

그대의 주인은 사람이 접근하기 어려운 험한 산중에 있지 않고,
공기 중에 떠오른 신기루 속에 있지도 않다.
또한 그대는 절망을 둘러싸고 있는 사막의 길에서
그의 신비한 샘을 발견하게 되지도 않을 것이다.

자아의 어두운 사막에서 그대의 왕이 남긴 향기로운 발자취를
피곤하게 탐구하는 것을 그만두라.

만약 그의 감미로운 목소리를 직접 들으려면,
공허하게 노래하는 모든 목소리에 조금도 귀를 기울이지 말라.

무상한 장소에서 도망쳐라. 그대가 가진 모든 것을 포기하라.
그대가 사랑하는 모든 것을 떠나라. 그리고 마음속 가장 깊은 곳의
성소에서 그대 자신을 발가벗긴 채 드러내라.
가장 높고 가장 거룩한, 불변의 존재가 거기에 계신다.

마음속에, 침묵과 고요의 마음속에 그가 계신다.
슬픔과 죄를 떠나라. 그대의 쓰라린 방황을 그만두라.
그가 그대의 영혼이 찾던 것을 말씀해 주시니.
와서 그의 기쁨을 만끽하고 더 이상 방황하지 말라.

지쳐 있는 형제여, 그대의 분투와 노력을 그만두라.
진리의 마음에서 평화를 찾으라.
자아의 어두운 사막에서 힘들게 방황하는 것을 그만두라.
오라, 진리의 아름다운 물을 마셔라.

정신적인 힘을
획득하기

대부분의 사람들은 쾌락, 흥분, 신기한 것을 추구하면서, 자신의 웃음이나 눈물을 자아낼 감동적인 체험을 항상 구하고 있다. 그리하여 힘이나 안정, 능력을 추구하지 않고 나약함을 초래하면서 자신이 이미 가지고 있는 힘까지 흩어지게 하는 일에 열심히 참여하고 있다.

진정한 힘과 영향력을 소유한 사람은 참으로 드물다. 힘을 획득하는 데 필요한 희생을 치를 준비가 된 사람이 드물고 끈기 있게 인격을 도야할 준비와 각오가 된 사람은 더욱 드물기 때문이다.

자신의 변덕스러운 생각과 충동에 동요되는 것은 나약하고 무기력해지는 길이다. 하지만 생각과 충동의 힘을 올바르게 통제하고 관리하면 강한 힘과 능력을 갖출 수 있다. 동물적 격정이 강한 사람들은 짐승의 사나운 성질을 많이 지니고 있는데, 그것은 힘이 아니다. 힘의 기본 요소가 그들에게 있기는 하지만 이 사나운 성질을 보다 차원 높은 지성으로 길들이고 제어할 때 비로소 진정한 힘이 시작된다. 그리고 인간은 점점 더 차원 높은 지성과 의식 상태를 향해 끊임없이 전진해야만 정신력이 커질 수 있다.

약한 자와 강한 자의 차이는 개인적인 의지가 얼마나 강한지에 달려 있지 않다(고집이 센 사람은 대개 나약하고 어리석다). 그 차이는 오히려 그들의 지적 상태를 나타내는 의식의 지향성에 달려 있다.

쾌락을 추구하는 사람, 흥분과 자극을 좋아하는 사람, 새롭고 신기한 것을 추구하는 사람, 충동과 히스테릭한 감정에 희생되는 사람은 영구불변의 원리에 대한 지식이 결여되어 있다. 균형 감각, 마음의 안정, 그리고 영향력은 불변의 원리에 대한 이해에서 나온다.

인간은 자신의 충동과 이기적인 성향들을 억제하면서, 마음 깊은 곳의 좀더 차원 높고 고요한 의식에 의지하여 자기 마음을 불변의 원리에 고정시키기 시작할 때, 비로소 힘을 계발하기 시작한다.

불변의 원리들을 깨닫는 것이야말로 최고의 정신력을 갖게 되는 비결이다. 많은 탐구와 고통, 희생 뒤에 영원한 원리의 빛이 이해되기 시작하면, 성스러운 평온이 생겨나고 형언하기 어려운 기쁨이 마음을 가득 채운다.

그러한 원리를 깨달은 사람은 더 이상 방황하지 않고, 안정된 마음과 침착한 자세를 유지한다. 그는 '격정의 노예'가 되는 것을 그만두고, 운명의 신전을 건축하는 뛰어난 장인匠人이 된다.

원리의 지배가 아닌 자아의 지배를 받는 사람은 자신의 개인적인 안락함이 위협당하면 금방 태도를 바꾼다. 그는 자신의 이익을 지키고 보호하는 데 깊이 몰두하여 그 목적에 도움이 되는 모든 수단을 정당한 것으로 간주한다. 그런 사람은 너무 자기 중심적인 나머지 자기가 스스로의 적이라는 사실을 파악하지 못한 채, 어떻게 적으로부터 스스로를 지킬 것인지에 관해 끊임없이 생각하며 산다. 그런 사람이 하는 일은 진리와 힘에서 분리되어 있기 때문에 쉽게 허사로 돌아간다. 자아에 기반을 둔 모든 노력은 실패하게 되고, 영구불변의 원리를 토대로 한 일만이 끝까지 지속된다.

불변의 원리에 기반을 둔 사람은 어떤 상황에서도 침착하고, 담대하며, 냉정한 마음가짐을 유지한다. 시련의 시기가 와서 자신의 개인적 안락과 진리 사이에서 하나를 선택해야 할 때, 그는 자신의 안락을 포기하고 확고한 태도를 유지한다. 고통이나 죽음의 위험도 그의 뜻을 변경시키거나 단념시킬 수 없다. 자아를 중요하게 생각하는 사람은 자신의 재산이나 안락, 또는 생명을 상실하는 것을 자신에게 닥칠 수 있는 가장 큰 재난으로 여긴다. 그러나 불변의 원리를 따르는 사람은 이러한 일들을 비교적 대수롭지 않은 사건으로 여기며, 인격이나 진리를 상실하는 불행에 견줄 수 없는 것으로 본다. 그의 입장에서는, 재난으로 부를 수 있는 유일한 사건이란 진리를 저버리는 것뿐이다.

누가 어둠의 세력이고 누가 빛의 자식인지는 위기의 순간에 드러난다. 위협적인 재난, 파멸, 박해의 시대에는 염소와 양이 구별되고, 누가 진정한 힘을 가졌는지가 후세 사람들의 존경 어린 눈에 드러나게 된다.

인간은 자신의 재산을 향유하고 있는 동안에는 스스로가 평화, 형제애, 보편적 사랑의 원칙들을 믿고 있고 그것들에 충실하다고 확신하기가 쉽다. 그러나 자신의 향락이 위협 받거나 위협 받고 있다고 생각할 때는, 싸움을 시끄럽게 요구하기 시작하며 평화, 형제애, 사랑이 아닌 투쟁과 이기심과 증오를 믿고 그것들에 의지하고 있음을 보여 준다.

이 세상의 모든 것을 상실할 위험 앞에서도, 심지어는 명성과 생명이 위협 받을 때도 자신의 원칙들을 저버리지 않는 사람이 진정한 힘을 가진 자이다. 그런 사람이 하는 말은 전부 믿을 수 있고 그가 이룬 업적은 소멸하지 않으며, 영계靈界의 존재들은 그를 존경하고 숭배한다. 예수 그리스도는 자신이 믿는 성스러운 사랑의 원칙을 저버리기보다, 극심한 고통과 상실의 시간을 견뎌 냈다. 그리하여 오늘날 세상은 예수를 열렬히 숭앙하여 그가 못박힌 십자가 앞에 엎드려 경배를 드린다.

정신적인 힘을 얻는 길은 정신적 원리들에 대한 깨달음인 내면적 계몽뿐이다. 그리고 정신적 원리들은 꾸준한 실천과 적용을 통해서만 확실히 이해될 수 있다.

성스러운 사랑의 원리를 취하고, 그것을 완전히 이해하려는 목표를 가지고, 그것에 대해 조용히 명상하라. 그 원리의 날카로운 빛이 당신의 모든 습관과 행동, 다른 사람과의 관계, 모든 은밀한 생각과 욕구를 비추게 하라. 당신이 끈기 있는 노력으로 이 과정을 수행한다면 성스러운 사랑이 점점 더 완전한 모습을 드러낼 것이고, 당신의 단점들은 점점 더 생생하게 그것과 대조되어 당신이 새로운 노력을 거듭 시작하도록 자극할 것이다. 그 영구불변의 원리를 잠깐이라도 보고 나면 당신은 자신의 약점과 이기심과 결점에 다시는 안주하지 않을 것이며, 모든 부조화의 요소를 버려서 그것과 완전한 조화를 이룰 때까지 성스러운 사랑을 추구하게 될 것이다. 그리고 그러한 내면적 조화의 상태가 바로 정신적인 힘이다.

또한 순수와 동정 같은 다른 정신적 원리들을 취해서 마찬가지 방법으로 적용하라. 진리는 너무도 엄격하기 때문에, 당신 영혼의 가장 내밀한 곳에서 모든 얼룩과 찌꺼기가 제거되고 당신의 가슴 속에서 더 이상은 냉혹하고, 남을 비난하는, 무자비한 충동이 일어날 수 없을 때까지 당신은 잠시도 멈추거나 쉴 수 없을 것이다.

이러한 원리들을 이해하고, 실천하고, 신뢰하는 한에 있어서만 당신은 정신적인 힘을 획득할 것이며, 그 힘은 점차 증가하는 냉정함과 인내와 평정의 형태로 당신 안에서 그리고 당신을 통해서 나타나게 될 것이다.

냉정함은 뛰어난 자제력을 나타내며, 탁월한 인내력은 바로 신성한 지식을 지녔다는 증거이다. 생활 속의 모든 의무와 고민거리 속에서도 침착함을 계속 유지하는 것은, 강한 정신력을 가졌다는 증거이다. 세상 속에서 세상의 상식을 따라 사는 것은 쉬운 일이며, 홀로 있으면서 자신의 생각대로 사는 것도 쉬운 일이다. 하지만 많은 사람들과 어울려 살면서도 자신만의 독립성을 훌륭하고 완전하게 유지하는 일은 위대한 사람만이 할 수 있다.

어떤 신비주의자들은 완전한 냉정함이 (소위) 기적을 일으키는 힘의 원천이라고 주장했는데, 아무리 큰 충격을 받아도 눈 하나 깜짝하지 않을 만큼 자기 내부의 모든 힘들을 완벽히 통제하는 사람은 참으로 그 힘들을 훌륭한 솜씨로 다스리고 지휘할 수 있음에 틀림없다.

자제력, 인내심, 침착함이 커질수록 힘과 능력이 커진다. 그리고 당신은 불변의 원리에 의식을 집중시킴으로써만 그러한 자질을 증대시킬 수 있다. 어린 아기가 혼자 힘으로 걸으려는 수많은 시도를 하고 수도 없이 넘어진 후에야 비로소 걷게 되는 것처럼, 당신도 힘을 기르는 길에 들어서려면 우선 홀로서기를 시도해야 한다. 당신이 사람들 사이에서 홀로 똑바로 걸을 수 있을 때까지, 관습, 전통, 인습, 그리고 다른 사람들의 견해의 횡포에서 벗어나라.

당신 자신의 판단을 신뢰하라. 당신 자신의 양심에 충실하라. 당신 내면의 빛을 따라가라. 외부의 모든 빛은 당신을 미혹시키는 도깨비불에 불과하다. 당신이 어리석다고, 당신의 판단이 잘못되었다고, 당신의 양심이 비뚤어져 있다고, 당신 내면의 빛이 어둠에 불과하다고 말해 주는 사람들이 있을 것이다. 그러나 그런 말에 귀 기울이지 말라. 당신은 지혜를 추구하는 사람이기 때문에, 그들의 말이 사실인지 아닌지는 당신이 더 빨리 더 잘 발견하게 될 것이다. 그리고 당신은 자신의 능력을 시험해 봄으로써만 그 발견을 할 수 있다. 그러므로 당신의 길을 용감하게 추구하라.

최소한 당신의 양심은 당신의 것이며, 스스로의 양심에 따르는 것은 용기 있는 행위이다. 그러나 타인의 양심에 따르는 것은 노예의 짓이다. 한동안 여러 가지 실패를 경험할 것이고, 많은 상처를 입을 것이고, 수많은 고난을 겪게 되겠지만, 확실한 승리가 앞길에 놓여 있음을 믿고 신념대로 밀고 나가라.

견고한 반석처럼 의지할 수 있는 불변의 원리를 찾으라. 그리고 그것을 발견하면 충실히 그것을 고수하고, 그것을 당신의 발판으로 삼아 똑바로 서라. 마침내 그 위에 확고부동하게 정착하여 이기심의 맹렬한 파도와 폭풍을 가라앉히는 데 성공할 때까지.

모든 형태의 이기심은 방탕이요 나약함이며 죽음이고, 이타심은 정신적인 면에서 보존이요 힘이며 생명이다. 당신이 영적으로 성숙해지고 불변의 원리들을 실천하며 살게 되면, 당신은 그런 원리들처럼 아름답고 변치 않는 존재가 될 것이며, 그것들의 더없이 사랑스러운 불멸의 본질을 음미하게 될 것이며, 당신 내면에 있는 신의 영원히 변하지 않는 본성을 깨닫게 될 것이다.

두려움 속에 살아가는 운명의 노예들에게 둘러싸여 있어도
상처, 손해, 저주를 무시하고
미움의 폭풍 속에서도 꿋꿋하게 옳은 길을 걷는
정의로운 사람에게는 어떤 해로운 화살도 닿을 수 없다.

그는 고요한 힘을 갖추어 위엄 있고 당당하게,
그리고 침착하게 살아가며, 변화하거나 방향을 바꾸는 일 없이,
가장 암울한 고통의 시간에도 인내심을 가지고 굳건히 견딘다.
시간은 그에게 굴복하며, 죽음과 나쁜 운명을 그는 쫓아 낸다.

소름끼치는 분노의 번개가 그의 주위 사방에서 번쩍이고,
지옥의 통렬한 뇌성雷聲이 그의 머리 주위에서 쿵쿵 울리지만,
그는 개의치 않는다. 그것들은 시간과 공간과 속세가 사라진 곳에
서 있는 사람을 죽일 수가 없으므로.

영원한 사랑의 보호를 받는데, 그가 무엇을 두려워하겠는가?
불변의 진리로 무장했는데, 그가 이득과 손실에 대해 무엇을 알 수 있겠는가?
영원을 알기에, 그는 그림자가 오고 가는 것에 동요하지 않는다.

어둠의 세력 한복판에서도 신성의 영광을 부여 받아

이와 같이 살아가는 사람을 보거든

그를 불멸의 인간이라 불러라.

그를 진리와 빛과 예언자적 위엄의 광휘라고 불러라.

사심 없는
사랑의 실현

미켈란젤로는 모든 자연석에서 훌륭한 예술가의 기예技藝를 통해 현실화될 날을 기다리고 있는 아름다운 형상을 보았다고 한다. 마찬가지로, 모든 인간 안에는 신앙의 기예와 인내의 조각칼을 기다리고 있는 신성한 형상이 있다. 그 신성한 형상은 깨끗하고 사심 없는 사랑으로 나타나고 실현된다.

거의 꿰뚫을 수 없는 단단한 여러 껍질에 뒤덮여 있는 경우가 대부분이지만, 모든 인간의 마음 깊은 곳에는 성스러운 사랑의 정신이 숨어 있으며, 그 사랑의 신성하고 순결한 본질은 영원하고 소멸하지 않는다. 그것은 인간 안에 있는 진리이며, 신에게 속한 것이고, 불멸의 실재이다. 그것 이외의 모든 것은 변화하며 사라져 간다. 그것만이 변하지 않고 사라지지 않는다. 최고의 정의로움을 실천하는 데 부단한 노력을 기울임으로써 그 사랑을 실현하고, 그 안에 살고, 그 안에서 완전히 깨어 있는 의식을 지니게 되면, 바로 지금 여기에서 영원한 생명에 들어가서 진리와 하나가 되고, 신과 하나가 되고, 모든 존재의 중심과 하나가 되고, 우리 자신의 신성하고 영원한 본질을 알게 된다.

그 사랑에 도달하려면, 그것을 이해하고 경험하려면, 자신의 마음과 정신을 끊임없이 부지런히 계발해야 하며 자신의 인내력을 항상 새롭게 하고 굳센 믿음을 계속 유지해야 한다. 왜냐하면, 성스러운 형상이 찬란한 아름다움을 온전히 드러내기 위해서는 그전에 제거해야 할 것이 많고, 성취해야 할 것도 많기 때문이다.

신성에 도달하려고 노력하는 사람은 극도의 시험에 들게 되며, 이것은 절대적으로 필요한 과정이다. 이런 과정이 없다면, 진정한 지혜와 신성을 가능케 하는 지고의 인내력을 어떻게 얻을 수 있겠는가? 꾸준히 노력하다 보면, 때때로 모든 일이 무익해 보이고 자신의 노력이 헛되어 보이는 경우가 있을 것이다. 때때로 경솔한 선택으로 인해 자신의 이미지를 망치는 경우도 있을 것이다. 그리고 아마도 그는 자신의 과업이 거의 완성되었다고 여기는 순간, 신성한 사랑의 아름다운 모습이라고 생각했던 것이 철저히 파괴되는 것을 목격할 것이다. 그러면 그는 쓰라린 경험을 참고로 해서 다시 시작해야 한다. 그러나 최고의 가치를 실현하기로 확고히 결심하고 노력하는 사람은 패배와 같은 것은 사실상 없다는 것을 깨닫는다.

모든 실패는 겉모습일 뿐, 진짜가 아니다. 모든 실수, 모든 실패, 이기심으로의 모든 복귀는 교훈을 배우고 경험을 얻는 과정이다. 지혜의 황금 난알이 거기에서 추출되어, 고귀한 목표를 성취하기 위해 노력하는 자를 돕는다.

만약, 우리가 자신의 수치스러운 행위들을 하나씩 차례로
극복해 나간다면, 우리는 자신의 악덕을 재료로 해서
신성의 경지에 오르는 사닥다리를 만들 수 있다는 것

그것을 깨닫는 것은 신성을 향해 정확히 나아가는 길에 들어서는 것이며, 이와 같이 깨닫는 자가 겪는 여러 실패들은 거짓된 자아 관념을 버리는

과정이다. 그는 실패의 과정을 디딤돌로 삼아 더 차원 높은 것들을 향해 나아간다.

일단 당신이 자신의 실패와 슬픔과 고통을, 당신의 약점과 결점이 무엇인지 또 당신이 어떤 점에서 진리와 성스러움에 못 미치는지 분명히 말해 주는 경고의 목소리로 간주하게 되면, 당신은 끊임없이 자신을 지켜보기 시작할 것이며, 모든 실수와 모든 아픔은 당신이 좀더 신을 닮고 완전한 사랑에 근접하려면 어떤 점을 고쳐야 하는지, 마음속에서 무엇을 제거해야 하는지를 당신에게 보여 줄 것이다. 그리고 당신이 마음속의 이기심에서 매일 점점 더 많이 벗어나면서 앞으로 나아감에 따라, 사심 없는 사랑이 점차 당신에게 드러날 것이다.

그리고 당신의 인내심과 침착성이 커지고, 심술, 노여움, 과민 반응이 사라지고, 이것들보다 더 강력한 정욕과 편견도 더 이상 당신을 지배하거나 사로잡지 않을 때, 당신은 자신 안에서 신성이 깨어나고 있다는 것과 평화와 영원한 생명을 보장하는 사심 없는 사랑이 멀지 않았다는 것을 알게 될 것이다.

신성한 사랑은 다음과 같은 극히 중요한 특징에서 인간적인 사랑과 구별된다. 신성한 사랑은 편애partiality를 하지 않는다. 인간적인 사랑은 특정한 대상에 집착하여 나머지 모든 대상들을 차별한다. 따라서 그 특정 대상이 없어지면 그것을 사랑하는 사람에게 초래되는 고통은 크고 깊다. 이에 반해 신성한 사랑은 우주 전체를 포용하며, 어떤 특정 부분에 집착하지 않고 자체 안에 전체를 포함한다. 그러므로 모든 이기적이고 불순한 요소들이 제거될 때까지 자신의 인간적인 사랑을 점차 정화하고 확장하여 신성한 사랑에 도달하는 사람은 모든 고통에서 해방된다.

인간적인 사랑이 고통을 야기하는 것은 그것이 좁고, 제한적이며, 이기심과 뒤섞여 있기 때문이다. 스스로를 위해서는 아무것도 추구하지 않을 만큼 절대적으로 순수한 사랑에서는 어떤 고통도 생겨날 수 없다. 그럼에도 불구하고, 인간적인 사랑은 신성에 이르기 위해 반드시 필요한 단계이다. 가장 깊고 가장 강렬한 인간적 사랑을 할 수 있기 전까지는 어떤 영혼도 신성한 사랑에 참여할 준비가 되어 있지 않다. 인간적 사랑과 인간적 고통을 통과해야만 신성한 사랑을 깨닫고 실현할 수 있다.

모든 인간적인 사랑은 그 사랑이 집착하는 대상처럼 소멸하기 쉽다. 그러나 절대로 소멸하지 않고 겉모양과 현상에 집착하지 않는 사랑이 존재한다.

모든 인간적인 사랑에는 인간적인 미움이 뒤따른다. 그러나 반작용이나 미움을 허용하지 않는 사랑이 존재한다. 그 사랑은 성스럽고 자아의 모든 더러움에서 벗어나 있으며, 모두에게 똑같이 사랑의 향기를 발산한다.

인간적인 사랑은 신성한 사랑의 반영이며, 인간의 영혼을 진실reality에 다가가도록, 즉 슬픔도 변화도 모르는 사랑에 다가가도록 이끈다.

자신의 가슴에 안겨 있는 연약한 갓난아이에게 깊은 애정을 느끼는 어머니가 그 아기가 차가운 주검이 되어 땅에 묻히는 것을 보았을 때, 슬픔의 어두운 바다에 빠지게 되는 것은 이해할 만한 일이다. 그녀가 눈물을 흘리고 마음이 아픈 것은 이해할 만한 일이다. 왜냐하면, 이런 경험을 통해서만 그녀는 감각적인 기쁨과 감각 대상들의 덧없는 속성을 상기할 수 있고, 그리하여 영원하고 변하지 않는 진실에 더 가까이 다가갈 수 있기 때문이다.

연인, 형제, 자매, 남편, 아내가 사랑하는 사람과 이별할 때 심한 고통을 겪고, 우울한 감정에 휩싸이는 것은 이해할 만한 일이다. 그럼으로써 그들은 그 사랑의 감정을 눈에 보이지 않는, 모든 존재의 근원으로 향하게 하는 법을 배울 수도 있다. 영원한 만족은 오직 거기에서만 찾을 수 있다.

자존심이 강하고, 야심적이고, 이기적인 사람들이 패배와 모욕, 불행을 겪는 것, 또 그런 사람들이 고통의 뜨거운 불길을 경험하게 되는 것도 이해할 만한 일이다. 그리고 나서야 고집 세고 변덕스러운 영혼이 삶의 수수께끼에 관해 성찰할 수 있고, 그 마음이 부드러워지고 정화되어 진리를 받아들일 준비가 되기 때문이다.

　인간적인 사랑을 하는 마음이 심한 고통을 겪을 때, 그리고 우울과 외로움과 황폐함이 우정과 믿음의 영혼을 어둡게 할 때야말로, 모든 것을 보호하는 신의 사랑을 향해 마음을 돌리고 그 사랑의 고요한 평화 속에서 안식을 찾을 때이다. 이 사랑으로 오는 모든 사람들은 위안 받지 못하고 외면당하는 일이 없으며, 고통으로 가슴이 미어지지도 우울한 감정에 휩싸이지도 않으며, 어두운 시련의 시간에 버려지는 일도 결코 없다.

　신성한 사랑의 영광은 오직 슬픔으로 단련된 마음에게만 드러날 수 있다. 거룩한 상태가 어떤 모습인지는, 생명이 없고 일정한 형태도 없는 무지와 이기심의 찌꺼기가 완전히 마음에서 제거되었을 때만 알아보고 깨달을 수 있다.

　어떤 사사로운 만족이나 보상을 구하지 않고, 차별을 하지 않으며, 어떤 마음의 고통도 뒤에 남기지 않는 사랑만이 신성한 사랑이라 불릴 수 있다.

　자아와 악의 쓸쓸한 그림자에 집착하는 사람들은 신성한 사랑을 인간이 도달할 수 없는 신의 영역에 속하는 것, 즉 자신과는 상관 없고, 영원히 인간의 영역 너머에 있을 수밖에 없는 것으로 생각하는 경향이 있다. 사실 신의 사랑은 항상 자아의 한계 너머에 있지만, 마음과 정신이 자아를 비웠을 때는 사심 없는 사랑, 최고의 사랑, 신성이나 선의 성격을 띠는 사랑이 내면의 영원한 현실이 된다.

　이와 같은 신성한 사랑의 내면적 실현이야말로 사람들이 아주 흔히 이야기하면서도 거의 이해하지 못하고 있는 그리스도의 사랑이다. 이 사랑은 죄에서 영혼을 구할 뿐만 아니라, 유혹의 힘이 미치지 못하는 곳으로 영혼을 들어올린다.

　그러나 어떻게 이러한 최고의 실현을 이룰 수 있는가? 이러한 질문에 대해 진리가 항상 답변해 왔고, 앞으로도 항상 답변할 말은 "너 자신을 비워라. 그러면 내가 너를 채울 것이다"이다. 자아는 사랑의 부정이기 때문에 자아가 죽은 뒤에야 신성한 사랑을 알 수 있다. 그리고 신성한 사랑을 일단 알고 나면 어떻게 그것을 부정할 수가 있겠는가? 자아의 돌을 영혼의 묘지에서 밀어 내고 난 후에야, 지금까지 십자가에 못박혀 죽고 매장되어 있던 순수한 사랑의 영靈, 불멸의 그리스도가 무지의 속박을 벗어 던지고 부활의 장엄한 영광 속에 나타난다.

사람들은 나사렛 사람 예수가 죽었다가 부활한 것으로 믿고 있다. 나는 그러한 믿음이 틀렸다고 말하는 것이 아니다. 그러나 친절하고 온화한 사랑의 정신이 이기적 욕구의 검은 십자가 위에서 매일 못박히고 있음을 믿지 않으려는 사람이 있다면, 나는 그가 잘못된 믿음을 갖고 있으며 그리스도의 사랑을 아직 조금도 모르고 있다고 말하는 것이다.

사람들은 그리스도의 사랑으로 구원을 맛보았다고 말한다. 그들은 자신의 노여움, 성급함, 허영심, 개인적인 혐오감, 다른 사람에 대한 판단과 비난으로부터 구원 받았는가? 만일 그렇지 않다면, 무엇으로부터 구원 받았으며, 인격을 변화시키는 그리스도의 사랑을 도대체 어떤 점에서 깨달았다는 말인가?

신성한 사랑을 깨달은 사람은 새로운 존재가 되며, 더 이상 자아의 낡은 요소에 동요되거나 지배되지 않는다. 그는 인내심, 순수함, 자제력, 깊은 자비심, 변하지 않는 상냥함을 특징으로 한다.

신성한 사랑 또는 사심 없는 사랑은 단순한 정서나 감정이 아니다. 그것은 악의 지배와 악에 대한 믿음을 파괴하고, 최고선의 즐거운 실현으로 영혼을 끌어올리는 지적인 깨달음의 상태이다. 영적으로 현명한 자에게는 이해와 사랑이 하나이며 둘로 나누어질 수 없다.

온 세상은 이러한 신성한 사랑의 완전한 실현을 향해 움직이고 있다. 우주가 존재하게 된 것은 이 목적을 위해서이며, 행복을 붙잡으려는 모든 노력, 그리고 목표, 이념, 이상을 향한 영혼의 모든 추구는 이 목적을 실현하기 위한 노력이다. 그러나 세상은 현재 이러한 사랑을 실현하지 못하고 있다. 왜냐하면, 세상은 무지에 빠져 있어서 실체를 무시하고 덧없는 그림자를 잡으려 하고 있기 때문이다. 그러므로 고통과 슬픔이 계속되고 있으며, 세상이 스스로 초래한 고통을 통해 깨달음을 얻어 사심 없는 사랑, 고요하고 평화로 가득 찬 지혜를 발견할 때까지 고통과 슬픔은 계속될 수밖에 없다.

이러한 사랑, 이러한 지혜, 이러한 평화, 지성과 감정이 평화로운 이런 상태는 자아를 기꺼이 포기할 각오와 준비가 되어 있는 사람, 그리고 자아 포기에 포함되어 있는, 모든 것을 이해하고 포용하려는 겸허한 노력을 시작할 준비가 된 사람이면 누구나 도달할 수 있고 실현할 수 있다.

이 우주에 제멋대로인 힘은 존재하지 않으며, 사람이 구속되어 있는 가장 강한 운명의 굴레는 스스로 만들어 낸 것이다. 사람들이 그 굴레에 매여 있는 것은 그들이 그렇게 되기를 바라고 그 굴레를 사랑하기 때문이며, 작고 어두운 자아의 감옥이 쾌적하고 아름답다고 생각하고 있고 그 감옥을 떠나면 진실하고 소유할 가치가 있는 모든 것을 잃을 거라고 두려워하기 때문이다.

당신은 스스로 고통을 자초하고 있으며, 어느 누구도 당신에게 고통을 강요하지 않는다. 어느 누구도 당신이 살고 죽는 것에 간섭할 수 없다.

운명의 굴레와 어둡고 좁은 자아의 감옥을 만들었던 영혼에 내재하는 힘은, 영혼 스스로 그 힘을 깨뜨리기 바라고 원할 때 소멸될 수 있다. 영혼은 그 감옥이 무가치함을 발견했을 때, 오랜 고통을 통해 무한한 빛과 사랑을 받아들일 준비가 되었을 때 그렇게 할 것이다.

그림자가 형상을 따르고 연기가 불에서 생기듯이, 결과는 원인을 따르고 고통과 행복은 인간의 생각과 행위를 따른다. 숨겨진 원인이든 드러난 원인이든, 원인을 가지지 않는 결과는 이 세상에 없으며, 그 원인은 절대적인 정의의 법칙에 따라 작용한다. 인간은 가깝거나 먼 과거에 악의 씨앗을 뿌렸기 때문에 고통의 결실을 수확하는 것이며, 선의 씨앗을 뿌린 결과로 행복의 결실을 수확하는 것이다. 이것에 대해 깊이 생각해 보고, 이것을 이해하도록 노력하라. 그러면 선의 씨앗만을 뿌리기 시작할 것이며, 자신의 마음속에서 키워 왔던 잡초들을 태워 없애게 될 것이다.

세상은 사심 없는 사랑을 이해하지 못한다. 왜냐하면 세상은 자신의 쾌락을 쫓는 데 열중하고 있고, 소멸하기 쉬운 관심사의 좁은 한계 안에 속박되어 있으면서, 무지 때문에 그러한 쾌락과 관심사들을 진정하고 영원한 것으로 착각하고 있기 때문이다. 육체적 욕망의 불꽃에 휩싸이고 고뇌의 불길 속에 타고 있어, 세상은 순수하고 평화로운 진리의 아름다움을 보지 못한다. 죄와 자기 기만의 더러운 찌꺼기를 먹고 살기 때문에 세상은 널리 만물을 내다보는 사랑의 집으로부터 차단되어 있다.

이 사랑이 마음속에 없고 또 그것을 이해하지 못하기 때문에, 사람들은 내면적인 희생을 전혀 포함하지 않는 개혁을 수없이 일으키면서 각자 자신의 개혁이 세상을 영원히 바로잡을 거라고 생각하지만, 그 자신은 마음속에 악을 지니고 있어서 계속 세상에 악을 퍼뜨리고 있다. 사람의 마음을 바로잡는 것만이 진정한 개혁이라 할 수 있다. 모든 악이 거기에서 발생하기 때문이다. 세상은 이기심과 당파 싸움을 그만두고 신성한 사랑의 교훈을 배운 뒤에야 보편적인 행복의 황금 시대를 실현할 것이다.

부자는 가난한 자를 깔보지 말고, 가난한 자는 부자를 비난하지 않도록 하라. 탐욕스런 자는 베푸는 법을 배우고, 욕망이 강한 자는 순수해지는 법을 배우도록 하라. 당파심이 강한 사람은 투쟁을 그만두고, 무자비한 사람은 용서를 베풀기 시작하라. 질투심이 강한 자는 다른 사람의 기쁨을 함께 나누도록 노력하고, 남을 비방하는 자는 자신의 행위를 부끄럽게 여기도록 하라. 그러면 보라! 황금 시대가 가까이에 있다. 그러므로 자신의 마음을 정화하는 사람이 세상에 가장 큰 은혜를 베푸는 사람이다.

세상은 황금 시대, 즉 사심 없는 사랑의 실현으로부터 차단되어 있고, 앞으로도 오랜 세월 동안 차단되어 있을 것이다. 그러나 당신이 원하기만 한다면, 당신은 이기적 자아를 초월함으로써 지금 당장 황금 시대에 들어갈수도 있다. 당신이 편견, 증오, 비난을 버리고 친절하고 관대한 사랑만을 간직한다면 말이다.

미움, 혐오, 비난이 있는 마음속에는 사심 없는 사랑이 머물지 않는다. 사심 없는 사랑은 모든 비난을 그만둔 마음속에만 존재한다.

사람들은 "내가 어떻게 술고래, 위선자, 좀도둑, 살인자를 사랑할 수 있단 말인가? 나는 그런 사람들을 싫어하고 비난할 수밖에 없다"고 말한다. 그런 사람들을 감정적으로 사랑할 수 없다는 것은 사실이다. 그러나 자신이 필연적으로 그들을 싫어하고 비난할 수밖에 없다고 말한다면, 그는 모든 것을 다스리는 위대한 사랑에 대해 잘 모르고 있음을 내보이는 것이다. 그런 사람들이 지금처럼 된 일련의 원인들을 파악하고, 그들의 심한 고통을 공감하고, 그들이 궁극적으로는 반드시 정화된다는 것을 알게 해 주는 내면적 깨달음의 상태에 도달하는 일이 가능하기 때문이다. 그러한 깨달음을 얻고 나면, 더 이상 그들을 싫어하거나 비난하는 일이 완전히 불가능해지며 항상 깊은 동정심과 완전히 평온한 마음으로 그들을 생각하게 될 것이다.

만약 당신이 어떤 사람을 사랑하고 칭찬하다가, 그가 어떤 식으로든 당신을 훼방하거나 당신이 찬성하지 않는 행위를 할 경우엔 그를 싫어하고 헐뜯는다면, 당신은 신의 사랑에 지배되고 있지 않은 것이다. 만약 당신이 마음속으로 다른 이들을 끊임없이 책망하고 비난하고 있다면, 사심 없는 사랑은 당신에게 이해되지 않는다.

모든 존재의 중심에 사랑이 있다는 것을 알고, 모든 것을 충족시키는 그 사랑의 힘을 깨달은 사람은 마음속에 비난이 자리잡을 여지가 없다.

사람들은 이 사랑을 모르기 때문에, 영원한 심판관과 집행자가 존재한다는 것을 잊고서 그들 스스로 동료들을 심판하고 형刑을 집행한다. 또 사람들은 자신의 견해, 자신만의 특별한 개혁과 방법에서 벗어나 있는 타인들을 광신적이고, 정신이 불안정하며, 판단력과 성실성과 정직성이 부족하다고 낙인 찍고, 다른 사람들이 자신의 기준에 부합되면 그들을 훌륭한 사람이라고 생각한다.

사랑은 그런 식으로 다른 사람을 평가하거나 분류하지 않으며, 다른 사람의 생각을 자신의 견해대로 바꾸려고 하지도 않으며, 자신의 방법이 우월하다는 것을 납득시키려 하지도 않는다. 사랑의 법칙을 알고 있는 사람은 그것을 실천하고, 모든 사람에게 똑같이 평온한 마음가짐과 상냥한 감정을 유지한다. 타락한 사람과 덕 있는 사람, 어리석은 사람과 현명한 사람, 학식 있는 사람과 무식한 사람, 이기적인 사람과 이타적인 사람 모두가 똑같이 그의 고요한 생각으로부터 축복을 받는다.

오직 꾸준한 자기 수양의 노력에 의해서, 그리고 자아에 대한 승리를 거듭함으로써 이 최고의 깨달음과 신성한 사랑에 도달할 수 있다. 마음이 순수한 사람만이 신을 보며, 당신의 마음이 충분히 정화되면 당신은 거듭나게 된다. 그리하여 소멸하지도, 변화하지도, 고통과 슬픔으로 끝나지도 않는 사랑이 내면에서 깨어나 당신은 평화로워질 것이다.

신성한 사랑에 도달하려고 노력하는 사람은 비난의 정신을 극복하려고 항상 애쓴다. 순수한 정신적 깨달음이 있는 곳에서는 비난이 존재할 수 없고, 비난하는 일이 불가능해진 마음속에서만 사랑이 완성되고 충분히 실현되기 때문이다.

기독교인은 무신론자를 비난하고, 무신론자는 기독교인을 빈정댄다. 천주교도와 개신교도는 끊임없는 논쟁을 벌이며, 평화와 사랑이 있어야 하는 곳에서 투쟁과 증오의 정신이 지배하고 있다.

자신의 형제를 미워하는 자는 살인자이며, 성스러운 사랑의 정신을 십자가에 못 박는 자이다. 당신은 다른 종교를 가진 사람이나 무신론자를 대할 때도 혐오감을 전혀 갖지 않고 완전히 평온한 마음을 유지할 수 있을 때까지, 자유와 구원을 가져다 주는 사랑을 얻기 위해 계속 노력해야 한다.

성스러운 깨달음, 사심 없는 사랑의 실현은 비난의 정신을 완전히 소멸시키고, 모든 악을 흩어 없어지게 하며, 순수한 통찰력의 경지로 의식을 끌어올린다. 그 경지에서는 사랑과 선과 정의가 보편적이고 최고이며 모든 것을 이겨 내고 불멸인 것으로 이해된다.

강하고 편견 없고 온화한 생각을 하도록 당신의 정신을 훈련하라. 순수성과 동정심을 갖도록 당신의 마음을 훈련하라. 침묵을 잘 지키고, 진실하고 흠 없는 말을 하도록 당신의 혀를 훈련하라. 그렇게 하면 당신은 신성함과 평화의 길로 들어서게 되며, 불멸의 사랑을 결국 실현하게 된다. 그렇게 살면, 당신은 다른 사람의 견해를 바꾸려 하지 않고도 다른 사람을 납득시킬 것이며, 논쟁하지 않고도 가르치게 될 것이며, 야심을 품지 않아도 현명한 사람들이 당신을 찾아 낼 것이며, 다른 사람들의 동의를 얻으려고 애쓰지 않아도 그들의 마음을 복종시킬 것이다. 왜냐하면 사랑은 전능하고 모든 것을 정복하며, 사랑의 생각과 말과 행위는 절대로 소멸될 수 없기 때문이나.

사랑은 보편적이고 최고이며 모든 것을 충족시킨다는 것을 아는 것, 악의 속박에서 자유로워지는 것, 마음의 불안에서 벗어나는 것, 모든 존재들이 자기 고유의 방식으로 진리를 실현하려 애쓰고 있음을 아는 것, 슬픔 없이 침착하고 만족하는 것, 이것이 바로 평화이며, 기쁨이며, 영원한 생명이며, 신성이며, 사심 없는 사랑의 실현이다.

나는 해안에 서서, 거대한 바다의 맹공격을
견디어 내는 바위들을 보았다.
그 바위들이 오랜 시간 동안 무수히 많은 파도의 충격을
어떻게 견디어 냈을까를 생각했을 때,

나는 속으로 생각했다. "이 단단한 육지를 침식시키려는
저 바다의 끊임없는 노력은 헛된 것이구나."

그러나 그 바위들이 어떻게 갈라지고 부서졌는지를
생각했을 때, 그리고 내 발 밑의 모래와 자갈들이
(과거의 저항이 남긴 초라하고 수동적인 유물들)
물결이 부딪치는 곳에서 구르고 뒹구는 것을 보았을 때,
나는 파도 밑에 있는 먼 옛날의 해안선을 보고 알게 되었다.
바다가 그 바위들을 노예로 붙잡고 있다는 것을.
나는 바다가 끈기 있는 부드러움과
끊임없는 물결의 흐름으로 이루어 낸 엄청난 일을 보았다.
어떻게 바다가, 당당한 위용을 자랑하던 갑岬과
이끼 낀 언덕들을 물 속으로 데려갔는지를,
어떻게 부드러운 물방울들이 견고한 돌을
마침내 정복하고 쓰러뜨리는지를.

그러고 나서 나는 알게 되었다. 견고한, 적의 저항은
인간 영혼의 거만한 바위에 항상 흘러드는
사랑의 부드러운 밀물과 썰물의 끊임없는 흐름에
결국 굴복하게 된다는 것을,
모든 저항은 결국 소모되고 끝나게 된다는 것을,
그리고 모든 마음이 결국엔 사랑에 굴복하게 된다는 것을.

마음의 평화에 이르는 길 •

신의 무한無限 속에
들어가기

        태고로부터 인간은 자신의 육체적 욕망과 욕구에도 불구하고, 일시적인 이 세상의 것들에 집착하는 가운데 자기 육체의 유한하고, 덧없고, 비현실적인 본질을 직관적으로 의식해 왔으며, 정신이 맑고 고요한 순간에는 무한한 존재를 이해하려 노력해 왔고, 영원한 마음Eternal Heart의 고요한 현실restful Reality을 향해 눈물 어린 열망을 품어 왔다.

  이 세상의 즐거움이 현실적이고 만족스러운 것이라고 헛되이 생각하는 동안에도, 고통과 슬픔은 끊임없이 세속적인 즐거움의 비현실적이고 불만족스러운 본질을 상기시킨다. 물질적인 것에서 완전한 만족을 찾을 수 있다는 것을 믿으려고 항상 노력하면서도, 인간은 이 믿음에 반대하는 끈질긴 내면적 저항을 의식한다. 그 저항은 죽음이라는 운명에 대한 반박인 동시에, 영원하고 무한하며 불멸인 것에서만 지속적인 만족과 완전한 평화를 찾을 수 있다는 선험적인 불후의 증거이다.

  바로 여기에 신앙의 공통 근거가 있고, 여기에 모든 종교의 기원과 근원이 있으며, 여기에 형제애의 정신과 사랑의 마음이 있다. 즉 인간은 본질적으로 그리고 정신적으로 신성하고 영원한 존재이며, 죽을 운명에 빠져 불안으로 고통 받으면서 자신의 진정한 본질을 의식하기 위해 항상 노력하고 있다.

인간의 영혼은 신으로부터 떨어질 수 없으며, 무한한 존재인 신 이외의 다른 어떤 것도 영혼을 만족시킬 수 없다. 꿈 같은 물질 세계에서 방황하는 것을 그만두고 영원의 실재 속에 있는 영혼의 고향으로 돌아오기 전까지는, 고통의 짐이 각 사람의 마음을 계속 짓누를 것이고 슬픔의 그림자가 그들의 길을 어둡게 할 것이다.

바닷물에서 분리된 아주 작은 한 방울의 물도 바닷물의 모든 성질을 포함하고 있듯이, 각 사람은 의식의 차원에서는 신으로부터 벗어나 있어도 마음 깊은 곳에 신과의 유사점을 간직하고 있다. 또한, 물방울이 자연 법칙에 의해 결국 바다로 다시 돌아가서 그 고요한 심연 속에 자신을 잃듯이, 모든 사람도 인간 본성의 절대적인 법칙에 의해 결국 마음의 근원으로 돌아가서 신의 마음이라는 무한히 거대한 바다 속에서 자기 자신을 잃게 된다.

신과 하나가 되는 것은 모든 사람의 목표이다. 영원한 법칙과 완벽한 조화를 이루는 것이 지혜이고 사랑이며 평화이다. 그러나 개인적 자아를 간직히고 있는 사람온 이 신성한 법칙을 이해할 수 없고 또 항상 그럴 수밖에 없다. 개성, 분리성, 이기심은 하나이자 동일한 것이며, 지혜와 신성의 정반대 편이다. 개성을 완전히 포기하면, 분리성과 이기심이 사라지며, 불멸성과 무한성이라는 신성한 유산을 소유하게 된다.

개성을 완전히 포기하는 것은 세속적이고 이기적인 사람의 입장에서 볼 때 가장 쓰라린 불행, 가장 회복하기 힘든 손실로 간주되지만, 그럼에도 불구하고 그것은 비할 데 없는 최상의 행복이자 유일하게 영속하는 진짜 이익이다. 존재의 내적 법칙에 대해, 그리고 삶의 본질과 운명에 대해 깨달음을 얻지 못한 정신은 덧없는 현상, 즉 자체 안에 영구적인 실재성을 갖고 있지 않은 것에 집착하며, 그렇게 집착하는 동안에는 스스로의 망상이 빚어 내는 산만한 착각의 파편들 속에서 타락해 간다.

사람들은 육체가 영원히 지속될 것인 양, 육체에 집착하고 육체를 만족시킨다. 그러나 육체의 소멸이 불가피하고 그리 멀지 않다는 사실을 사람들이 잊으려 해도, 죽음에 대한 공포와 현재 집착하고 있는 모든 대상을 상실하는 것에 대한 공포는 가장 즐거운 시간에도 사람들의 마음을 어둡게 만들며, 스스로의 이기심이 드리우는 차가운 그림자는 무자비한 유령처럼 사람들을 뒤따른다.

그리고 현세의 안락과 사치가 계속되면, 사람들 내면의 신성도 마약에 도취된 듯 마비되어 그들은 점점 더 깊이 물질성에 빠져들고 소멸할 운명의 감각적 삶에 빠져들어, 충분한 지성을 갖춘 사람이라면 육체의 불멸성에 관한 이론을 절대적인 진리로 간주하게 된다.

영혼에 어떤 형태로든 이기심이 드리워져 있을 때는, 영적인 분별력을 잃게 되어 일시적인 것을 영원한 것으로, 사멸하기 쉬운 것을 영속적인 것으로, 소멸될 운명을 불멸성으로, 오류를 진리로 혼동하게 된다. 인간의 실제 경험에 조금도 근거를 두지 않은 이론과 고찰들이 세상에 널리 퍼져 있는 것은 이 때문이다. 모든 육체는 태어나는 순간부터 자체 안에 스스로를 파멸시키는 요소를 포함하고 있으며, 불변하는 자연의 법칙에 의해 결국 소멸할 수밖에 없다.

이 우주에서 변화하여 소멸해 가는 모든 것은 결코 영구적인 것이 될 수 없으며, 영구적인 것은 절대로 소멸될 수 없다. 죽을 운명의 존재는 결코 불멸의 존재가 될 수 없으며 불멸의 존재는 절대로 죽을 수가 없다. 시간적인 것은 영원한 것이 될 수 없으며 영원한 것은 시간적인 것이 될 수 없다. 현상은 결코 실재가 될 수 없으며 실재는 현상으로 축소될 수 없다. 오류는 결코 진리가 될 수 없으며 진리는 오류가 될 수 없다.

인간은 육체를 영원히 살게 할 수 없지만, 육체를 가지고 살면서도 모든 육체적 성향을 버림으로써 불멸의 영역에 들어갈 수 있다. "신만이 불멸성

을 가지며", 인간은 신적인 의식 상태를 실현함으로써 영원한 생명에 들어
간다.

자연에 존재하는 수많은 형태의 생명체들은 모두 변화하며, 일시적이고,
비영구적이다. 오직 자연의 질서를 유지하는 원리만이 영원히 지속된다.
자연은 다수이며 분리를 특징으로 한다. 질서의 원리는 하나이며 통일성이
특징이다. 감각적인 본능과 마음속의 이기심을 극복함으로써, 인간은 개인
적인 망상의 단단한 껍질을 깨뜨리고, 비개인적인 세계의 찬란한 빛 속으
로, 필멸적인 모든 형태들의 근원인 보편적 진리의 영역으로 비상한다.

그러므로 극기를 실천하도록 하라. 자신의 동물적 성향을 극복하도록 하
라. 사치와 쾌락의 노예가 되지 말라. 덕을 실천하고, 보다 높은 덕을 향해
끊임없이 성장하라. 그러면 결국에는 신성한 경지에 도달하며, 겸손, 온유
함, 용서, 동정, 사랑을 이해하고 실천하게 된다. 신성은 바로 이러한 이해
와 실천으로 이루어져 있는 것이다.

"선의善意는 통찰력을 낳는다." 신의 모든 창조물에 대한 호의라는 단 하
나의 마음자세를 지닐 정도로 자신의 개성을 완전히 극복한 사람만이 거짓
과 참을 구별할 수 있다. 그러므로 최고로 선한 사람이 현자이자 성인이며,
깨달음을 얻은 선각자이고, 신을 아는 지이다.

변치 않는 상냥함, 지속적인 인내심, 탁월한 겸손, 품위 있는 말씨, 자제
력, 사심 없는 마음, 그리고 깊고 풍부한 동정심을 가진 사람을 발견하면,
그에게서 최고의 지혜를 듣고 그와 친구가 되라. 그는 신성을 깨달았고 신
과 함께 살며 신과 합일한 사람이기 때문이다. 인내심이 없고, 쉽게 화를
내고, 자만심이 많고, 쾌락에 집착하고, 이기적인 만족을 포기하지 않으려
는 자, 선의와 원대한 동정심을 실천하지 않는 자는 믿지 말라. 그러한 자
는 지혜가 없고, 그의 모든 지식은 헛되며, 그의 노력과 말은 허사로 돌아
갈 것이다. 그것들은 영원하지 않은 것에 기초하고 있기 때문이다.

자아를 버려라. 세상을 이겨 내라. 개인적인 요소를 부정하라. 이러한 방

마음의 평화에 이르는 길 •

법을 통해서만 신의 마음속에 들어갈 수 있다.

　세상, 육체, 개성은 시간의 사막에서 생겨난 신기루이며, 영혼이 잠든 어두운 밤에 일시적으로 꾸는 꿈에 불과하다. 시간의 사막을 건넌 사람들, 영혼이 깨어난 사람들만이, 꿈과 망상에서 벗어나 모든 현상의 배후에 있는 보편적인 실재Universal Reality를 이해한다.

　절대적인 복종을 요구하는 하나의 위대한 법칙, 모든 다양성의 기초가 되는 하나의 통합 원리가 존재한다. 그것은 세상의 모든 문제를 그림자처럼 사라지게 하는 하나의 영원한 진리이기도 하다. 이 법칙, 이 진리를 깨달으면 신의 마음속에 들어가고 신과 하나가 된다.

　사랑의 위대한 법칙에 삶의 중심을 두면 안정과 조화, 평화에 들어서게 된다. 악이나 불화에 조금도 참여하지 않고, 악에 대한 모든 저항을 그만두고, 선한 일을 태만히 하지 않으며, 마음속의 성스러운 고요에 변함 없이 순응하면, 사물의 내밀한 중심에 공명할 수 있으며, 단순히 감지 능력만 뛰어난 지성인은 절대로 알 수 없는 영원하고 무한한 원리를 생생하게 의식적으로 경험할 수 있다. 영혼은 이 원리를 깨닫고 나서야 평화에 기반을 둘 수 있으며, 이 원리를 생생하게 체험한 사람이 진정으로 현명한 자이다. 그의 학문적인 지혜가 깊다는 뜻이 아니라 결백한 마음과 성스러운 인간성의 단순함을 지녔다는 의미에서 그가 현명하다는 것이다.

　무한하고 영원한 존재를 깨달으면 어둠의 왕국을 구성하는 시간, 세상, 육체를 초월하게 되며, 빛의 왕국을 이루는 불멸성, 천국, 그리고 성령 안에 기반을 두게 된다.

　신과 합일하는 것은 단순한 이론이나 의견이 아니다. 그것은 영혼을 정화하는 작업을 부지런히 수행한 결과로 발생하는 극히 중대한 경험이다. 육체가 더 이상은 실제 인간이, 조금도, 아니라고 믿을 때, 모든 욕구와 욕망이 완전히 억제되고 정화될 때, 감정이 편히 휴식하고 고요할 때, 지성의 동요가 멈추고 완벽한 안정이 유지될 때, 그 때서야 비로소, 의식은 신과 하나가 되며, 그 때서야 천진한 지혜와 심오한 평화가 확보된다.

사람들은 인생의 어려운 문제들 때문에 점점 더 지치고 늙다가, 결국 그것들을 해결하지도 못하고 죽는다. 왜냐하면 자기 개성의 한계에 너무 많이 몰두한 나머지, 개성의 어둠에서 빠져 나오는 길을 보지 못하기 때문이다. 사람들은 개인적 삶을 지키려고 노력하다가, 진리 안에 있는 더 거대한 비개인적 삶을 상실한다. 또한, 소멸하기 쉬운 것에 집착하기 때문에 영원한 존재에 대한 지식으로부터 차단되어 있다.

모든 어려움은 자아의 포기를 통해 극복되며, 내적인 희생의 불이 깨끗이 태워 없앨 수 없는 죄는 이 세상에 없다. 아무리 큰 문제라도 자기 부정의 날카로운 빛 앞에서는 그림자처럼 사라질 것이다. 모든 문제는 우리의 자아가 만들어 낸 망상 속에서만 존재하며, 자아가 포기되면 문제들도 사라져 버린다. 자아와 죄는 동의어이다. 죄는 깊이를 헤아릴 수 없는 복잡성의 어둠 속에 포함되어 있지만, 진리의 영광은 영원한 단순성이다.

자아에 대한 사랑은 사람들이 진리를 보지 못하게 가로막으며, 사람들은 각자의 개인적인 행복을 추구하다가 더 깊고 더 순수하고 더 영속적인 행복을 잃고 만다.

카알라일은 이렇게 말했다. "인간에게는 기쁨과 만족에 대한 사랑보다 더 고귀한 사랑이 있다. 인간은 쾌락 없이도 살 수 있고, 그렇게 삶으로써 진정한 행복을 발견한다. …… 쾌락을 사랑하지 말고 신을 사랑하라. 이것은 영원한 긍정이다. 그 안에서는 모든 모순이 해결된다. 그 안에서 걷고 일하는 자는 누구나 행복을 누린다."

대부분의 사람들이 가장 아끼고 그렇게도 강렬한 고집으로 집착하는 자아와 개성을 포기해 버린 사람은 모든 혼란을 넘어섰으며, 죄에 사로잡혀 있는 세상의 눈에는 어리석음으로 보일 정도로 몹시 소박한 단순성을 지닌다. 그런 사람은 최고의 지혜를 깨달았고, 신의 무한 속에서 편히 쉬고 있다. 그는 "노력 없이 성취하며", 모든 문제는 그의 앞에서 소멸된다. 그는 실재의 영역에 들어갔고, 변화하는 결과들과 관계하는 것이 아니라 모든 현상의 근원인 불변의 원리들과 관계하기 때문이다.

그가 깨달은 지혜는 논리적인 사고보다 차원이 더 높으며, 이는 마치 사고력이 동물성보다 차원이 높은 것과 같다. 그는 자신의 욕망, 잘못된 생각, 견해와 편견을 포기함으로써 신을 아는 경지에 들어갔다. 그는 천국에 대한 이기적인 욕구와 지옥에 대한 무지한 공포를 함께 없애고 삶에 대한 사랑 그 자체까지도 버림으로써 최고의 행복과 영원한 생명을 얻었다. 그는 자신의 불멸성을 알고 있으며 이 생명은 삶과 죽음을 연결하는 생명이다. 모든 것을 무조건 포기함으로써, 그는 모든 것을 얻었고 신의 품 속에서 평화롭게 안식한다.

사는 것과 죽는 것을 똑같이 만족스럽게 받아들일 수 있을 만큼 자아에서 자유로워진 사람만이 신의 무한 속으로 들어가기에 적합한 자이다. 소멸할 운명의 자아를 더 이상 신뢰하지 않고, 위대한 법칙, 최고선을 한없이 신뢰할 수 있게 된 사람만이 영원한 행복에 참여할 준비가 된 것이다.

그런 사람에게는 더 이상의 후회도, 실망도, 회한도 없다. 이기심이 모두 없어진 마음속에서는 이러한 고통들이 일어날 수 없기 때문이다. 그는 자신에게 일어나는 모든 일이 자신을 위한 것임을 알기에 항상 만족하며, 더 이상 자아의 종노릇을 하지 않고 신의 종으로서 봉사한다. 그는 더 이상 세상의 변화에 영향 받지 않고, 전쟁 소식이나 전쟁에 관한 소문을 듣더라도 마음의 평화를 방해 받지 않으며, 사람들이 화내고 빈정대고 말다툼을 하려는 곳에서도 동정심과 사랑을 보여 준다. 그는 세상이 꾸준히 진보하고 있다는 것을 알고 있다. 비록 세상의 현실은 그렇지 않게 보일 수도 있지만 말이다.

세상의 웃음과 눈물을 통해,

세상의 생존과 유지를 통해,

세상의 어리석음과 세상의 노고를 통해,

눈에 보이게 또는 안 보이게 운명의 천을 짜면서,

처음부터 끝까지,

모든 미덕과 모든 죄를 통해,

신의 위대한 진보의 실타래에서 풀려 나온,

빛의 황금색 실이 달린다.

격렬한 폭풍이 휘몰아치고 있을 때, 그것에 대해 화를 내는 사람은 없다. 왜냐하면 사람들은 폭풍이 얼마 안 가 사라진다는 것을 알기 때문이다. 마찬가지로 분쟁과 불화의 폭풍이 세상을 황폐화시키고 있을 때, 진리와 연민의 눈으로 세상을 보는 현명한 사람은, 그것이 이윽고 사라진다는 것과 그 폭풍이 남기고 간 부서진 마음의 잔해로부터 영원한 지혜의 신전이 만들어진다는 것을 안다.

그는 탁월한 인내심과 무한한 동정심을 가지고 있고, 깊고, 고요하고, 순수하므로 그의 존재 자체가 축복이다. 그가 말을 하면 사람들은 그의 말을 마음속으로 깊이 생각하고 이를 통해 보다 높은 수준에 도달한다. 신의 무한 속에 들어간 사람, 극도의 희생의 힘으로 삶의 신성한 신비를 푼 사람은 그러하다.

인생과 운명과 진리를 탐구하며,

나는 어둡고 미궁 같은 스핑크스를 찾아갔다.

그는 내게 이런 이상하고 놀라운 말을 했다.

"은폐concealment는, 눈이 가려진 사람에게만 존재한다.

신만이 신의 형상을 볼 수 있다."

나는 무지와 고통의 길을 통해 헛되이

이 신비한 수수께끼를 풀기 위해 노력했다.

그러나 내가 사랑과 평화의 길을 발견했을 때,

은폐는 끝났고, 나는 더 이상 눈멀지 않았다.

그 때 나는 신의 눈으로 신을 보았다.

성인, 현자 그리고
구세주: 봉사의 법칙

　　　　　완벽하고 원만한 삶으로 나타나는 사랑의 정
신은 존재의 절정이며, 이 세상에서 지식의 최고 목적이다. 사람의 진실함
은 그가 지닌 사랑의 크기와 비례하며, 사랑의 삶을 살지 않는 사람은 진리
에서 멀리 떨어져 있다. 편협하고 남을 비난하는 자들은, 비록 그들이 가장
고상한 종교를 믿는다고 공언해도, 아주 적은 정도의 진리를 가지고 있을
뿐이다. 인내를 실천하고, 모든 관점이 주장에 친차하고 냉정하게 귀를 기
울이고, 모든 문제와 쟁점에 대해 사려 깊고 편견 없는 결론에 스스로 도달
하고, 다른 사람들도 그런 결론에 도달하도록 이끄는 사람이 최대한도로
진리를 소유하고 있다.

　지혜의 마지막 시금석은 바로 이것이다. 즉, 어떻게 살아가는가? 어떤 정
신을 삶에서 실천하고 있는가? 시련과 유혹 앞에서는 어떻게 행동하는가?
슬픔과 실망, 격정에 끊임없이 동요되고, 작은 시련이 닥치자마자 쓰러지는
많은 사람들이 진리를 소유하고 있다고 자랑한다. 하지만 진리는, 불변하는
것이 아니라면 아무 의미도 없다. 인간은 진리에 기반을 두어야 확고부동한
덕을 지니게 되며 자신의 격정과 감정과 변덕스러운 개성을 초월한다.

사람들은 영원하지도 않은 교리 체계를 만들고 그것을 진리라고 부른다. 그러나 진리는 체계적인 서술로 공식화될 수 없다. 진리는 말로 표현할 수 없는 것이며, 지성의 범위를 항상 초월한다. 진리는 실천을 통해 경험될 수 있을 뿐이며, 결백한 마음과 완전한 삶으로 표현될 수 있을 뿐이다.

그렇다면, 수많은 학파와 신조와 정당이 끊임없이 난립하고 있는 혼란 가운데서, 누가 진리를 소유하고 있는가? 진리를 실제 삶 속에서 실천하는 자가 진리를 소유하고 있다. 그는 자아를 극복함으로써 그러한 혼란을 초월하여 더 이상 진리에 관한 논쟁에 참가하지 않고, 모든 다툼, 모든 편견, 모든 비난으로부터 벗어나, 평온하고 차분하고 고요하고 냉정하고 초연하게 지내면서, 내면의 신성에서 우러나오는 즐겁고 사심 없는 사랑을 모두에게 선사한다.

인내심 있고, 고요하고, 온화하고, 어떤 상황에서도 관대한 사람은 진리를 나타내고 있다. 진리는 논리적인 주장이나 논문을 통해서는 절대로 증명될 수 없다. 만약 사람들이 무한한 인내심, 불굴의 용기, 그리고 모든 것을 껴안는 동정심에서 진리를 알아보지 못한다면, 어떤 말로도 그들에게 진리를 증명해 줄 수 없다.

격정적인 사람이라도 혼자 있거나 평온할 때는 침착하고 참을성 있게 지내는 일이 별로 어렵지 않다. 마찬가지로 무자비한 사람도 남에게 친절한 대우를 받을 때는 온화하고 친절한 태도를 쉽게 유지할 수 있다. 그러나 어떤 시련이 닥쳐오더라도 인내심과 침착성을 유지하는 사람, 가장 힘든 상황에서도 극히 온유하고 친절한 사람만이 흠 없는 진리를 소유하고 있다.

그러한 고귀한 덕은 신성에 속해 있으며, 최고의 지혜를 얻어 격정과 이기적인 본성을 버리고, 영구불변의 최고 법칙을 깨달아 자신을 그 법칙과 조화시키는 사람만이 그런 덕을 나타낼 수 있다.

그러므로 진리에 관한 공허하고 격렬한 논쟁을 그만두고, 조화, 평화, 사랑, 선의에 이바지하는 것들을 생각하고 말하고 실천하도록 하라. 마음의 덕을 닦고, 인간의 감정을 황폐하게 하며 세상에서 방황하는 영혼들의 앞길을 끝없는 밤처럼 어둡게 하는 모든 잘못과 죄로부터 영혼을 해방시키는 진리를 겸허한 자세로 부지런히 찾도록 하라.

우주의 기초이자 원인이 되는, 모든 것을 총괄하는 위대한 법칙, 즉 사랑의 법칙이 존재한다. 이것은 각 시대와 나라에 따라 서로 다른 많은 이름으로 불리어 왔지만, 진리의 눈으로 보면 그 이름들의 이면에는 똑같은 불변의 법칙이 있음을 알 수 있다. 각각의 이름과 종교와 개성은 결국 사라지지만 사랑의 법칙은 영원히 남는다. 이 법칙을 이해하고 의식적으로 이 법칙과 조화를 이루면, 죽지 않고 패배당하지 않고 파괴되지 않는 존재가 된다.

인간이 태어나서 늙고 병들어 죽는 과정을 윤회 속에서 거듭 반복하는 것은 이 법칙을 깨닫기 위한 영혼의 노력 때문이다. 그래서 이 법칙을 깨닫고 나면 고통은 멈추며, 개성은 사라지고, 육체적인 삶과 죽음은 파괴된다. 마음이 영원한 법칙과 하나가 되었기 때문이다.

이 법칙은 절대적으로 비개인적이며, 이 법칙을 최고로 잘 나타내는 표현은 봉사이다. 마음을 정화한 영혼이 진리를 깨닫고 나면, 그는 가장 위대하고 가장 성스러운 마지막 희생, 즉 자기 힘으로 획득한 진리의 향유를 희생하도록 요청 받는다. 신성하게 해방된 영혼이 육체의 옷을 입고 다시 사람들 사이로 돌아와서, 가장 저속하고 가장 작은 자들과 함께 살면서 모든 사람들의 종으로 봉사하는 것에 만족하는 것은 이 희생 덕분이다.

예수나 붓다와 같은 구세주들이 보여 주는 탁월한 겸손은 신성의 증표이며, 개성을 소멸시키고, 영원하고 무한하며 비개인적인 사랑의 정신을 자신의 삶을 통해 명백히 표현하는 사람만이 후세 사람들의 아낌없는 경배를 받을 만한 성인으로 추대된다. 자아를 소멸시킬 뿐만 아니라 모든 사람에게 사심 없는 사랑의 정신을 아낌없이 베푸는 성스러운 겸손으로 자신을 낮추는 데 성공한 사람만이 최고의 찬양을 받으며 인류에게 정신적인 모범이 된다.

위대한 정신적 스승들은 모두 개인적인 사치와 안락, 보상을 스스로 멀리 했고, 세상의 덧없는 권력을 포기했으며, 무한하고 보편적인 진리를 실천하고 가르쳤다. 그들의 삶과 가르침을 서로 비교해 보면, 그들 모두가 동일한 단순성, 동일한 자기 희생, 동일한 겸손과 사랑과 평화를 실천하고 설교했음을 알게 된다. 그들은 똑같은 영구불변의 원리들을 가르쳤으며, 그 원리들에 대한 깨달음은 모든 악을 파괴한다.

인류의 구원자로 인정 받고 숭배되는 성인들은 위대한 보편적 법칙을 밝게 드러냈고, 따라서 격정과 편견이 없었으며, 설교하거나 옹호해야 할 어떤 특별한 교리 체계나 의견을 갖지 않았기 때문에, 그들은 결코 다른 사람을 개종시키거나 전도하려 하지 않았다. 최고의 완성을 이루고 최고선 속에서 살았던 그들의 유일한 목표는 생각과 말과 행위로 선을 밝게 나타냄으로써 인류를 향상시키는 것이었다. 그들은 개인적인 인간과 비개인적인 신 사이에 서서, 자아에 사로잡혀 있는 인류의 구원을 위해 이상적인 본보기로서의 역할을 한다.

자아에 깊이 빠져, 절대적으로 객관적인 선을 이해할 수 없는 사람들은 자신이 믿는 종교의 구세주만을 인정하고 다른 종교의 구세주는 신성이 없다고 생각한다. 그리하여 개인적인 증오와 교리 논쟁을 초래하고, 자기 종교의 교리를 격정적으로 옹호하면서 서로 다른 종교를 믿는 사람들을 이교도나 이단자로 간주한다. 그리고 그렇게 함으로써, 자기가 믿는 구세주의 삶과 가르침이 보여 주는 사심 없는 아름다움과 신성한 위대함을 아무것도 아닌 것으로 만들어 버린다. 진리는 제한될 수 없다. 진리는 어떤 사람이나 학파 또는 어떤 나라의 특권이 될 수 없으며, 개성이 개입되면 진리는 상실되고 만다.

성인, 현자, 구세주의 공통적인 명예는, 그들이 가장 깊은 겸손과 가장 고귀한 이타심을 실현했다는 것이다. 모든 것을 포기하고 자신의 개성까지도 포기했기 때문에, 자아의 더러움이 전혀 없는 그들의 모든 업적은 신성하고 영구히 남는다. 그들은 베풀지만, 받는 것에 대해서는 결코 생각하지 않는다. 그들은 과거에 대한 후회나 미래에 대한 예상 없이 일하며, 절대로 보상을 구하지 않는다.

농부는 자기 땅을 갈아서 거기에 씨앗을 심고 나면, 그는 자신이 할 수 있는 모든 일이 끝났다는 것과 이제부터는 자연의 힘을 신뢰해야 하고 수확의 계절이 오기까지 시간의 흐름을 참을성 있게 기다려야 한다는 것, 그리고 자기가 아무리 기대해 봐야 결과에 영향을 미칠 수 없다는 것을 알고 있다. 마찬가지로 진리를 깨달은 사람은 결과에 대한 기대를 전혀 하지 않고, 선, 순수, 사랑과 평화의 씨를 뿌리는 사람으로 살아간다. 그는 적당한 때에 결실을 맺게 하는 위대한 법칙이 모든 것을 지배하고 있다는 것과 그 법칙은 보존의 근원이자 파괴의 근원임을 알고 있다.

사리사욕이 전혀 없는 마음의 성스러운 단순성을 이해하지 못하는 사람들은, 자기가 믿는 구세주를 특별한 기적의 현현, 즉 사물의 본성과는 전적으로 구별되는 어떤 초월적인 존재로 간주하여 윤리적인 탁월성의 면에서 전 인류가 영원히 접근하기 어려운 존재로 생각한다. 인간이 거룩한 존재로 완성될 가능성을 부인하는 이런 태도는 노력을 마비시키고, 강한 밧줄로 묶는 것처럼 사람들의 영혼을 죄와 고통에 속박시킨다.

예수는 "지혜가 점차 발달했고", "고통을 통해 완성"되었다. 예수의 거룩함과 신성은 태어날 때부터 주어진 것이 아니라 어떤 과정을 통해 이루어진 것이며, 붓다 역시 비범한 노력을 통해 성스러운 지혜를 얻은 것이다. 모든 성인들은 끊임없는 노력과 인내로 자기 희생을 수행함으로써 그 같은 경지에 도달했다. 당신이 일단 이 사실을 인정하고 나면, 당신 자신도 주의 깊은 노력과 불굴의 인내심으로 낮은 본성을 초월할 수 있다는 것을 깨닫게 된다. 그러면 당신 앞에 펼쳐질 성취의 전망은 실로 숭고하고 명예로울 것이다. 붓다는 완성의 경지에 도달할 때까지 노력을 게을리하지 않겠다고 스스로 맹세했고, 결국 목표를 달성하였다.

성인과 현자들, 그리고 구세주가 성취했던 것을 당신도 성취할 수 있다. 그들이 몸소 걸었고 가리켜 준 길, 즉 자기 희생의 길, 자기를 부정하는 봉사의 길을 당신이 걷기만 한다면 말이다.

진리는 아주 단순하다. 진리는 이렇게 말한다. "자아를 포기하라. (마음을 더럽히는 모든 것에서 벗어나) 나에게 오라. 내가 너를 쉬게 하리라." 진리에 관해 설명하는 산더미처럼 많은 주석서들도, 정의를 진지하게 추구하는 마음에게 진리를 감출 수 없다. 진리는 학식을 필요로 하지 않는다. 학문 없이도 진리를 알 수 있다. 이기적이고 죄에 빠진 스승들 때문에 여러 형태의 학문 속에 감추어져 있으면서도, 진리의 아름다운 단순성과 선명한 투명성은 변경되지 않고 흐려지지 않은 채 남아 있으며, 사심 없는 마음은 진리의 환한 빛 속에 들어가 그 빛에 참여할 수 있다. 복잡한 이론을 조직하거나 사변 철학을 구성함으로써 진리를 깨달을 수는 없다. 정신적인 순수성의 천을 짜고 결백한 삶의 신전을 건축해야 진리를 깨달을 수 있다.

이 성스러운 길을 걷기 시작한 사람은 우선 자신의 격정을 억제해야 한다. 격정의 억제는 덕이며, 성자다운 거룩함sainthood의 시작이고, 거룩함은 신성함의 시작이다. 철저하게 세속적인 사람은 자신의 모든 욕구를 만족시키며, 나라의 법률이 금지하는 사항을 지키는 것 이상의 억제는 하지 않는다. 덕 있는 사람은 자신의 격정을 억제하고, 성인은 마음속의 요새에서 진리의 적들을 공격하며 불순하고 이기적인 생각들을 모두 억제한다. 반면에 신성한 사람holy man은 격정과 모든 불순한 생각에서 완전히 벗어나 있다. 향기와 색깔이 꽃에 자연스러운 것처럼 그에게는 선과 순수가 자연스러운 것이 되었다. 그는 영적으로 현명하다. 오직 그만이 진리를 정확하게 알고 있으며, 그는 영원한 안식과 평화에 들어갔다. 그에게는 악이 소멸되었다. 악은 어디에나 존재하는 완전한 선의 빛 속에 사라졌다. 신성함은 지혜의 기장記章이다.

크리슈나가 아르쥬나 왕자에게 말했다.

겸손, 진실, 남에게 해를 끼치지 않음,

인내와 신의, 현자에 대한 공경

순수, 굳은 지조, 자제,

감각적 쾌락에 대한 경멸, 자기 희생,

생로병사와 고통과 죄와

악에 대한 통찰,

원하는 일이 일어나든 원치 않는 일이

일어나든 항상 평온한 마음, ……

…… 최고의 영靈을 인식하기 위한

확고한 노력,

진리를 알아야 하는 목적에 대한 통찰,

이것이 진정한 지혜이다. 왕자여!

이것과 다른 것은 모두 무지이다!

　자신의 이기심에 맞서 끊임없이 싸우고, 모든 것을 포용하는 사랑으로 이기심을 대체하려고 노력하는 자는, 그가 오두막집에 살든 부와 권력을 누리고 있든, 혹은 설교를 하든 은둔 생활을 하든 누구나 성인이라 할 수 있다.

　보다 차원 높은 세계를 향해 이제 막 열망을 품기 시작한 세속적인 사람들에게, 아시시의 성 프란치스코나 성 안토니오와 같은 성인들은 멋지고 가슴 설레게 하는 장관壯觀이다. 그런데 성인들의 입장에서는, 죄와 슬픔을 극복하여 더 이상 후회나 한탄으로 고통 받지 않고 유혹마저도 절대로 다가갈 수 없는, 고요하고 성스럽게 앉아 있는 현자의 모습이 마찬가지로 황홀한 광경이다. 그러나 현자도 더 영광스러운 광경에 이끌린다. 사심 없이 일하는 가운데 적극적으로 자신의 지식을 나타내고, 인류의 약동하는, 슬퍼하는, 열망하는 마음속에 자신을 가라앉힘으로써 신성을 영원히 더 강력하게 만드는 구세주의 모습이 바로 그것이다.

모두를 향한 사랑 안에서 자신을 잊는 것, 전체를 위해 일하는 데 몰두하여 자신을 잊는 것, 이것만이 진정한 봉사이다. 오, 헛되고 어리석은 이여, 기도만 많이 해도 구원 받을 수 있다고 생각하는 그대여, 죄에 얽매여 자신에 대해, 그리고 자신의 일과 자신의 많은 희생에 대해 요란하게 떠들어 대고, 자신의 중요성을 과장하는 그대여, 그대의 명성이 온 세상을 채운다 해도 그대의 모든 업적은 먼지로 돌아갈 것이며 진리의 왕국에서 행해진 가장 작은 업적보다 더 낮게 평가 받는다는 것을 알라!

공동선을 위한 업적만이 살아남을 수 있으며, 자아의 업적은 무력하고 쉽게 소멸한다. 아무리 하찮은 일이라도 사리사욕 없이 기쁘게 희생을 감수하며 의무를 수행한다면, 거기에 진정한 봉사와 영구적인 업적이 있다. 아무리 화려하고 외관상 성공적인 업적을 이루더라도 그것이 자아에 대한 사랑에서 비롯된 것이라면, 거기엔 봉사의 법칙에 대한 무지가 있으며 그 업적은 쉽게 소멸되어 버린다.

하나의 위대하고 신성한 교훈, 즉 절대적인 이타심의 교훈을 배우는 과업이 세상에 주어져 있다. 모든 시대의 성인, 현자, 구세주는 이 과업을 받아들여 그것을 배우고 실천했다. 세상의 모든 경전들은 이 한 가지 교훈을 가르치기 위해 만들어졌으며, 모든 위대한 스승들은 이 교훈을 반복해서 가르친다. 이타심을 경멸하고 이기심의 복잡한 길에서 비틀거리며 걷는 세상에게는 이 교훈이 너무 단순해서 이해가 되지 않는다.

순수한 마음은 모든 종교의 목적이며, 신성의 시작이다. 이러한 정의를 추구한다는 것은 진리와 평화의 길을 걷는 것이며, 이 길을 걷는 사람은 탄생과 죽음으로부터 독립된 불멸의 생명을 머지않아 이해할 것이며, 우주의 신성한 질서와 섭리 안에서는 아무리 하찮은 노력이라도 헛되이 사라지지 않음을 깨닫게 될 것이다.

크리슈나, 석가모니, 예수의 신성은 자기 부정의 최고 영광이며, 죽을 운명과 물질 세계에서 영혼이 순례 여행을 하는 목적이다. 모든 영혼이 그들처럼 신성해질 때까지, 모든 영혼이 자신의 신성을 행복하게 실현할 때까지, 이 세상은 역사의 긴 여행을 끝마치지 않을 것이다.

힘든 노력 끝에 도달한 희망의 고지高地는 장엄한 영광으로 빛난다.

전 생애를 통해 많은 업적을 이룬 백발노인의 머리는 빛나는 명예로 감싸인다.

공정한 방법으로 열심히 이익을 추구하는 사람은 상당한 재산을 얻는다.

천재적인 재능을 발휘하여 일하는 사람의 이름은 명성을 얻는다.

그러나 자아와 죄에 대항하는 무혈의 투쟁에서, 사랑 때문에 희생적인 삶을 채택하는 사람에게는 그보다 더 큰 영광이 기다린다.

그리고 자아를 맹목적으로 숭배하는 자들에게 경멸당하면서 가시 면류관을 받아들이는 사람의 이마는 그보다 더 빛나는 명예로 감싸인다.

그리고 인간의 삶을 감미롭게 만드는 사랑과 진리의 길을 걷기 위해 열심히 노력하는 사람은 그보다 더 많은, 더 순수한 재산을 얻는다.

그리고 인류를 위해 잘 봉사하는 사람은 덧없는 명성을 버리고 그 대신에 영원한 빛, 기쁨과 평화, 그리고 영적인 불꽃의 예복을 취한다.

완전한 평화의 실현

　　외부 세계에는 끊임없는 혼란과 변화, 그리고 불안이 존재한다. 그러나 만물의 중심에는 어느 것에도 방해 받지 않는 평안의 상태가 있으며, 이 깊은 고요 속에 하나님Eternal이 계신다.

　사람에게도 이 이중성이 있어서, 표면의 변화와 동요 그리고 심층에 자리잡은 영원한 평화의 거처는 둘 다 사람 안에 있다.

　바다에는 아무리 거센 폭풍도 닿을 수 없는 고요의 심연이 자리잡고 있는 것처럼, 사람의 마음속에는 죄와 슬픔의 폭풍이 아무리 휘몰아쳐도 방해 받지 않는 고요하고 신성한 심연이 있다. 이 침묵에 도달하고 그 안에서 의식을 가지고 살아가는 것이 바로 평화이다.

　외부 세계에는 너무나 많은 불협화음이 있지만, 우주의 중심에서는 제대로 된 화음이 지배하고 있다. 불협화음의 격정과 슬픔 때문에 상처 받은 사람의 영혼은 아무런 죄도 짓지 않는 협화음의 상태를 향해 맹목적으로 손을 뻗는데, 이 상태에 도달하고 그 안에서 의식을 가지고 살아가는 것이 바로 평화이다.

　증오는 사람들의 사이를 갈라놓고, 박해를 조장하며, 국가를 잔인한 전쟁으로 내몬다. 그러나 사람들은 이유는 잘 모르지만 완전한 사랑이 세상을 보호하고 있다는 믿음을 어느 정도 가지고 있는데, 이 사랑에 도달하고 그 안에서 의식을 가지고 살아가는 것이 바로 평화이다.

그리고 이 내적 평화, 이 침묵, 이 조화, 이 사랑이 바로 천국이다. 이 곳에 다다르기는 매우 어려운 일인데, 그것은 기꺼이 자기 자신을 포기하고 어린아이처럼 되려는 사람이 거의 없기 때문이다.

천국의 문은 매우 좁고 작다.
세상의 헛된 망상에 눈이 먼 어리석은 사람은
그 문을 알아볼 수 없다.
천국으로 가는 길을 알아보고,
천국에 들어가기 위해 애쓰는 현명한 사람도
천국의 문이 잠겨 있고,
그 문을 열기가 어렵다는 것을 알게 된다.
그 문의 육중한 빗장은 자존심과 걱정이며,
탐욕과 정욕이다.

사람들은 평화를 외친다! 평화를! 반대로 평화가 없는 곳에는 불화, 동요, 그리고 다툼이 있다. 자아 포기self-renunciation와 따로 떼어 생각할 수 없는 지혜가 없이는 진정한 불변의 평화가 있을 수 없다.

사회적 안정, 한때의 욕구 충족, 또는 세속적인 성공에서 얻어지는 평화는 본래 덧없고 일시적이며, 뜨거운 시련의 불길 속에서 사그라지게 마련이다. 오직 천국의 평화만이 모든 시련을 견뎌 내며, 이기심 없는 마음만이 천국의 평화를 알 수 있다.

신성함만이 불멸의 평화이다. 자제심은 삶을 그 곳으로 이끌며 계속 늘어가는 지혜의 빛은 순례자를 인도한다. 덕행의 길에 들어서는 순간에 어

느 정도는 평화가 이루어진다. 그러나 순수한 삶을 완성함으로써 자아가
사라질 때 비로소 완전한 평화가 실현된다.

자아에 대한 사랑과 삶의 욕망을 극복하는 것,
뿌리 깊은 걱정을 가슴에서 뜯어 내는 것,
마음속 투쟁을 멈추는 것,
이것이 바로 평화이다.

오, 독자여! 만약 당신이 절대로 희미해지지 않는 빛과 절대로 그치지 않
는 기쁨과 어느 것으로부터도 방해 받지 않는 평온을 깨달으려면, 그리고
당신의 죄, 슬픔, 걱정과 혼란을 영원히 뒤로하고 싶다면, 그리고 이 구원
에, 이 최고로 영광스러운 삶에 동참하려면, 당신 자신을 정복하라. 모든
생각, 모든 충동, 모든 욕구를 당신 내부에 있는 신성한 힘에 완전히 복종
시켜라. 이것 말고는 평화에 이르는 길이 없다. 이 길을 걷지 않으면, 당신
이 아무리 기도를 많이 하고 예배 의식을 엄격히 지킨다고 해도 아무 소용
도 없는 헛된 것이 되며, 신도 천사도 당신을 도울 수가 없다. 자기 자신을
이기는 자에게만 새 생명의 반석이 주어지며, 그 위에는 말로 형용할 수 없
는 신성한 새 이름이 씌어진다.

잠시 동안, 외부의 사물로부터, 감각적 쾌락으로부터, 지성의 논의로부
터, 세상의 시끄러운 소란과 흥분으로부터 떠나서 당신 마음속 가장 깊은
방으로 들어가 보라. 그러면 당신은 거기에서 온갖 이기적인 욕구의 무엄
한 침입으로부터 자유롭게 된 깊은 침묵, 신성한 평온, 행복한 휴식의 상태
를 발견할 것이다. 그리고 그 신성한 장소에서 잠시 쉬면서 명상한다면, 당
신 내면에서 진리의 완전무결한 눈이 열려서 사물을 실제 그대로의 모습으
로 보게 될 것이다. 당신 내부의 이 신성한 장소는 당신의 영원한 참 자아
이다. 그것은 당신 안에 있는 신성이다. 따라서 당신이 자신을 마음속의 신

성과 동일시할 때에만 "영광의 옷을 입었고, 올바른 정신을 가지고 있다"고 말할 수 있다. 마음속의 신성은 평화의 거처이며, 지혜의 신전이며, 영원한 생명의 집이다. 이 내부의 휴식처, 이 통찰력의 산을 떠나서는, 어떤 참된 평화도, 신에 대한 어떤 지식도 있을 수 없다. 그리고 당신이 거기에서 1분이나 한 시간, 또는 하루 동안 머물 수 있다면 영원히 거기에 머무를 수도 있다.

당신의 모든 죄와 슬픔, 공포와 불안은 당신 자신의 것이며, 당신은 그것들에 집착할 수도 있고 또는 그것들을 버릴 수도 있다. 당신은 스스로의 의지에 의해 영원한 평화에 다다를 수 있다. 어느 누구도 당신을 대신해서 죄를 그만둘 수는 없다. 당신 스스로 죄를 그만두어야 한다. 아무리 위대한 스승이라도 진리의 길을 스스로 걸음으로써 당신에게 그 길을 가리켜 주는 것 이상은 할 수가 없다. 당신은 직접 그 길을 걸어야 한다. 당신은 영혼을 구속하고 평화를 파괴하는 생각과 말과 행위를 스스로의 노력으로 포기함으로써만 자유와 평화를 얻을 수 있다.

신성한 평화와 기쁨의 천사들은 항상 가까이 있다. 당신이 그들을 보지 못하고, 그들을 듣지 못하고, 그들과 함께 살지 못한다면, 그것은 당신이 그 천사들로부터 스스로를 떼어 놓고서, 마음속에 있는 악의 망령들과 사귀는 것을 더 좋아하기 때문이다. 당신은 당신이 의지하는 것, 당신이 바라는 것, 당신이 선호하는 것 그 자체이다. 당신은 자신을 정화하기 시작할 수 있고, 그렇게 함으로써 평화에 다다를 수 있다. 또는, 반대로 자신을 정화하기를 거절함으로써 고통과 함께 머무를 수도 있다.

그렇다면, 한 발 물러서라. 삶의 번민과 흥분에서 벗어나라. 자아의 타는 듯한 열기로부터 멀리 떨어져라. 그리고 평화의 시원한 공기가 당신을 평안하게 하고, 새롭게 하고, 회복시켜 줄 마음속의 휴식처로 들어가라.

죄와 고뇌의 폭풍우로부터 벗어나라. 평화의 안식처가 바로 가까이 있는데, 왜 고통 받고 세파에 시달리고 있는가? 모든 이기주의를 청산하고, 자아를 버려라. 그리고 주위를 둘러보라. 신의 평화가 바로 당신의 것이다!

마음속에 있는 동물적 본능을 정복하라. 모든 이기심의 발동과 모든 독단적 고집을 극복하라. 이기적 본성이라는 비卑 금속을 제련하여 순수한 황금인 사랑으로 변화시켜라. 그리하면 완전한 평화의 삶을 실현하게 될 것이다. 이렇게 정복하고 극복하고 변화시킨다면, 오 독자여, 당신은 육체 속에 사는 동안에도 죽을 운명의 어두운 바다를 건널 것이며, 슬픔의 폭풍우가 절대로 몰아치지 않고 죄와 고통과 어두운 의심이 절대로 밀려 올 수 없는 해안에 닿을 것이다. 당신은 그 해안에 서서, 성스럽고 자비로운 마음과 깨인 정신, 그리고 침착한 자세를 가지고 끝없는 즐거움에 기뻐하며 다음과 같은 진리를 깨닫게 될 것이다.

영은 결코 태어나지 않았다. 영은
결코 존재하기를 멈추지 않을 것이다.
영이 존재하지 않았던 때는 없다.
시작과 종말은 꿈에 불과하다.
영은 영원히 태어나지도 죽지도 않고,
변화도 없이 머문다.
영의 집인 육체가 죽은 것처럼 보이더라도,
죽음의 손길이 영에게 닿은 적은 한 번도 없다.

당신은 죄와 슬픔과 고통의 의미를 알게 될 것이며, 그것들로부터의 결과가 바로 지혜라는 것을 알게 되고, 존재의 원인과 결말을 알게 될 것이다. 그리고 이 깨달음으로 말미암아 당신은 평온 속으로 들어갈 것이다. 이 평온이 영원한 생명의 지복至福이고, 불변의 기쁨이며, 구속 받지 않는 이해이고, 순수한 지혜이며, 영원한 사랑이기 때문이다. 이것이, 그리고 이것만이 완전한 평화의 실현이다.

오, 진리의 인간을 가르치려고 하는 자여!

그대는 의심의 사막을 통과했는가?

그대는 슬픔의 불로 불순한 생각들을 깨끗이 씻어 냈는가?

개인적 의견이라는 마귀를 그대의 마음속에서 몰아 냈는가?

그릇된 생각들은 잠시도 마음속에 머물지 못할 정도로

그대의 영혼은 정의로운가?

오, 사랑의 인간을 가르치려고 하는 자여!

그대는 절망의 지점을 통과했는가?

그대는 슬픔의 어둔 밤을 눈물로 지새운 적이 있는가?

그대의 마음은 (이제 슬픔과 근심에서 해방되어)

깊은 동정심과 친절로 가득 차, 세상의 죄와 미움과

끊임없는 스트레스를 연민의 마음으로 바라보고 있는가?

오, 평화의 인간을 가르치려고 하는 자여!

그대는 투쟁의 광대한 대양을 건넜는가?

그대는 삶이 모든 거친 불안에서 해방되어,

침묵과 고요의 나라에 정착했는가?

그대의 마음속은 진리와 사랑과 평화만 남고,

그 이외의 모든 추구는 사라졌는가?

4

마음속 깊은 곳에서부터

마음 가는 대로 삶도 만들어진다.
내면적 상태는 끊임없이 외부 상태로 나타나고 있다.
모든 것은 결국 드러나게 된다.
숨겨져 있는 동안은 잠시일 뿐, 충분히 무르익고 나면 밖으로 나타나게 된다.

서문

공자는 "자기 자신을 완성하는 것이 모든 진보와 도덕적 발전의 기본이다"라고 말했다. 단순하고 실제적이면서도 복잡하지 않지만, 심오하고 포괄적인 가르침이다. 자기 자신을 완성하는 것보다 지식에 닿는 더 분명한 방법은 없으며, 세상을 도울 수 있는 더 좋은 방법도 없기 때문이다. 자기 완성보다 고귀한 일이나 높은 과학은 존재하지 않는다. 흠결 없는 사람이 되는 방법을 연구하고, 순수한 마음을 가지고자 노력하며, 고요하면서도 지혜롭고 통찰력 있는 마음가짐을 목표로 삼은 사람은 인간이 할 수 있는 가장 숭고한 일에 종사하는 것이며, 질서 있고 복되며 아름다운 삶에서 그 결과를 느낄 수 있을 것이다.

—제임스 앨런

마음과 삶

마음 가는 대로 삶도 만들어진다. 내면적 상태는 끊임없이 외부 상태로 나타나고 있다. 모든 것은 결국 드러나게 된다. 숨겨져 있는 동안은 잠시일 뿐, 충분히 무르익고 나면 밖으로 나타나게 된다. 씨앗, 나무, 꽃, 열매는 우주의 네 가지 질서이다. 사람의 마음 상태로부터 삶의 모습이 생겨난다. 생각은 행위로 꽃을 피우고, 행위는 성격과 운명으로 열매를 맺는다.

삶은 인간의 내면으로부터 시작해서 계속 펼쳐지고 있으며, 밝은 곳으로 모습을 드러내고 있다. 그리고 마음속에 싹튼 생각들은 결국 말과 행위, 그리고 성취한 일의 형태로 스스로를 나타낸다.

샘의 원천이 눈에 보이지 않듯이, 사람의 삶도 마음속의 깊고 은밀한 곳에서부터 생겨난다. 사람의 모든 상태와 하고 있는 모든 일은 거기서 발생되고 있고 앞으로 이루어질 모든 상태와 하게 될 모든 일도 거기서부터 비롯된다.

슬픔과 기쁨, 고통과 즐거움, 희망과 공포, 미움과 사랑, 무지와 깨달음은 마음속에만 존재하며 다른 어디에도 존재하지 않는다. 그것들은 오로지 정신적 상태일 뿐이다.

사람은 자기 마음을 지키는 파수꾼이며, 자기 정신을 지켜보는 감시자이며, 자신의 인생이라는 성을 홀로 지키는 보초이다. 사람은 이런 임무를 열심히 수행할 수도 있고 게을리 할 수도 있다. 그는 자신의 마음을 점점 더 주의 깊게 지킬 수 있고, 좀더 열심히 자신의 정신을 지켜보고 정화시킬 수 있으며, 부당한 생각에 몰두하는 것으로부터 자신을 보호할 수 있다. 이것이 깨달음과 행복의 길이다. 반대의 경우, 그는 자신의 생활을 바르게 규제해야 하는 최고의 과제를 무시한 채 대충 부주의하게 살아갈 수도 있다. 이것은 자기 기만과 불행의 길이다.

삶 전체가 마음에서 비롯됨을 깨달으라. 그러면 행복의 길이 열린다! 왜냐하면, 그때서야 당신은 자신의 마음을 다스릴 힘과 자신의 이상에 맞게 마음을 형성할 힘을 스스로가 지니고 있음을 발견할 것이기 때문이다. 그리하여 극히 훌륭한 생각과 행위의 길을 힘차게 꾸준히 걸어가겠다고 결심하게 된다. 그럴 때 삶은 아름답고 신성해지며, 머지않아 모든 악, 혼란, 고통을 쫓아낼 것이다. 지칠 줄 모르는 노력으로 마음의 문을 지키는 사람은 해방, 깨달음, 그리고 평화에 도달하지 않을 수 없기 때문이다.

정신의 특성과 힘

         정신mind은 삶을 조정하는 주체이다. 즉 정신은 상황을 창조하고 형성하며, 그 결과를 수용한다. 정신은 망상을 만들어 내는 힘과 현실을 파악하는 힘을 둘 다 갖추고 있다.

  정신은 의심할 여지없이 스스로 운명이라는 옷감을 짜는 직공이다. 생각은 옷감을 짜는 실이고, 선행과 악행은 씨줄과 날실이며, 삶의 베틀 위에 짜여진 직물이 인격이다. 정신은 스스로 만든 옷으로 자신을 치장한다.

  정신적 존재로서 사람은 온갖 정신적 힘을 지니고 있으며, 무한한 선택의 기회를 가지고 있다. 사람은 경험을 통해 배우며, 자신의 경험을 가속화하거나 지연시킬 수 있다. 사람은 이유 없이 구속되지 않지만, 여러 면에서 스스로를 구속하고 있다. 하지만 구속한 장본인이 자신이기 때문에, 자신의 선택에 따라 스스로를 자유롭게 할 수도 있다. 사람은 자신의 선택에 따라 흉포해질 수도 있고 순수해질 수도 있으며, 비천해질 수도 고상해질 수도 있으며, 어리석어질 수도 있고 현명해질 수도 있다. 사람은 실천을 거듭 반복함으로써 습관을 형성할 수 있으며, 새로운 노력으로 그 습관을 깰 수도 있다. 사람은 진리가 완전히 사라질 때까지 망상으로 자신을 에워쌀 수도 있으며, 진리가 완전히 회복될 때까지 그런 망상들을 연달아 없애 버릴 수도 있다. 인간의 가능성은 무한하며, 인간의 자유는 완전하다.

스스로의 상황을 만들어 내고, 자신이 처하게 될 상태를 선택하는 것은 정신의 본성에 속한다. 정신은 또한 어떤 상황이라도 바꿀 수 있는 힘과 어떤 상태라도 버릴 수 있는 힘을 가지고 있으며, 거듭되는 선택과 철저한 경험에 의해 여러 상태를 차례로 경험하고 이해할 때에도 이 힘을 계속 쓰고 있는 것이다.

생각이라는 정신적 작용은 성격과 삶의 총체를 구성하며, 사람은 이 정신적 작용에 의지와 노력을 가해 영향을 미침으로써 자신의 생각을 수정하고 바꿀 수 있다. 습관, 무기력, 죄의 속박은 자신이 만든 것이며, 따라서 자기 자신만이 그것을 깨뜨릴 수 있다. 그 속박은 오직 자신의 정신 속에만 존재하며, 비록 외부의 조건과 직접적으로 관련되어 있기는 하지만, 외부의 조건 자체에 속박이 있는 것은 아니다. 외부 세계는 내부 세계에 의해 만들어지고 생명력을 부여받는 것이지, 결코 외부 세계가 내부 세계를 형성하지는 않는다. 유혹은 외부 대상에서 생겨나는 것이 아니라, 그 대상에 대한 정신의 욕망에서 생겨난다. 고통과 슬픔은 외부 상황과 삶에서 벌어지는 사건들 안에 있는 것이 아니라, 외부 상황과 사건에 대한 미숙한 정신 자세에서 나온다. 순수한 계율로 단련하고 지혜를 쌓아 강해진 정신은 고통과 밀접한 관계가 있는 온갖 욕망과 욕구를 피하며, 그리하여 깨달음과 평화에 도달한다.

다른 사람을 악하다고 비난하고, 외부적 조건을 악의 근원으로 여겨 저주하면 세상의 고통과 불안은 줄어들지 않고 오히려 늘어난다. 외부는 내부를 비추는 그림자이자 결과이며, 마음이 순수할 때는 모든 외부 상황도 순수하다.

모든 성장과 생명은 내부에서 외부로 전개된다. 모든 쇠퇴와 죽음은 외부에서 내부로 침입한다. 이것이 우주의 법칙이다. 모든 발전은 내부에서 비롯된다. 모든 조정 작업은 내부에서 이루어져야 한다. 다른 사람에 대항해서 투쟁하기를 멈추고, 자신의 정신을 변화시키고, 갱생시키고, 발전시키는 데 힘을 쓰는 사람은 자신의 에너지를 보존하고, 자기 자신을 지켜 나간다. 그리고 자신의 정신을 조화시키는 데 성공하는 사람은, 다른 사람들도 자신과 같은 행복한 상태에 이르도록 배려와 사랑으로 인도하게 된다. 왜냐하면 깨달음과 평화의 길은, 다른 사람의 정신을 지도하고 권위를 행사함으로써 발견되는 것이 아니라, 권위 있는 원칙으로 자신을 다스리고 확고부동하며 고귀한 덕의 길로 자신을 인도함으로써 발견되기 때문이다.

사람의 삶은 자신의 마음heart, 자신의 정신mind으로부터 비롯된다. 스스로의 생각과 행위로 자신의 정신을 형성한 것이다. 스스로 생각을 선택해서 정신을 바꾸는 것은 자신의 능력으로 할 수 있는 일이다. 그러므로, 사람은 자신의 삶을 변화시킬 수 있다. 이제 이 일을 어떻게 해야 할지 살펴보자.

습관의 형성

　　　　　　　　확고하게 굳어진 모든 정신 상태는 후천적 습
관이다. 그것은 생각을 계속 반복함으로써 이루어진다. 의기소침과 쾌활
함, 노여움과 침착함, 탐욕과 관대함 등 모든 정신 상태는, 저절로 몸에 배
기까지 그것들을 선택했기 때문에 만들어진 습관이다. 계속해서 어떤 생각
을 반복하면 결국 정신적 습관으로 굳어지고, 그런 습관으로부터 삶이 생
겨난다.

　경험을 거듭함으로써 지식을 얻는 것은 정신의 특성 중 하나이다. 처음
에는 머릿속에 떠올려 곰곰이 생각하기가 아주 어렵던 생각도 정신 속에
그 생각을 계속 담고 있으면, 결국에는 자연스럽고 습관적인 상태가 된다.
어린아이가 처음 일을 배우기 시작할 때는 도구를 제대로 다루지도 못하
고, 정확하게 쓰지도 못하지만, 오랫동안 연습과 실습을 반복하고 나면 아
주 능숙하게 사용할 수 있는 것처럼, 처음에는 현실로 실현시키는 것이 명
백히 불가능해 보이는 정신 상태도 인내와 연습을 통해, 결국에는 자연스
럽고 꾸밈없는 상태로 인격에 통합된다.

　정신적인 습관과 상태를 만들고 개선하는 정신의 힘 속에는 인간의 구원

을 위한 토대가 마련되어 있으며, 자아를 지배함으로써 얻는 완벽한 자유를 향해 나아가는 길이 열려 있다. 사람은 해로운 습관을 만드는 힘도 가지고 있지만, 본질적으로 유익한 습관을 만드는 힘도 가지고 있기 때문이다.

옳은 일보다는 나쁜 일이 하기가 더 쉽고, 성스러워지기보다 죄를 짓기가 더 쉽다고들 말한다. 이러한 얘기는 거의 보편적으로 자명한 사실로 받아들여지고 있으며, "나쁜 행위 그리고 우리 자신에게 해로운 행위는 하기 쉽지만, 유익하고 좋은 행위는 하기가 매우 어렵다"는 부처님의 말씀과 마찬가지로 교훈적이다. 그러나 이것은 사람의 발전 과정에서 일시적인 한 단계에서만 사실일 뿐이며, 결코 불변하는 영원한 진리가 아니다. 옳은 일보다 나쁜 일을 하기 쉬운 것은 무지가 우세하기 때문이며 사물의 진정한 본성, 삶의 본질과 의미를 충분히 이해하지 못하기 때문이다.

아이가 글 쓰는 것을 배울 때 펜을 잘못 쥐고 글자를 틀리게 쓰기는 쉽지만, 펜을 바로 쥐고 제대로 글을 쓰기는 아주 어려운 일이다. 이는 그 아이가 글 쓰는 기술에 대해 무지하기 때문이며, 끊임없는 노력과 연습으로만 바르게 글을 쓸 수 있게 된다. 결국에는 펜을 바로 쥐고 정확하게 쓰기가 쉬워지고, 잘못된 방법으로 쓰기는 어려워진다. 이와 마찬가지로 올바르게 생각하고 행동하려면 많은 연습과 각고의 노력이 필요하다. 그러면 결국 올바르게 생각하고 행동하기가 쉬워지고, 잘못된 행동을 하기가 더 어려워지는 시기가 올 것이다.

기술자가 연습을 통해서 기술을 습득하듯이, 사람도 연습을 해서 선을 성취할 수 있다. 이는 전적으로 새로운 사고 습관을 형성할 수 있느냐 하는 문제이며, 올바른 생각이 쉽고 자연스러워지고, 잘못된 생각과 행동을 하기가 어려워진 사람은 이미 최고의 덕에 도달하여 순수한 영적 지식을 얻은 것이다.

죄를 짓는 일은 쉽고 자연스럽게 이루어진다. 왜냐하면 해롭고 어리석은 생각을 끊임없이 반복함으로써 죄의 기질이 만들어졌기 때문이다. 도둑에

겐 기회가 생겼을 때 도둑질을 포기하기란 아주 어려운 일이다. 왜냐하면 도둑은 오랫동안 탐욕스럽고 욕심 많은 생각을 하면서 살아왔기 때문이다. 그러나 올바르고 정직한 생각을 하며 살아와서 도둑의 잘못, 어리석음, 무익한 행동이 좋지 않음을 깨달은 정직한 사람에게는 그런 어려움이 없으므로, 도둑질을 하고 싶다는 생각이 마음속에 털끝만치도 생겨나지 않는다.

분노와 성급함도 많은 사람들에게 쉽고 자연스럽게 일어난다. 사람들은 노여움과 성급한 생각과 행위를 끊임없이 반복하고 있고, 이를 반복할 때마다 그 습관은 더 확고하게 굳어지고, 또 좀더 깊이 뿌리를 내리기 때문이다. 평온과 인내도 이와 마찬가지로 습관으로 고정될 수 있다. 처음에는 노력을 통해 평온하고 참을성 있는 생각을 붙잡고, 그런 다음 계속해서 그 생각을 하면서 살아감으로써 결국 '습관이 제2의 천성'이 되고 분노와 성급함이 영원히 사라지게 되는 것이다. 이와 같이 모든 나쁜 생각은 정신으로부터 추방될 수 있고, 모든 거짓된 행위는 없앨 수 있으며, 모든 죄는 극복될 수 있다.

실천하기와
깨닫기

삶은 모두 정신에서 비롯되며, 정신은 자신의 끈질긴 노력으로 얼마든지 바꿀 수 있고 완벽하게 다스릴 수 있는 습관들의 결합체임을 깨달아야 한다. 그러면 완전한 자유의 길로 들어서는 문의 열쇠를 자기 손에 쥐게 된다.

그러나 (정신의 불행이기도 한) 삶의 불행으로부터의 해방은 내부로부터 꾸준히 성장하는 것이지, 외부로부터 갑자기 주어지는 것이 아니다. 정신은 잘못과 격정에 빠지기 쉬운 상황에서도 결백한 생각을 하고 바르고 침착한 태도를 지니도록 끊임없이 훈련해야 한다. 대리석을 조각하는 끈기 있는 조각가처럼, 올바른 삶을 열망하는 사람은 자신이 희망하는 가장 성스러운 이상적 인격이 될 때까지 자신의 정신을 원재료로 해서 점차 영혼의 작품을 만들어 가야 한다.

이처럼 최상의 성취를 꿈꿀 때는 가장 낮고 쉬운 단계부터 시작해야 하며, 그리고 나서 자연스럽고 점진적인 단계를 밟으면서 좀더 높고 어려운 것으로 옮겨가야 한다. 점진적이고 단계적인 지속적 향상이라는 이러한 성장, 진보, 발전, 전개의 법칙은 삶의 모든 부분에서 그리고 사람의 모든 성취 과정에서 절대적인 영향을 끼친다. 이 법칙을 무시하면 모든 일이 실패로 돌아가게 된다. 학식을 쌓을 때, 새로운 일을 배울 때, 또는 업무를 처리할 때는 모든 사람이 이 법칙을 충분히 알고, 엄격하게 지켜 나간다. 그러나 덕을 닦을 때, 진리를 배울 때, 삶에 대한 이해와 올바른 행위를 추구할 때는 거의 모든 사람이 이 법칙을 깨닫지 못하며 지키지도 않는다. 그리하여 덕, 진리 그리고 완전한 삶을 실천하지도 못하고, 익숙해지지도 못하며, 깨닫지도 못한다.

높은 차원의 삶이란 신학적이거나 형이상학적인 명제들을 읽고 채택하기에 달린 문제이며, 영적인 원리도 이 방법으로 이해할 수 있다고 생각하는 것은 많은 사람들이 흔히 저지르는 잘못이다. 고결한 삶은 생각, 말, 행위 면에서 고결하게 살아가는 것이며, 우주와 인간에 내재하는 영적 원리에 대한 이해는, 덕을 추구하고 연습하면서 오랜 기간 수련을 쌓은 후에야 얻을 수 있는 것이다.

보다 중요한 것을 알려면 더 기초적인 부분부터 완전히 파악하고 이해해야 하며, 진정한 깨달음 이전에 실천이 항상 먼저 있어야 한다. 새로운 것을 배울 때, 예를 들어 기계공이라면, 일을 배울 견습생은 처음부터 기계의 원리들을 배우게 되는 것이 아니다. 그의 손에 간단한 도구를 쥐어 준 후 그것을 제대로 사용하는 방법을 가르친 다음, 스스로 노력하고 연습해서 그 도구를 써 보도록 만든다. 도구를 올바로 사용할 수 있게 되면, 좀더 어려운 과제가 주어지고, 그렇게 수년간에 걸쳐 연습을 하고 나서야 비로소 기계의 원리를 공부하고 이해할 준비가 갖추어진다.

가정교육을 제대로 하는 집에서는, 처음에 아이들에게 부모의 말에 순종하고, 어떠한 상황에서도 바르게 처신하라고 가르친다. 왜 그렇게 해야 하는지 처음부터 이유를 알려 주지는 않는다. 아이는 바르고 단정하게 행동할 수 있게 된 이후에야 왜 그렇게 해야 하는지 이유를 듣게 된다. 어느 아버지도 자식이 효도의 의무와 사회적 선행을 실천하기 이전에 먼저 윤리의 원리부터 가르치려 들지는 않는다.

그러므로 실천은 세상사에서도 이해보다 항상 먼저 일어난다. 그리고 고결한 삶을 영위하는 정신적인 문제에서도 이 법칙은 엄격하게 작용한다. 덕은 실천을 통해서만 알 수 있으며, 진리에 대한 이해는 덕을 실천하는 버릇이 완전히 몸에 배었을 때에야 비로소 이루어진다. 덕을 철저히 실천하고 몸에 익히면 진리에 대해 이해할 수 있게 되는 것이다.

진리는 덕의 교훈을, 처음에는 가장 간단한 것부터, 그리고 나서는 좀 더 어려운 것을 끊임없이 실천해야만 도달할 수 있는 가치이다. 어린이가 학교에서 수업을 끈기 있고 유순하게 배우고, 꾸준히 공부하면서 모든 실패와 어려움을 이겨낼 때까지 노력을 계속하는 것처럼, 진리를 배우는 사람도 실패에 기가 꺾이지 않은 채, 어려움을 통해 더 강해지면서, 올바른 생각과 행위를 하는 데 전념한다. 그리고 그가 덕을 몸에 익히는 데 성공하면, 그의 정신은 진리에 대한 이해 속에서 마음껏 스스로를 펼칠 수 있게 된다. 또 그의 마음은 진리에 대한 이해 속에서 불안을 초월하여 안전하게 쉴 수 있다.

보다 고귀한 삶의
첫 단계들

덕의 길이 바로 지식의 길이라는 것, 그리고 모든 것을 포괄하는 진리의 원리들을 이해할 수 있으려면, 좀 더 낮은 단계의 덕을 먼저 완성해야 한다는 것을 생각하면, 진리를 배우고자 하는 사람은 과연 어떻게 시작해야 할까? 자신의 정신을 올바르게 하고 마음을 정화하고자(마음은 삶의 모든 열매가 나오는 근원이자 저장소이므로) 열망하는 사람은 어떻게 해야 덕의 교훈을 배워서 무지와 악덕을 깨뜨리고 지식의 힘 가운데 자신을 정립하게 되는가? 무엇이 첫 과업이고 무엇이 첫 단계인가? 그것들을 어떻게 배워야 하는가? 또 어떻게 실천해야 하는가? 어떻게 완전히 배우고 이해하게 되는가?

첫 과업은 가장 쉽게 근절되는 그릇된 정신 상태, 즉 정신적 진보에 장애물이 될 뿐 아니라 가정과 사회에서 실천해야 하는 기본적인 덕을 실천하는 데도 장애물이 되는 그릇된 정신 상태를 극복하는 것이다. 독자들의 이해를 돕기 위해, 처음의 열 단계를 세 과업으로 묶고 분류하여 다음과 같이 제시한다.

*극복하고 근절해야 할 악덕들

몸의 악덕

1. 게으름 ⎤ 첫 과업

2. 과식, 과음 ⎦ 몸의 수양

말의 악덕

1. 비방

2. 잡담과 무익한 대화

3. 욕설과 불친절한 말 ⎤ 둘째 과업

4. 경박하거나 불경스러운 ⎦ 말의 수양

5. 흠잡는 말

실천하고 성취해야 할 덕들

1. 사심 없는 의무 이행 ⎤ 셋째 과업

2. 확고한 정직함 ⎦ 성향性向의 수양

3. 무제한 용서

　몸의 두 악덕과 말의 다섯 악덕이란 그것들이 몸과 말을 통해 나타나기 때문에 그렇게 표현한 것이며, 또한 그렇게 명확하게 분류함으로써 이해를 돕기 위함이다. 그러나 분명히 이해해야 할 점은, 이 악덕들이 주로 정신 mind에서 발생하는 것이며 몸과 말을 통해 작용하는 마음heart의 그릇된 상태라는 것이다.

　이러한 혼돈스런 상태들이 존재한다는 것은 정신이 삶의 진정한 의미와 목적에 관해 철저히 무지하다는 증거이다. 그러므로 그것들을 근절하는 것은 덕스럽고, 확고부동하고, 지혜로운 삶의 시작이다.

마음속 깊은 곳으로부터 ·

하지만 악덕들을 어떻게 극복하고 근절해야 하는가? 우선 첫째로 즉시 해야 할 일은, 그릇된 행위를 억누름으로써 악덕이 외부로 표현되는 것을 감시하고 통제해야 한다. 이 노력은 정신을 자극해서 신중하고 깊이 반성하는 마음자세를 낳을 것이다. 이것을 거듭 반복해서 실천하다 보면 결국, 잘못된 행위의 근원인 어둡고 그릇된 정신 상태를 파악하고 이해하게 될 것이며, 그런 상태를 완전히 버리고 떠나게 될 것이다.

위의 분류를 보면 정신 수양의 첫 단계가 게으름의 극복으로 나와 있다. 이것은 가장 쉬운 첫 단계이며 이 단계가 우선 완벽히 성취되지 않으면, 더 높은 단계에 도전하는 것은 불가능하다. 게으름에 탐닉하는 것은 진리의 길에 완전한 장애물이다. 게으름이란 몸이 필요로 하는 것보다 더 많은 휴식과 잠을 즐기는 것이며, 즉시 주의를 기울여야 할 일들을 미루고 회피하고 소홀히 하는 것이다. 몸이 완전히 원기를 회복하는 데 필요한 만큼의 잠만 자고 아침 일찍 일어나서, 매일 주어지는 과업과 의무를, 아무리 작은 것이라 할지라도, 열심히 신속하게 처리함으로써, 이런 게으른 정신 상태를 극복해야 한다. 음식이나 음료를 침대에서 먹고 마시는 일은 어떤 일이 있더라도 금해야 하며, 잠에서 깨어난 뒤 침대에 누워 안락을 즐기고 공상에 빠지는 것은 인격의 기민함과 결단력, 그리고 정신의 순수성에 치명적인 습관이다. 그런 시간에 사색을 하려고 해서는 안 된다. 그런 상황에서는 강하고 순수하고 참된 사고思考가 불가능하다. 침대에 누워 생각을 해서는 안 된다. 일어난 다음에는 생각을 하고 일을 해야지 다시 잠들어서는 안 된다.

그 다음 단계는 과식하는 습관을 극복하는 것이다. 과식이란 식사의 진정한 목적과 대상에 대한 고려 없이 오직 육체적인 만족을 위해 몸이 필요로 하는 것보다 더 많이 먹는 것, 그리고 달콤한 음식물과 향료를 듬뿍 친 기름진 음식에 욕심내는 것을 말한다. 이러한 미숙한 욕망은 먹는 음식의 양을 줄임으로써, 그리고 하루에 먹는 식사의 횟수를 줄임으로써, 또한 검소하고 복잡하지 않은 규정식을 즐겨 먹음으로써만 극복될 수 있다. 일정한 시간이 식사 시간으로 따로 구분되어야 하며 그 외의 시간에 먹는 일은 철저히 피해야 한다. 저녁식사는 전혀 불필요하다. 저녁식사는 몸을 노곤하게 하고 정신을 흐리게 하므로 하지 않아야 한다. 이러한 수양 방법을 실천하면 이전까지 다스려지지 않았던 욕구를 신속히 통제할 수 있게 되고, 과식이라는 감각적 죄를 정신에서 몰아내면, 올바르게 음식을 선택하는 습관이 정화된 정신 상태에 확실하고도 본능적인 조화를 이룰 것이다.

명심해야 할 점은 마음의 변화야말로 꼭 필요한 요소라는 것이다. 이 목적에 도움이 되지 않는 식사 습관의 변화만으로는 아무 소용이 없다. 쾌감을 위해서 먹는 한 여전히 식탐을 하고 있는 것이다. 마음이 관능적인 갈망과 미각적 욕구로부터 정화되어야 한다.

육체를 잘 통제하고 단호한 마음으로 다스릴 때, 해야 할 일을 열심히 이행할 때, 과제나 의무를 뒤로 미루는 일이 결코 없을 때, 일찍 일어나는 것이 기쁨이 될 때, 검소, 절제, 금욕이 확고한 습관으로 자리 잡을 때, 자기에게 주어진 식사라면 아무리 빈약하고 간소하더라도 그것에 만족하고 미각의 즐거움을 누리려는 갈망이 없어졌을 때, 그때서야 보다 나은 삶의 첫 두 단계가 성취된 것이며, 진리 안의 첫 큰 과업을 배운 것이다. 그리하여 침착하고, 자제심 있고, 고결한 삶의 기초가 마음 안에 확립된다.

그 다음 과업은 말을 정숙하게 하는 수양인데, 그것은 다섯 단계로 나눌 수 있다. 첫 단계는 비방을 하지 않는 것이다. 비방이란 다른 사람에 대해 나쁜 말을 꾸며내거나 옮기는 것, 다른 사람 혹은 그 자리에 없는 친구의 잘못을 폭로하거나 부풀려 말하는 것, 합당하지 않은 암시를 말 속에 끼워 넣는 것이다. 무분별, 잔인함, 불성실, 거짓의 요소가 모든 비방 행위 속에 들어간다. 올바른 삶을 살려고 목적한 사람은 비방하는 잔인한 말이 자기 입 밖으로 나가기 전에 제지해야 할 것이며, 그 다음엔 비방을 일으키는 불성실한 생각을 억누르고 제거할 것이다. 그는 어떤 사람도 헐뜯지 않도록 자신을 지켜볼 것이며, 그 자리에 없는 친구를 얕보거나 비난하는 말을 자제할 것이다. 그 얼굴에 바로 얼마 전에 키스하거나 또는 악수하거나 미소를 보냈으니 말이다. 그는 스스로에게 감히 하지 못하는 말은 다른 사람에게도 하지 않을 것이다. 따라서 결국 그는 다른 사람들의 인격과 명예를 성스럽게 생각하게 되어, 비방을 일으키는 그릇된 정신 상태를 없애 버릴 것이다.

다음 단계는 잡담과 무익한 대화를 하지 않는 것이다. 무익한 대화란 다른 사람의 사생활에 대해 얘기하는 것, 단지 시간을 보내기 위해 얘기하는 것, 목적이 없거나 부적절한 대화에 참여하는 것이다. 이러한 무절제한 말의 상태는 잘못 다스려진 정신 상태에서 나온다. 덕을 닦는 사람은 자신의 혀를 제어할 것이며, 그리하여 정신을 옳게 다스리는 법을 배우게 될 것이다. 그는 헛되고 바보스런 말을 하지 않도록 조심할 것이며, 자신의 말씨를 힘차고 순수하게 만들 것이며, 목적이 있는 말을 하든지 아니면 침묵을 지킬 것이다.

그 다음에 극복해야 할 악습은 욕설이나 불친절한 말이다. 다른 사람에게 욕하거나 죄를 뒤집어씌우는 사람은 올바른 길에서 멀리 떨어져 방황하고 있는 사람이다. 험악한 말이나 나쁜 별명을 다른 사람에게 퍼붓는 것은 극심한 어리석음에 빠져들어 가는 것이다. 어떤 이가 다른 사람을 욕하고 비난하는 성향이 있다면 그가 자기 혀를 억제하고 스스로를 깊이 되돌아보게 하라. 고결한 사람은 욕설과 언쟁을 멀리하며 유익하고 필요하고 순수한 참된 말만 한다.

그 다음 단계는 경박하거나 불경스러운 말씨를 극복하는 것이다. 경솔하고 들뜬 대화, 추잡한 농담을 전하는 것, 공허한 웃음을 일으키는 것 외에 어떤 목적도 없이 저속한 이야기를 말하는 것, 친밀한 사이라고 해서 무례한 말을 하는 것, 다른 사람에게 말할 때나 다른 사람에 대해 말할 때, 특히 자기보다 나이가 많은 사람들과 선생님, 보호자, 또는 상급자의 지위에 있는 사람들에 대해 얕보는 말이나 불경스러운 단어를 사용하는 것, 이 모든 것들은 덕과 진리를 사랑하고 추구하는 사람들이 없애 버려야 할 악습이다.

그것은 잠시 지나가는 순간적인 웃음의 자극을 위해, 그 자리에 없는 친구와 동료들을 불경不敬의 제단 위에 희생물로 바치는 것이다. 비웃음과 조롱에 묘미를 더하기 위해 삶의 모든 신성함을 희생시키는 것이다. 경의를 표하는 것이 마땅한 곳에서 다른 사람에게 존경심을 나타내지 않거나 예를 갖추지 않는다면, 덕도 함께 포기하는 것이다. 말과 행동에서 겸손함, 진지함, 존엄성이 빠지면, 진리는 상실될 뿐만 아니라, 진리로 들어가는 입구가 보이지 않고 또한 잊혀진다. 불경스러움은 젊은이에게서 발견될 때도 불명예스러운 것이지만, 노년의 신사와 함께 할 때, 그리고 설교자의 품행에 나타날 때야말로 참으로 비참한 광경이라 할 수 있다. 그리고 그런 모습을 다른 사람들이 모방하게 된다면, 그것은 소경이 소경을 이끄는 셈이고, 노인과 설교자와 사람들 모두가 길을 잃는 셈이다.

유덕한 사람은 진지하고 예의바른 말씨를 사용할 것이다. 그는 그 자리에 없는 사람들에 대해 말할 때, 마치 돌아가신 분에 대해 생각하고 말하는 것처럼 조심스럽고 겸허하게 생각하고 말할 것이다. 그는 부주의하고 무분별한 태도를 버릴 것이며, 경솔하고 천박한 재미를 즐기려는 일시적 충동을 만족시키기 위해 자신의 품위를 희생하지 않도록 주의할 것이다. 그의 환희는 순수하고 결백할 것이며, 그의 목소리는 차분하고 음악적으로 될 것이며, 그가 진리의 사람이 되어감에 따라 올바르게 처신하는 데 성공하여 그의 영혼은 품위와 상냥함으로 충만하게 될 것이다.

둘째 과업의 마지막 단계는 흠잡는 말을 금하는 것이다. 이 악습은 작은 잘못이나 외관상의 잘못을 과장하고 계속 되풀이해서 말하는 것, 어리석게 남의 흠을 찾고 쓸데없이 따지는 것, 근거 없는 추측, 믿음, 견해에 기초한 공허한 논의를 추구하는 것이다. 인생은 짧고 진실한 것이며, 죄와 슬픔과

203

고통은 흠잡고 논쟁하는 것으로는 치유되지 않는다. 다른 사람을 반박하고 부정하기 위해 그들의 말꼬리를 붙잡으려 항상 주의를 기울이는 사람은 신성한 삶이라는 보다 나은 길, 즉 자기 포기라는 보다 진실한 삶에 도달해야 한다. 자기 자신의 말씨를 온화하고 순수하게 하기 위해 스스로의 말을 항상 주의해서 살피는 사람은 보다 나은 길과 보다 진실한 삶을 찾게 될 것이다. 그는 자신의 에너지를 보존하고 평정심을 유지하며 자신 안에 진리의 영을 보존할 것이다.

자기 혀를 잘 통제하고 현명하게 억제하게 될 때, 이기적인 충동과 무가치한 생각들이 입 밖으로 표현되려고 갑자기 마음속에 강하게 떠오르는 일이 더 이상 없을 때, 말이 악의 없고 순수하고 온화하고 우아하고 의미가 충만할 때, 모든 말이 성실과 진리에서만 우러나올 때야말로 덕스러운 말씨의 다섯 단계가 완성된 것이며, 진리 안의 두 번째 큰 과업을 배우고 숙달한 것이다.

그렇다면 누군가 이렇게 질문할 수도 있다. "하지만 이 모든 신체적 수양과 말조심이 왜 필요한가? 그런 힘든 노고, 그런 끊임없는 노력과 신중함 없이도 보다 고귀한 삶을 실현하고 알게 될 수 있는 것 아닐까?" 아니, 그럴 수 없다. 물질세계와 마찬가지로 정신세계에서도, 노력 없이는 아무것도 이루어지지 않는다. 또한 더 낮은 단계가 완성되지 않으면 더 높은 단계를 결코 알 수가 없다. 공구를 다루고 못을 박는 법을 배우기도 전에 탁자를 만들 수 있겠는가? 자기 몸이 악습의 노예가 되어 있는 상태를 극복하지도 못하고서, 자기 정신을 진리에 일치하게 변화시킬 수 있겠는가? 자음과 모음, 그리고 가장 쉬운 단어들을 확실히 익히지 못하면, 언어의 복잡하고 미묘한 의미를 분별할 수 없듯이, 올바른 행위의 기초를 완전히 숙달하지 못하면 정신의 심오하고 섬세한 기능들을 이해할 수도 정화할 수도 없다. 노동 기술을 예로 들면, 젊은이는 하나의 기술을 숙련하기 위해서 7년의 도제 신분을 기꺼이 그리고 참을성 있게 감수하지 않는가? 그리고 그는 순종과 연습을 통해 언젠가는 그 기술을 완벽히 숙련하여 자신도 스승이 될 날을 고대하면서, 스승의 모든 지시를 주의 깊고 성실하게 수행하지 않는가? 음악, 회화, 문학, 무역, 또는 학문적 소양을 필요로 하는 직업 분야에서 탁월한 능력을 얻으려고 진지하게 결심한 사람이라면 누구나 자신이 목적한 특별한 능력을 완성하는 데 전 생애를 기꺼이 바치지 않는가? 그렇다면 최상의 탁월성, 즉 진리truth의 탁월성이 관련되는 곳에서는 힘든 노력이 고려되지 않겠는가? "당신이 가리키는 길은 너무 어려운 길이다. 나는 힘든 노력 없이 진리를 얻고 수고 없이 구원을 얻겠다"고 말하는 사람이 있다면, 그는 이기심의 혼돈과 고통에서 빠져 나오는 길을 찾지 못할 것이다. 그는 평온하고 잘 제어된 정신과 질서정연한 삶을 찾지 못할 것이다. 그의 사랑은 진리를 향해 있는 것이 아니라 안락과 향락을 향해 있다. 마음 깊은 곳에서부터 진리를 숭배하고 진리 인식을 열망하는 사람은 그것을 위해 아무리 큰 노력이 요구된다 해도 당연하다고 생각할 것이며, 그것을 즐겁게 받아들이고 꾸준히 추구할 것이며, 부단한 노력을 기울여 실천함으로써 진리 인식에 도달하게 될 것이다.

모든 잘못된 외면적 상태는 단지 잘못된 마음 상태가 밖으로 드러난 것에 불과하다는 사실을 충분히 이해할 때, 이 기초적인 몸과 말의 수양이 꼭 필요한 이유를 알게 될 것이다. 게으른 육체는 게으른 정신을 의미하고 무례한 말은 무례한 정신을 드러낸다. 그러므로 외부로 나타난 상태를 고치는 과정은 실제로 마음속 상태를 바르게 하는 방법이기도 하다. 더욱이 이런 상태를 극복하는 것은 인격을 수양하는 과정에 실제로 포함된 전체 과업 중 일부분에 불과하다. 악행을 그만두는 것은 선행의 실천과 밀접하고, 또 선행의 실천으로 통한다. 어떤 이가 게으름과 방종을 극복하기 위해 노력하고 있다면 그는 절제, 극기, 정확성, 사심 없는 마음이라는 여러 덕을 실제로 계발하고 향상시키고 있는 중이며 보다 높은 과업을 성공적으로 성취하는 데 필수불가결한 힘과 에너지와 결단력을 획득하고 있는 중이다. 그가 말의 악덕을 극복하는 동안에는 정직성, 성실성, 예의, 친절, 자제심이라는 여러 덕을 계발하고 있는 셈이며, 정신적인 안정을 깊게 하고 목표를 확고부동하게 만들고 있는 셈이다. 그리고 바로 이 정신적 안정과 확고부동한 목표가 꼭 있어야만 정신의 보다 깊고 미묘한 특성들을 통제할 수 있으며, 보다 고귀한 품행과 깨달음의 단계에 도달할 수 있다. 또한, 그가 올바르게 행동함에 따라 그의 지식은 깊어지고 그의 통찰력은 강화된다. 마치 어린이가 자기에게 주어진 학업에 숙달했을 때 기쁨을 느끼듯이, 덕을 추구하는 사람은 악덕을 하나씩 극복하는 과정에서 쾌락과 흥분을 추구하는 사람은 절대로 알 수 없는 기쁨을 경험한다.

이제 보다 고귀한 삶의 셋째 과업을 언급할 차례가 되었다. 그것은 세 가지 큰 기본적인 덕, 즉 (1) 사심 없는 의무 이행 (2) 확고한 정직성 (3) 한없는 용서와 관대함을 자신의 일상생활에서 실천하고 숙달하는 것이다. 처음의 두 과업에서 언급했던 보다 피상적이고 혼란스러운 상태를 극복함으로써 정신을 준비시켰기 때문에, 덕과 진리를 얻으려 애쓰는 사람은 이제 좀더 크고 보다 어려운 과업을 시작하고 좀더 깊은 마음의 동기들을 통제하고 정화할 준비가 된 셈이다.

올바른 의무 이행 없이는 보다 높은 덕을 알 수 없고 진리를 파악할 수 없다. 의무 이행은 넌더리나는 수고, 즉 고생해서 겪어내야 하는 강제된 것, 또는 어떤 방법으로든 피해야 하는 것으로 대개 간주된다. 의무를 이렇게 생각하는 방식은 이기적인 정신 상태와 삶에 대한 그릇된 이해에서 나온다. 사람은 모든 의무를 신성한 것으로 생각해야 하며, 의무를 성실히 그리고 사심 없이 이행하는 것을 행위의 주된 규칙들 중 하나로 생각해야 한다. 모든 개인적인 그리고 이기적인 고려사항들은 의무이행 과정에서 제외되고 버려져야 한다. 그렇게 할 때, 의무는 즐거운 일이 된다. 어떤 이기적인 향락이나 자기를 위한 이익을 갈망하는 사람에게 의무는 지루한 수고이다. 자기의 의무가 넌더리난다고 느껴지는 사람이 있다면 스스로를 돌아보라.

그러면 자신이 느끼는 싫증은 의무 자체에서 나오는 것이 아니라 의무를 피하고 싶은 자신의 개인적 욕구에서 나오는 것임을 알게 될 것이다. 의무를 소홀히 하는 사람은, 그것이 크든 작든 또는 공적인 의무이든 사적인 의무이든 간에, 덕을 소홀히 하고 있다. 마음속으로 의무에 반항하는 사람은 덕에 반항하고 있는 것이다. 의무가 사랑스러운 일이 될 때, 그리고 모든 특정한 의무를 정확하게, 충실하게 그리고 공평무사하게 수행할 때, 마음속에서 많은 미묘한 이기심들이 제거되며 진리의 언덕을 향해 큰 진보가 이루어진다. 덕 있는 사람은 자신의 의무를 완벽히 이행하는 것에 정신을 집중하며 다른 사람의 의무에 간섭하지 않는다.

셋째 과업의 두 번째 단계는 확고한 정직함을 실천하는 것이다. 이 덕은 정신 속에 확고히 자리 잡아서 삶의 모든 세부사항에서 실현되어야 한다. 모든 부정직, 속임수, 사기, 허위 진술을 영원히 끊어 버려야 한다. 그리고 마음속에서 불성실과 속임수의 모든 흔적을 없애 버려야 한다. 정직의 길에서 조금이라도 벗어나는 것은 덕으로부터 벗어나는 것이다. 말을 할 때는 조금이라도 방종하거나 과장해서는 안 되며 진실만을 말해야 한다. 허영심 때문에 또는 개인적 이익을 기대해서 속임수를 쓰는 것은, 그것이 외관상 아무리 사소해 보이는 것이라도, 없애 버려야 할 망상이 상태이다. 덕을 닦는 사람은 생각, 말, 행위 가운데 가장 엄격한 정직성을 실천해야 할 뿐 아니라 실제의 진실에 아무것도 빼거나 더하지 말고 정확한 말만 해야 한다. 이렇게 자신의 정신을 정직의 원리에 맞게 형성하는 과정에서, 그는 점차로 사람과 사물을 올바르고 공정한 정신으로 다루게 될 것이며, 자신보다 공정성을 더 중요하게 생각하고, 개인적 편견, 격정, 선입관 없이 모든 현상을 관찰하게 될 것이다. 정직의 덕을 충분히 실천하고 획득하고 이해함으로써, 거짓에의 모든 유혹과 불성실이 멈췄을 때, 비로소 마음은 더 순수해지고 더 고귀해지며 인격은 강해지고 지식은 넓어지고 삶은 새로운 의미와 새로운 힘을 갖게 된다. 그리하여 두 번째 단계가 완성된다.

셋째 단계는 무한한 용서의 실천이다. 이것은 허영심, 이기심, 오만에서 비롯되는, 상처받았다는 느낌을 극복하는 것이며, 또한 모든 존재에 대해 사심 없는 자비와 너그러움을 실천하는 것이다. 악의, 보복, 복수는 철저히 비열한 것이고 너무 시시하고 어리석은 것이어서 고려할 가치도, 마음속에 품을 가치도 전혀 없다. 자기 마음속에 그런 감정을 품고 있는 사람은 절대로 어리석음과 고통을 극복할 수 없으며 삶을 올바르게 이끌 수 없다. 그런 감정을 떨쳐 버림으로써, 그런 감정에 동요되는 것을 멈출 때 삶의 참된 길이 보인다. 오직 너그럽고 자비로운 정신을 계발해야만, 질서정연한 삶의 힘과 아름다움을 발견할 수 있다. 굳건한 마음속에서는 개인적으로 상처받았다는 느낌이 일어날 수 없다. 그는 모든 보복의 감정을 마음속에서 몰아냈으며 적이 전혀 없다. 다른 사람들이 스스로 그의 적이 된다면, 그는 그들의 무지를 이해하고 그것을 고려해서 그들을 친절하게 대할 것이다. 이런 마음 상태가 실현될 때, 비로소 자신의 이기적 성향을 다스리는 수양의 셋째 단계가 성취된 것이며, 덕과 지식을 닦는 길에서 세 번째 큰 과업을 배우고 숙달한 것이다.

올바른 행위와 올바른 앎을 이루는 과정의 첫 열 단계와 세 과업을 위와 같이 적어 놓았으니, 그것들에 대해 준비가 된 독자들이 각자의 일상생활에서 그것들을 배우고 숙달하기를 바란다. 물론, 몸을 닦는 더 높은 수양이 있고, 더 폭넓은 말의 수양이 있고, 최상의 행복과 지식을 이해하기 전에 획득하고 이해해야 할 더 크고 더 포괄적인 덕들이 있다. 그러나 여기서 그것들을 다루는 것은 내 의도가 아니다. 나는 보다 나은 길을 걷는 과정 가운데 첫째인 가장 쉬운 과업들만을 설명했다. 이것들을 철저히 숙달했을 때, 독자들은 미래의 진보에 관해 무지 속에 남겨지지 않을 만큼 정화되고 강해지고 지혜가 밝아지게 될 것이다. 이 세 과업을 완성한 독자들은 저 너머 위에 있는 드높은 고지를, 그리고 거기로 인도하는 좁고 험한 진로를 이미 인식하고 그들이 어디로 나아가야 할지 선택할 것이다.

내가 설명한 곧은길을 따라가면 이 길에서 자기 자신을 완성할 수 있다. 이에 자신과 세상에도 큰 이익이 생길 것이며, 심지어는 진리를 얻고자 열망하지 않는 사람들도 보다 큰 지적, 도덕적 힘, 보다 훌륭한 판단력, 보다 깊은 마음의 평화를 계발하게 될 것이다. 또한 그들의 물질적 번영도 이 마음의 변화를 통해 피해를 입지는 않을 것이다. 오히려 그것이 더 참되고 더 순수하고 더 지속적인 번영이 될 것이다. 왜냐하면 성공할 능력이 있고 성취에 적합한 사람이 있다면, 그는 사소한 유흥과 자신만의 일상적인 악덕들을 버리고 떠난 사람이며, 자신의 육체와 정신을 다스릴 만큼 강한 사람이며, 부동의 결심으로 진정한 덕과 확고한 성실성을 추구하는 사람이기 때문이다.

정신 상태가 지배하는
행과 불행

마음의 내부 세계로 더 깊이 기꺼이 들어갈 준비가 되어 있는 사람들에게는, 올바른 삶의 보다 높은 단계들과 과업들의 세부 사항을 설명하지 않고(그것은 이 작은 책의 범위를 넘어서는 과제이므로) 우선 삶 전체가 샘솟는 근원이 되는 정신 상태들에 관해 약간의 암시와 진술을 하는 것이 도움이 될 것이다.

모든 죄는 무지에서 나온다. 무지는 맹목적이고 덜 발달된 상태이다. 잘못된 생각과 행위를 하는 사람은 인생이라는 학교에서 무지한 상태에 있는 학생이다. 그는 바르게 생각하고 행동하는 방법, 즉 법과 원칙에 따라 사는 방법을 아직도 더 배워야 한다. 배우는 학생은 자신의 과업을 잘 못하는 한 행복하지 않고, 죄가 극복되지 않은 상태에서는 불행을 피할 수가 없다.

삶은 일련의 학과 과정이다. 어떤 사람은 열심히 공부해서 순수해지고, 현명해지고, 아주 행복해진다. 반면 어떤 이들은 공부를 게을리 하고, 열심히 노력하지 않아서 불순하고, 어리석고, 불행해진다.

모든 형태의 불행은 그릇된 정신 상태에서 비롯된다. 행복은 올바른 정신 상태 속에 있다. 행복은 정신적인 조화이며, 불행은 정신적 부조화이다.

잘못된 정신 상태로 사는 사람은 잘못된 삶을 살 것이고, 끊임없이 고통을 겪을 것이다. 고통은 그릇된 생각 속에 그 뿌리를 두고 있다. 행복은 깨달음 속에 있다. 사람은 자신의 무지, 잘못, 그리고 자기 기만을 파괴할 때에만 구원을 얻는다. 그릇된 정신 상태가 있는 곳에 속박과 불안이 있다. 정신 상태가 올바르면 자유와 평화가 있다.

　다음은 그릇된 정신 상태의 대표적 사례 몇몇과 그것들이 삶에서 일으키는 파괴적인 결과를 정리한 것이다.

그릇된 정신 상태 : 그것들의 결과

증오 : 해침, 폭력, 재난, 괴로움

정욕 : 지성의 혼란, 후회, 수치, 비참함

탐욕 : 두려움, 불안, 불행, 상실감

자존심 : 실망, 억울함, 자기 인식의 부재

허영심 : 고뇌, 정신적 굴욕

비난 : 박해, 다른 사람들의 증오

악의 : 실패와 고생

방종 : 곤궁, 판단력 상실, 질병, 태만

노여움 : 힘과 영향력의 상실

욕구 또는 자기속박 : 비탄, 어리석음, 슬픔, 불확실성, 외로움

　위에서 말한 그릇된 정신 상태는 단지 부정적인 결여 상태일 뿐이다. 그것들은 어둠과 결핍의 상태이지, 긍정적인 힘의 상태가 아니다. 악은 힘이 아니다. 악은 선에 대한 무지와 오용誤用이다. 증오심에 사로잡힌 사람은 사랑의 교훈을 올바르게 실천하는 데 실패한 자이며, 결과적으로 고통을 겪는다. 그가 사랑의 교훈을 올바르게 실천하는 데 성공하면 증오심은 사라질 것이고, 증오의 맹목성과 무력함을 알고 이해하게 될 것이다. 다른 모

든 그릇된 정신 상태에 대해서도 마찬가지다.

다음은 좀 더 중요한 올바른 정신 상태의 일부와 그것이 삶에 끼치는 유익한 결과를 정리한 것이다.

올바른 정신 상태 : 그것들의 결과

사랑 : 온화한 상태, 행복, 축복

순수 : 밝은 지성, 즐거움, 불굴의 확신

이타심 : 용기, 만족, 행복, 풍요

겸손 : 평온, 안식, 진리에 대한 이해

온순 : 균형감, 모든 상황에서의 만족

동정심 : 보호, 사랑, 다른 사람들로부터의 존경

호의 : 기쁨과 성공

자제심 : 마음의 평화, 공정한 판단력, 품위, 건강, 명예

인내 : 강한 정신력, 광범위한 영향력

극기 : 깨달음, 지혜, 통찰력, 깊은 평화

위에서 말한 올바른 정신 상태는 긍정적인 힘의 상태이자 빛의 상태, 유쾌한 침착함의 상태, 깨달음의 상태이다. 선한 사람은 알고 있다. 그는 자신이 배운 교훈을 올바르게 실천하는 법을 터득했고, 그러므로 자신의 삶 전체를 구성하는 각 부분들의 균형을 정확히 이해한다. 그는 사리를 깨우쳤고 선과 악을 이해한다. 그는 지극히 옳은 일만 하면서, 최고의 행복감을 얻는다.

잘못된 정신 상태에 빠진 사람은 모르고 있다. 그는 선과 악에 대해 무지하며, 자기 자신에 대해 무지하며, 자신의 삶을 만드는 내면적 동기에 대해 무지하다. 그는 불행하며, 자신의 불행이 전적으로 다른 사람들 때문이라고 믿는다. 그는 삶에 실재하는 중심적인 목적을 전혀 보지 못한 채 맹목적

으로 일하고, 사태의 진행 과정에서 질서정연한 인과관계를 전혀 보지 못한 채 무지 속에서 살아간다.

고결한 삶을 완벽하게 성취하고자 열망하는 사람, 즉 본질을 꿰뚫는 통찰력으로 사물의 참된 질서와 삶의 의미를 깨달으려는 사람은 그릇된 마음 상태를 모두 버리고, 끊임없이 인내하며 선을 실천하라. 고통 받거나, 의심하게 되거나, 불행하다면, 그 원인을 찾을 때까지 자신의 마음속을 살펴보라. 그리고 원인을 찾으면 그것을 떨쳐 버려라. 자신의 마음을 감시하고 깨끗하게 하여 매일같이 마음속에서 악은 줄어들고 선이 늘도록 하라. 그리하면 날로 강해지고, 고귀해지며, 현명해지고, 따라서 행복도 늘어날 것이다. 또한 진리의 빛은 자신의 내부에서 점점 더 환한 빛을 더해 가면서 모든 어둠을 없애고, 앞으로 가야 할 길을 밝혀 줄 것이다.

좌절하지 말고
노력하라

　　　　　　진리의 제자, 덕을 사랑하는 자, 지혜를 구하
는 자, 또한 이기적인 삶의 공허함을 알고 슬픔에 휩싸인 자 그리고 최상으
로 아름답고 평온하게 기쁜 삶을 열망하는 자여, 이제 그대 자신을 지배하
고 수양discipline의 문 안으로 들어가서 보다 나은 삶을 알라.

　자기 기만을 버려라. 그대 자신을 있는 그대로 바라보라. 그리고 덕의 길
을 있는 그대로 보라. 진리에 이르는 길은 게으름을 절대 허용하지 않는다.
산의 정상에 서려는 사람은 열심히 올라가야 하며, 힘을 모으기 위해서만
휴식해야 한다. 등반 과정이 구름 없이 맑게 갠 정상보다 덜 영광스럽다 하
더라도, 등반 역시 영광스럽다. 자기 수양은 그 자체로 아름다우며 수양의
결과는 달콤하다.

　일찍 일어나고 명상하라. 잘 다스려진 몸으로, 그리고 잘못된 생각과 나
약한 의지에 대해 방어가 된 정신을 가지고 매일 하루를 시작하라. 준비 없
이 싸우면 유혹을 절대로 이길 수 없다. 고요한 시간에 정신을 무장하고 가
다듬어야 한다. 예민하게 감지하고 알고 이해하도록 정신을 훈련해야 한
다. 죄와 유혹은 올바른 이해가 계발될 때 사라진다.

올바른 이해는 끊임없는 수양을 통해 이룰 수 있다. 진리에 도달하는 것은 오직 수양을 통해서만 가능하다. 인내는 노력과 실천에 의해 증가할 것이며 인내는 수양을 아름답게 만들 것이다.

성급한 사람과 이기주의자에게 수양은 넌더리나는 것이다. 그러므로 그들은 그것을 피하며 계속 방탕하고 혼란 속에서 살아간다.

진리를 사랑하는 사람에게 수양은 지겹지 않으며, 따라서 그는 기다리고 일하고 극복할 수 있는 무한한 인내를 발견할 것이다. 자기의 꽃들을 돌보는 정원사의 즐거움이 나날이 커지듯이 순수성, 지혜, 동정, 사랑이라는 신성한 꽃들이 자기 마음속에서 자라는 것을 보는 수양자의 즐거움도 계속 커진다.

방종하게 사는 사람은 슬픔과 고통을 피할 수 없다. 수양이 없는 정신은 격정의 사나운 습격 앞에 나약하고 무기력하게 쓰러진다. 그렇다면 진리를 사랑하는 자여, 그대의 정신을 잘 가다듬으라. 신중하고, 사려 깊고, 굳은 결심을 가져라. 그대의 구원이 바로 가까이에 있다. 오직 필요한 것은 그대의 준비와 노력뿐이다. 만약 그대가 열 번 실패한다 해도 실망하지 말라. 만약 그대가 백 번 실패한다 해도 일어나서 그대의 길을 추구하라. 만약 그대가 천 번을 실패한다 해도 절망하지 말라. 그대가 올바른 길에 들어섰다면 그 길을 완전히 포기하지 않는 한 성공이 확실하다.

먼저 투쟁이 있고 그 다음엔 승리가 있다. 먼저 노력이 있고 그 다음엔 휴식이 있다. 먼저 나약함이 있고 그 다음엔 강한 힘이 있다. 처음에는 보다 낮은 삶이 있고, 그 다음엔 전투의 눈부신 빛과 혼란이 있고 마지막엔 아름다운 삶, 침묵, 그리고 평화가 있다.

5

격정에서 평화까지

격정에 빠진 사람은 자기 앞에 놓인 곧은길을 전혀 보지 못하며,

지나온 과거는 온통 혼미와 우울함으로 가득 차 있다.

그는 순간적인 쾌락을 붙잡으며, 이해력을 넓히려 애쓰지 않고 지혜에 대해 생각하지도 않는다,

그의 길은 혼란스럽고, 거칠고 괴로우며, 그의 마음은 평화와 거리가 멀다.

서문

　이 책의 첫 세 부분인 격정, 열망, 유혹은 보통의 인간적인 삶, 즉 격정과
연민의 정, 그리고 비극적인 이야기를 포함한 평범한 삶에 대해 설명하고,
마지막 세 부분인 초월, 최상의 행복, 평화는 평화롭고 현명하고 아름다운
신적인 삶, 즉 현자와 구세주의 삶에 대해 설명한다. 중간 부분인 변화는
그 둘 사이의 과도기적 단계이다. 그것은 인간적인 삶과 신적인 삶을 연결
하는 연금술의 과정이다. 자기 수양, 자제, 극기가 신적인 상태를 구성하지
는 않는다. 그것들은 신적인 상태를 성취하는 수단일 뿐이다. 신적인 삶은
완벽한 평화를 주는 완벽한 앎으로 확립된다.

—제임스 앨런

격정

성자와 현인의 길, 현명하고 순수한 자의 길, 구세주가 걸었던 길, 미래의 모든 구세주가 또한 걷게 될 길 – 바로 이것이 내 글의 주제이며, 이 장에서 간략히 설명하고자 하는 고귀하고 성스러운 테마이다.

격정은 인간의 삶에서 가장 낮은 수준에 있다. 어느 것도 이보다 더 내려갈 순 없다. 격정의 음습하고 어두운 늪에서는 세상의 음지에 속하는 것들이 스멀스멀 기어다닌다. 욕망, 증오, 갈망, 자만심, 허영심, 탐욕, 원한, 시샘, 악의, 보복, 중상, 험담, 거짓말, 도둑질, 속임, 배반, 잔학함, 의심, 질투 등등. 이러한 것들은 격정의 가장 밑바닥에 있으면서, 울창한 원시림과 같은 사람의 마음속에서 짐승처럼 돌아다니는 맹목적이고 비이성적인 충동이자 폭력이다. 또한 후회와 고통, 괴로움과 같은 어두운 모습과 슬픔, 비애, 비탄과 같은 나약한 형상도 그 속에 있다.

현명하지 못한 사람들은 순수의 평화도, 자신의 주위를 항상 환히 비추는 성스러운 빛에 기쁨이 있음도 알지 못한 채 이러한 어둠의 세계에서 살다가 죽는다. 위를 올려다보지 않고 항상 세속적인 방향, 육적인 방향으로 눈이 향하는 사람에게는 성스러운 빛이 쏟아진다 해도 다 헛된 일이 되고 만다.

그러나 현명한 사람은 위를 쳐다본다. 현명한 사람은 격정의 세계에서 만족을 느끼지 않으며, 좀더 차원 높은 평화의 세계로 걸음을 옮긴다. 처음에는 평화의 세계에서 누리게 될 빛과 영광이 멀리 떨어져 있는 것처럼 보이지만, 계속 올라가다 보면 점점 평화의 빛과 영광에 가까워져 찬란한 광채를 느낄 수 있게 된다.

어느 누구도 격정보다 더 낮은 차원으로 떨어질 수 없는 반면, 모든 사람은 격정보다 더 높은 곳으로 오를 수 있다. 더 낮게 떨어지는 것이 불가능한 그 가장 낮은 자리에서는 앞으로 움직이는 모든 사람이 위로 상승할 수밖에 없다. 그리고 위로 올라가는 길은 항상 바로 가까이 있으며 쉽게 찾을 수 있다.

이 길은 자기 극복의 길이다. 자신의 이기심에게 "안돼!"라고 말하기 시작한 사람, 자신의 욕망을 훈련시키고 다루기 힘든 마음의 요소를 조절하고 다스리기 시작한 사람은 이미 이 길로 들어선 것이다.

격정은 인류의 대적이며, 행복을 죽이는 살인자이고, 평화의 정반대이자 적수이다. 더럽히고 파멸시키는 모든 것은 격정에서 생겨난다. 격정은 괴로움의 원천이며, 불행을 만들며, 해악과 재앙을 퍼뜨린다.

이기심의 내적 세계는 무지에 뿌리를 박고 있으며 그 무지는 신성한 법칙에 대한, 신성한 선에 대한 무지이고 순수의 길과 평화의 길에 대한 무지이다. 격정은 암흑이며, 정신적인 어둠 속에서 잘 자라고 번성한다. 격정은 정신적인 빛의 영역으로는 들어가지 못한다. 깨달음을 얻은 마음속에서는 무지의 어둠이 파괴되며, 순수한 마음속에는 격정이 자리잡을 곳이 없다.

모든 형태의 격정은 정신적인 목마름이며, 열광이며, 고통스러운 불안이다. 화재가 위풍당당한 건물을 다 태워 버리면 꼴사나운 잿더미만 남듯이, 사람들은 격정의 불길로 인해 소진되고 그들의 행위와 업적이 악화되고 사

220

라진다.

당신이 평화를 찾겠다고 생각한다면 격정에서 벗어나야 한다. 현명한 사람은 자신의 격정을 정복하고 어리석은 사람은 격정에 정복당한다. 지혜를 구하는 사람은 어리석음에 등을 돌림으로써 비로소 지혜를 쌓기 시작한다. 평화를 사랑하는 사람은 그곳으로 이끄는 길로 들어서며, 걸음을 옮길 때마다 격정과 절망이라는 어두운 거주지를 더 멀리 벗어나 위로 상승한다.

지혜와 평화의 언덕으로 가는 첫걸음은 이기심의 어둠과 불행을 이해하는 것이며, 이해하고 나면 이기심을 극복하고 이기심에서 빠져 나오는 단계가 뒤따를 것이다.

이기심, 또는 격정은 탐욕이나 눈에 띄게 무절제한 정신 상태 같은 거친 형태로만 존재하는 것이 아니다. 그것은 거만과 자아 찬양에 미묘하게 연결된 모든 숨겨진 생각들도 만들어 낸다. 그중에서 가장 기만적이고 미묘한 생각은 다른 사람의 이기심을 주의깊게 살피고 그것 때문에 다른 사람을 비난하고 그것에 관해 말하도록 부추기는 것이다. 그러나 다른 사람의 이기심에 끊임없이 주의하는 사람은 자신의 이기심을 극복하지 못할 것이다. 우리는 다른 사람을 비난함으로써가 아니라 자기 자신을 정화함으로써 이기심에서 벗어난다.

격정에서 평화로 이르는 길은 다른 사람에게 뼈아픈 비난을 퍼부음으로써가 아니라 자아를 극복함으로써 가는 것이다. 다른 이들의 이기심을 정복하려고 애쓰면 우리는 격정에 사로잡힌 채 남게 된다. 반면에 끈기 있게 자기 자신의 이기심을 극복하면 자유의 경지에 오른다. 자기 자신을 정복하는 사람만이 다른 사람들을 복종시킬 수 있다. 그리고 그는 격정이 아니라 사랑으로 타인을 복종시킨다.

어리석은 사람은 다른 사람들을 비난하며 자신을 정당화한다. 그러나 지혜로워지고 있는 사람은 다른 사람들을 정당화하며 자신을 비난한다. 격정에서 평화로 이르는 길은 사람들이라는 외부 세계에 있지 않다. 이 길은 생각이라는 내적인 세계에 있다. 이 길은 다른 사람들의 행동을 바꾸는 데 있지 않고, 자신의 행위를 완전하게 하는 데 있다.

격정적인 사람은 다른 사람을 바로잡아 주려고 아주 열심인 경우가 많지만, 지혜로운 사람은 자신을 바로잡는다. 세상을 개혁하고자 한다면, 우선 자기 자신을 개혁함으로써 그 일을 시작하도록 하라.

자기 자신의 개혁은 육욕적인 요소만 제거하면 끝나는 것이 아니다. 그것은 시작일 뿐이다. 그 개혁은 모든 헛된 생각과 이기적인 목적을 극복했을 때 비로소 완성된다. 완전한 순수성과 지혜에 미치지 못했다면, 극복될 필요가 있는 자기예속self-slavery이나 어리석음의 어떤 형태가 아직도 여전히 남아 있는 것이다.

격정은 삶의 구조에서 가장 밑바닥에 있다. 평화는 그 구조의 최정상이고 절정이다. 어떤 일을 시작할 격정이 없이는, 일을 진행할 힘이 없고, 마지막에 이룰 성취도 없을 것이다. 격정은 힘을 나타내지만, 방향이 잘못 잡히면 행복 대신에 상처를 낳는 힘이 된다. 격정의 힘은 어리석은 사람이 이용하면 파괴의 수단이 되지만, 현명한 사람이 이용하면 보호의 수단이 된다. 그 힘을 잘 조절해서 한 가지에 집중시키고 유익한 방향으로 이끌면 선한 일을 이루는 에너지가 된다. 격정은 천국의 문을 지키는 화염검이다. 이 검은 어리석은 자가 들어오지 못하도록 막고 파괴하지만, 현명한 사람은 받아들이고 보호한다.

자신이 어느 정도 무지한지 모르는 사람, 이기적인 생각의 노예가 된 사람, 격정의 충동에 굴복하는 사람은 어리석은 사람이다. 자신의 무지함을 알고, 이기적인 생각이 얼마나 공허한 것인지 깨닫고, 격정의 충동을 다스리는 사람은 현명한 사람이다.

어리석은 사람은 점점 더 깊은 무지의 나락으로 떨어진다. 현명한 사람은 점점 더 높은 단계의 지식으로 상승한다. 어리석은 사람은 욕망을 불태우고, 고통받고, 그리고 죽어간다. 현명한 사람은 열망을 갖고, 기쁨을 누리고, 풍요롭게 살아간다.

　지혜를 향한 열망으로 마음의 시선을 위로 향한 채, 영적인 전사는 위로 향한 길을 알아보고, 평화의 언덕에 주의를 고정시킨다.

열망

자신의 무지를 확실하게 파악하면 깨달음에 대한 욕구가 생겨나며, 그리하여 가슴속에서 성자들의 큰 기쁨인 열망이 태어난다.

사람은 열망의 날개를 타고 땅에서 하늘로 솟아오르고, 무지에서 앎으로 발전하며, 어둠의 그늘 밑에서 위쪽의 빛으로 나아간다. 열망이 없으면 땅바닥을 기어다니는 동물처럼 세속적이고 육욕적이며 무지하고 아무런 영감도 받지 않은 상태로 남아 있을 뿐이다.

열망은 거룩한 것, 즉 정의, 동정심, 순수성, 사랑에 대한 동경으로서 욕망과는 구별되는 것이다. 욕망은 세속적인 것, 즉 재산, 권력이나 지배권, 저속한 향락, 감각적 쾌락에 대한 동경이다.

날개 없는 새가 날아 오를 수 없듯이, 열망이 없는 사람은 자신이 처한 상황을 초월할 수 없고 자신의 동물적 성향을 다스리는 주인이 될 수 없다. 그러한 사람은 격정의 노예이며, 다른 사람에게 끌려 다니기 쉽고, 변화하는 사건들의 흐름 속에 이리저리 휩쓸린다. 어떤 이가 열망을 갖게 되었다는 뜻은 그가 자신의 낮은 처지에 만족하지 못하고, 더 높은 경지를 목표로 삼았다는 뜻이다. 이것은 그가 동물성의 무기력한 잠에서 깨어나 좀더 가치 있는 위업과 보다 충만한 삶을 의식하게 되었음을 보여 주는 확실한 표시이다.

열망은 모든 것을 가능하게 한다. 열망은 진보로 향한 길을 열어 준다. 상상할 수 있는 최고의 완벽한 경지도 열망으로 인해 접근할 수 있으며 또한 현실로 이룰 수 있다. 상상할 수 있는 것은 이룰 수도 있기 때문이다.

열망은 영감과 짝을 이루는 천사다. 열망은 기쁨의 문을 열어 젖힌다. 영감이 노래를 하면 희망이 솟구친다. 음악, 시, 예언 등 모든 고귀하고 성스러운 매개체는 열망이 시들지 않고 정신이 약해지지 않은 사람의 손에 결국 놓이게 된다.

동물적인 상태가 달콤하게 느껴지는 사람은 열망을 가질 수 없다. 그는 지금까지는 만족감을 느껴왔지만, 동물적 상태의 달콤한 맛이 쓰디쓴 고통으로 바뀔 때, 슬픔을 느끼면서 보다 가치 있는 것에 대해 생각하게 된다. 세속적인 기쁨을 빼앗겼을 때 비로소 거룩한 기쁨을 열망하게 된다. 순수를 추구하게 되는 것은 불순함이 고통으로 변했을 때이다. 참으로 열망은 후회의 황폐함 속에서 불사조처럼 일어서지만, 인간은 열망의 힘찬 날개로 천국 중의 천국까지 다다를 수 있다.

열망을 가진 사람은 평화에 이르는 길로 이미 들어섰다. 제자리에 머무르지 않고 돌아가는 일도 없다면, 그는 틀림없이 평화에 다다를 것이다. 어렴풋이 본 거룩한 비전으로 정신을 끊임없이 새롭게 하면 그는 거룩한 경지에 도달할 것이다.

인간은 열망하는 만큼 성취한다. 어떻게 되고 싶다는 열망은 그가 실제로 될 수 있는 상태를 그대로 나타낸다. 마음을 확고하게 정하는 것은 성취 정도를 미리 결정하는 것과 같다. 인간은 온갖 저속한 것을 경험하고 알 수 있듯이, 온갖 고귀한 것도 경험하고 알 수 있다. 또한 인간이 되었듯이, 신적인 존재도 될 수 있다. 고귀하고 성스러운 방향으로 마음을 돌리는 것이

유일하게 필요한 과제이다.

생각하는 사람의 불순한 생각 외에 어떤 것이 불순함이겠는가? 생각하는 사람의 순수한 생각 외에 무엇이 순수함이겠는가? 사람은 다른 사람의 생각을 대신 하지 않는다. 각자의 순수함이나 불순함은 자기 혼자의 책임이다.

만약 어떤 이가, "내가 불순한 것은 다른 사람들이나 환경, 또는 유전 때문이다"라고 생각한다면, 어떻게 그가 자기 잘못을 극복하기를 바랄 수 있겠는가? 그런 생각은 모든 성스러운 열망을 저지할 것이며 그를 격정의 노예로 묶어 놓을 것이다. 인간은 자신의 잘못이나 불순한 행위가 자신의 것이고 자신이 불러일으킨 문제라는 것, 자기 혼자만이 그 일에 책임이 있다는 것을 충분히 실감할 때, 비로소 그것들을 극복하려고 열망할 것이며, 성취의 길이 그에게 열릴 것이며, 그는 언제 어느 방향으로 나아가야 할지 알게 될 것이다.

격정에 빠진 사람은 자기 앞에 놓인 곧은길을 전혀 보지 못하며, 지나온 과거는 온통 혼미와 우울함으로 가득 차 있다. 그는 순간적인 쾌락을 붙잡으며, 이해력을 넓히려 애쓰지 않고 지혜에 대해 생각하지도 않는다. 그의 길은 혼란스럽고, 거칠고 괴로우며, 그의 마음은 평화와 거리가 멀다.

열망을 가진 사람은 거룩한 경지까지 나아가는 길이 자기 앞에 놓인 것을 보며, 이제까지 어둠 속에서 더듬거리며 걸어왔던 격정의 우회로가 자기 뒤에 있는 것을 본다. 이해력을 얻으려고 애쓰고 지혜에 마음을 기울이므로, 그의 길은 뚜렷하고 명백하며 그의 가슴은 궁극적인 평화를 미리 조금 맛본다.

격정을 따르는 사람은 하찮은 것, 즉 빠르게 사라지고 기억할 만한 어떤 것도 남기지 않는 일시적인 것들을 이루기 위해 맹렬히 노력한다.

열망을 가진 사람은 똑같은 열성으로 위대한 것, 즉 미덕, 지식, 지혜의 특성을 가진 것들을 이루기 위해 노력한다. 이러한 것들은 사라지지 않으며, 인류의 발전을 위한 영감의 기념비로 서 있다.

상인이 끊임없는 노력으로 세속적인 성공을 이루듯이, 성인은 열망과 노력으로 영적인 성공을 이룬다. 자신의 정신적 에너지가 지향하는 특정 방향에 의해 한 사람은 상인이 되고 다른 한 사람은 성인이 된다.

열망의 환희가 마음을 움직일 때, 그것은 동시에 마음을 품위 있게 해 주며, 마음의 불순한 찌꺼기가 사라지기 시작한다. 열망이 마음을 붙잡고 있는 동안에는 어떠한 불순한 생각도 마음속에 들어갈 수 없다. 불순함과 순수함이 동시에 생각을 점유할 수는 없기 때문이다. 그러나 열망의 노력이 처음에는 오래 가지 않고 일시적이기 때문에, 마음은 원래 습관적으로 행하던 오류를 다시 범하게 된다. 그러므로 마음을 끊임없이 새롭게 가다듬을 필요가 있다.

순수한 삶을 사랑하는 사람은 기운을 돋구는 열망의 빛으로 정신을 매일 새롭게 가다듬는다. 그는 일찍 일어나서 확고한 생각과 강렬한 노력으로 정신을 강화한다. 그는 정신의 본성이란 잠시도 비어 있는 채 남아 있을 수가 없어서 고귀한 생각과 순수한 열망에 붙잡혀 인도되지 않는다면, 저속한 생각과 비열한 욕망에 사로잡혀 잘못 인도된다는 것을 안다.

열망은 매일 먹여 주고, 돌보아 주며, 강하시킬 수 있으며 욕망도 마찬가지이다. 사람은 열망을 신성한 안내자로서 추구하고 정신 속에 받아들일 수 있으며 또는 무시하고 배척해 버릴 수도 있다. 매일 잠시 동안 조용한 곳, 이왕이면 야외로 나가서 밀려오는 성스러운 환희의 파도 속에서 마음의 에너지를 불러 모으면 신성한 의미의 운명과 위대한 정신적 승리를 위해 마음을 준비할 수 있다. 이러한 환희는 지혜를 위한 준비 과정이고 평화의 전주곡이기 때문이다. 순수한 것들을 잘 알아볼 수 있으려면 정신이 순수한 수준으로 올라가야 하며 불순한 것을 초월해야 한다. 열망이 바로 그렇게 될 수 있는 수단이다. 열망의 도움으로 정신은 신속하고 확실하게 거룩한 차원으로 올라가며, 신성한 것들을 체험하기 시작하고, 지혜를 쌓기 시작하며, 순수한 지식의 신성한 빛을 계속 증가시킴으로써 스스로를 인도하는 법을 알게 된다.

정의에 대한 갈망, 순수한 삶에 대한 갈망, 천사 같은 열망의 날개를 타고 성스러운 환희 속에서 날아 오르는 것, 이것들은 지혜로 가는 바른 길이며, 평화를 얻기 위한 바른 노력이며, 성스러운 길의 바른 시작이다.

열망은 사람을 천국으로 이끌 수 있지만 천국에 계속 머물기 위해서는 자신의 온 정신을 천국의 조건에 맞게 조화시키는 법을 배워야 한다. 유혹은 이 목적을 이룰 때까지 계속 된다.

유혹

유혹은 생각이 순수에서 격정으로 바뀌는 것이다. 또한 유혹은 열망에서 욕망으로 돌아가는 것이다. 유혹은 욕망의 불길이 순수한 지식과 고요한 생각의 물로 꺼지게 될 때까지 열망을 위협한다. 열망의 초기 단계에서, 유혹은 미묘하고 강력한 힘을 발휘하며 적으로 간주되지만, 유혹받는 자가 스스로의 적이라는 의미에서만 적이다. 그러나 나약한 의지와 불순함을 드러낸다는 의미에서, 유혹은 정신 수행에 있어서 필수적인 요소이자 친구이다.

유혹은 실로 악을 극복하고 선을 이해하려는 노력에 항상 같이 따라 다닌다. 사람 내부의 악을 성공적으로 극복하려면 이를 표면으로 드러내서 실체를 보여야 하는데, 마음속에 숨겨진 악이 드러나고 폭로되는 것은 바로 유혹의 과정에서이다.

유혹이 마음에 와 닿고 관심을 끌게 되면 그것은 욕망이 극복되지 않았다는 증거이며, 유혹을 받는 사람은 자신의 끓어오르는 충동을 초월할 때까지 계속해서 유혹을 받고 넘어가게 된다. 유혹은 불순한 사람에게는 매력적인 요소이지만, 순수한 존재는 유혹을 받을 수도 없다.

열망을 가진 사람은 신성한 의식의 영역에 닿기 전까지는 유혹의 습격을 당한다. 그 영역 안으로 들어서면 더 이상은 유혹이 쫓아오지 못한다. 사람은 높은 경지를 열망하기 시작하면서부터 유혹을 받기 시작한다. 사람이 자기 자신의 진정한 모습을 알 수 있도록, 열망은 잠재되어 있는 모든 선과 악을 불러낸다. 자신을 충분히 알지 않고서는 자기 자신을 극복할 수 없기 때문이다. 유혹을 당한다고 해서 그를 단순히 동물적인 사람이라고 말할 수는 없다.

유혹을 받는다는 것 자체가 좀더 순수한 상태에 이르기 위해 노력하는 단계에 있다는 걸 의미하기 때문이다. 아직 열망을 품지 못한 사람에게는 동물적인 욕망과 욕구 충족이 정상적인 상태이다. 그는 자신의 감각적인 즐거움에 만족하여 그 이상 더 좋은 것을 바라지 않으며, 현재로서 만족한다. 그런 사람은 아직 높은 곳으로 오르지 않았기 때문에 유혹을 받아 떨어질 수도 없다.

열망이 있다는 것은 위쪽을 향해 적어도 첫걸음을 내딛었다는 것을 의미하며, 따라서 다시 뒤로 끌려 올 가능성도 있는데. 이처럼 뒤쪽으로 끌어내리는 힘을 유혹이라 한다. 유혹의 마력은 불순한 생각과 가슴속의 타락한 욕망에 있다. 유혹의 대상은 마음이 그것에 대해 더 이상 갈망하지 않을 때 매력을 상실한다.

유혹의 본거지는 마음의 외부에 존재하는 것이 아니라 내부에 존재한다. 유혹이 전적으로 외부 대상들 때문이라는 착각에 사로잡혀서, 외부의 대상들로부터 도망치기를 계속하는 반면에 자신의 불순한 상상을 공격해서 없애 버리지 않는 동안에는, 유혹이 점점 증가할 것이고 많은 실패와 쓰라린 타락을 경험하게 될 것이다. 악이 자신의 내부에 존재하며 외부에 존재하는 것이 아니라는 사실을 분명히 이해할 때, 급속한 발전을 이루게 되고, 유혹은 줄어들 것이며, 자신의 정신적인 통찰력 범위 내에서 모든 유혹을 결정적으로 극복하게 될 것이다.

유혹은 고통이다. 유혹은 영구적인 상태가 아니라 보다 낮은 상태에서 보다 높은 상태로 이동하는 과정이다. 완벽하고 충만한 삶은 고통이 아니라 행복이다. 나약한 의지와 패배가 있는 곳에 유혹이 뒤따르지만, 인간의 운명은 힘과 승리를 향해 나아가도록 정해져 있다. 고통이 있다는 것은 상승과 극복의 표시이다. 지속적이고 항상 새로워지는 열망을 가진 사람은 유혹이 극복될 수 없다는 생각을 허용하지 않는다. 그는 자기 자신의 주인이 되기로 결심한 사람이다. 악에게 자신을 맡기고 체념하는 것은 패배를 인정하는 것이며, 자아에 대한 싸움을 포기하고, 선을 부정하며, 악이 최고라고 인정한다는 것을 의미한다.

정력적인 사업가가 어려운 일들에 부딪쳐도 기죽지 않고 어떻게 그것들을 극복할까를 연구하듯이, 끊임없는 열망을 가진 사람은 유혹에 굴복하지 않고, 어떻게 하면 자신의 정신을 강화시킬 수 있을지에 대해 곰곰이 생각한다. 왜냐하면 유혹자(사탄)는 겁쟁이와 같아서 약점이나 경계를 게을리한 부분을 통해서만 몰래 기어 들어오기 때문이다.

유혹 받는 사람은 유혹의 본질과 의미를 깊이 연구해야 한다. 유혹의 실체를 알아야 극복할 수 있기 때문이다. 현명한 장군은 적군을 공격하기 전에, 적의 전술을 연구한다. 마찬가지로 유혹을 이기려면, 유혹이 자신의 무지와 그릇된 생각 속에서 어떻게 생겨나는지 이해하고, 자기 반성과 명상을 통해, 무지를 쫓아내고 진리와 진실을 통해 그릇된 생각을 밀어내는 방법을 연구해야 한다.

감정이 격할수록 유혹은 더 맹렬하고, 이기심이 깊을수록 유혹은 더 미묘하며, 허영심을 더 많이 말로 표현할수록 유혹은 더 좋게 보이고 더 기만적이다.

진리를 알려고 하는 사람은 먼저 자기 자신을 알아야 한다. 그는 자신의 죄와 잘못을 드러낼 어떤 폭로나 계시 앞에서도 움츠러들지 말아야 한다. 오히려 그는 극기를 도와주는 자기인식에 보탬이 되는 것으로서 그런 폭로를 환영해야 한다.

자신의 잘못과 단점이 겉으로 드러나서 알려지는 것이 견딜 수 없어서 숨기려 드는 사람은 진리의 길을 걷기에 적합하지 않다. 그는 유혹과 싸워서 이겨낼 준비가 제대로 되어 있지 않은 사람이다. 자신의 낮은 본성을 두려움 없이 직시할 수 없는 사람은 극기의 높고 험한 고지를 오를 수 없는 사람이다.

유혹 받는 사람은 자기 자신이 유혹자인 동시에 유혹당하는 사람이라는 사실을 알아야 한다. 그는 모든 적이 자기 내부에 있다는 사실을 알아야 하며, 유혹하는 아첨꾼, 가슴을 찌르는 모욕적인 언사, 그리고 타오르는 격정 모두가 지금까지 자신의 마음속에 존재해 왔던 무지와 그릇된 생각으로부터 생겨났다는 것을 알아야 한다. 이런 것들을 알고 나면, 악에 대한 완벽한 승리를 확신할 수 있다.

그러므로 견디기 힘든 유혹을 받을 때 슬퍼하지 말고, 오히려 자신의 힘을 시험해 보고 약점을 드러낼 수 있는 기회로 생각하고 기뻐하라. 자신의 약점을 진정으로 알고 겸손히 인정하는 사람은 조만간 힘을 얻기 시작할 것이다.

어리석은 사람들은 그들의 잘못과 죄가 다른 사람의 탓이라고 비난한다. 그러나 진리를 사랑하는 사람은 오직 자기 자신만을 탓한다. 자신의 행위에 대해서는 전적으로 자신에게 책임이 있다는 것을 인정하라. 자신이 타락했을 때, 이것 때문에, 상황이 이러해서, 혹은 그 사람 때문에 이렇게 되었다고 탓하지 말라. 타인이 나에게 할 수 있는 일은 나 자신의 선이나 악이 실체를 드러낼 기회를 주는 것이 전부이기 때문이다. 타인이 나를 선하거나 악하게 만들 수는 없다.

유혹은 처음에는 아프고 쓰라리며 견디기 힘들고, 교활하고 끈질긴 공격을 가해 오지만, 유혹 받는 사람이 확고한 의지를 가지고 용감하게 대처하고 물러서지 않는다면, 자신의 정신적인 적을 점차 정복해 나갈 것이며, 결국에는 선에 대한 이해 속에서 승리를 거둘 것이다.

　유혹하는 적수는 바로 자기 자신의 욕정과 이기심과 오만으로 구성되어 있다. 그러므로 이것들이 뿌리뽑힐 때, 악은 아무것도 아닌 것으로 드러나고, 선이 완전한 승리의 광채 속에 나타난다.

변화

격정의 지옥에서 평화의 천국으로 가는 중간
에 변화의 연옥이 있다. 이것은 죽음 너머에 있다고 하는 이론상의 연옥이
아니라, 사람의 마음속에 실제로 존재하는 연옥이다. 연옥의 불 속에서 분
류되고 제련되는 과정에서 질이 나쁜 금속인 그릇된 생각은 걸러지고, 순
수하게 추출된 금인 진리만 남게 된다.

유혹이 결국 슬픔과 깊은 혼란으로 이어지면, 유혹 받는 사람은 유혹에
서 해방되기 위해 무척 애를 쓰면서, 자신의 속박 상태가 전적으로 자기 자
신 때문임을 발견하고, 외부 상황과 맞서 싸우는 대신 자신의 정신적 상태
를 변화시켜야 함을 깨닫게 된다. 변화의 시작 단계에서는 외적인 조건에
맞서 싸우는 과정이 불가피하다. 그러나 이것은 마음의 인과관계에 대한
일반적인 무지 때문에 처음에 우선 채택될 수 있는 과정일 뿐이고, 이것만
으로는 결코 해방을 이룰 수 없다. 이 과정이 이루어 내는 것은 유혹의 정
신적 원인에 대한 이해이며, 유혹의 정신적 원인에 대한 이해는 생각의 변
화로 이어지고 생각이 변화하면 그릇된 생각의 속박으로부터 스스로를 해
방시킬 수 있게 된다.

이처럼 준비 단계에서의 투쟁은 정신적인 발전을 이루는 데 필수적인 한 단계이다. 자기 일을 스스로 할 수 없는 아기에게는 울음과 발길질이 성장하는 데 필수적인 것처럼 말이다. 그러나 유아 시기를 넘어서면 울음과 발길질이 필요하지 않은 것처럼, 정신적인 변화에 대해 알고 나면 유혹과의 격렬한 싸움도 끝나고 유혹에 영향을 받는 일도 없어진다.

진정으로 현명한 사람, 즉 유혹의 근원과 원인에 대해 깨달은 사람은 외적인 유혹물과 싸우지 않으며 유혹물에 대한 모든 욕망을 포기한다. 그리하여 더 이상 유혹의 대상이 되지 않으며, 유혹의 힘은 뿌리째 없어진다. 그러나 이렇게 신성하지 않은 욕망을 포기하는 것이 마지막 과정은 아니다. 이것은 새롭게 변화하는 힘이 시작되는 단계이며, 이 힘을 끈기 있게 사용하면, 맑고 깨끗한 정신적 깨달음의 경지에 도달한다.

정신적인 변화는 사람과 사물에 대한 보통의 이기주의적인 마음자세를 완전히 뒤바꾸는 데 있다. 그리고 이러한 변화는 완전히 새로운 경험의 세계를 열어 준다. 그리하여 어떤 즐거움을 얻으려는 욕망을 포기하게 되고, 그런 욕망이 근본적으로 사라지고, 의식 속에 아예 들어올 수 없게 된다. 그러나 그 욕망의 원동력이었던 정신적 힘이 없어지지 않으면, 그것은 좀더 고귀한 생각의 영역으로 옮겨져서, 더욱 순수한 에너지의 형태로 변화된다. 에너지 보존의 법칙은 물질 현상에만 적용되는 것이 아니라 정신 현상에도 똑같이 적용되며, 낮은 방향으로 가는 길이 막힌 힘은 좀더 높은 정신적 활동의 영역에서 작용한다.

신성한 삶을 향한 거룩한 길에서, 중간 여정인 변화의 과정은 희생의 영역이자 체념의 벌판이다. 오래된 격정, 오래된 욕망, 오래된 야망과 생각은 모두 버려지고, 좀더 아름답고, 영속적이고, 영원히 만족스러운 형태로 다시 태어나기만 하면 된다. 이것은 마치 오랫동안 소중히 간직해 왔던 귀중한 보석을 슬픈 마음으로 용해로에 던진 다음 좀더 완벽한 새 장신구로 개조하는 것과 같다. 자신의 정신을 변화시키는 사람도, 처음에는 오랫동안 소중히 지녀 왔던 생각과 습관을 버리기가 싫겠지만, 결국 그것들을 포기하고 나면 머지않아 자신이 포기했던 것들이 새로운 능력, 더 귀한 힘, 더 순수한 즐거움(아름답고 눈부시게 빛나는, 새롭게 갈고 닦은 정신적인 보석들)의 형태로 되돌아와 기쁨을 준다는 것을 깨닫게 된다.

자신의 정신을 악에서 선으로 변화시키는 과정에서 죄와 진리의 차이를 점점 더 확실하게 구별하게 되고, 그렇게 되면 외적인 조건과 타인의 행동이나 태도에 따라서 동요하거나 자극받는 일이 없어지고, 진리에 대한 이해를 기초로 행동하게 된다. 먼저 자신의 잘못들을 인정하고 철저한 지성과 겸손한 마음으로 그것들을 대면하는 사람은 그릇된 생각을 정복하고 변화시킨다.

변화의 초기 단계는 고통스럽지만 그 시기는 짧다. 고통은 금새 순수한 정신적 기쁨으로 변화하기 때문이다. 그리고 변화 과정을 수행하는 지성과 에너지의 크기만큼 고통의 시간이 더 짧다.

자신의 고통의 원인이 타인의 태도에 있다고 생각하는 동안에는 고통을 초월하지 못한다. 그러나 자기 자신 안에 그 원인이 있음을 이해하고 나면 고통을 초월하여 기쁨의 세계로 들어갈 것이다.

깨달음을 얻지 못한 사람은 자신에 대한 다른 사람의 잘못된 태도라고 여기는 것 때문에 방해받고, 상처받으며, 마음이 무너진다. 이는 자기 마음속에도 똑같이 잘못된 태도가 있기 때문이다. 그런 사람은 다른 사람의 나쁜 행위를 자신이 할 때는 옳은 것으로 여기고서, 똑같은 행위로 남에게 보복한다. 남을 비방하는 사람은 자신도 비방을 당하며, 증오하는 사람은 증오를 받으며, 분노하는 사람은 다른 사람의 분노를 산다. 이것은 악의 작용과 반작용이다. 즉, 이기심과 이기심이 충돌하는 것이다. 다른 사람의 악에 영향받을 수 있는 것은 그 사람 안에 있는 자아 또는 이기적 요소밖에 없다. 자신의 내부에 있는 진리나 신성한 자질에는 그 악이 접근할 수 없으며, 하물며 그것 때문에 방해받거나 혼란스러워지는 일은 있을 수 없다.

변화를 일으키는 것은 이러한 자아를 진리로 완벽하게 뒤바꾸는 것이다. 깨달음을 얻은 사람은 다른 사람의 악이 자신을 해치고 정복할 힘을 갖고 있다는 망상을 버린다. 인간은 자기 자신의 악에 의해서만 무너진다는 심오한 진리를 그는 이해한다. 그리하여 그는 자신의 죄와 고통을 다른 사람의 탓으로 돌리지 않고, 자신의 마음을 정화하는 데 전념한다. 또한 그는 자신의 정신적 태도를 바꾸는 과정에서 저속한 이기적 힘들을 고귀한 도덕적 속성으로 변화시킨다. 죄와 잘못의 광석이 희생의 불길 속에 던져지고, 순수한 금인 진리가 거기서 제련되어 나온다.

이러한 사람은 외적인 유혹의 공격을 받을 때에도 확고부동한 자세를 지킨다. 그는 자기 자신의 주인이지 노예가 아니다. 그는 자신을 격정의 충동과 동일시하지 않고 진리와 동일시한다. 그는 악을 극복하고 선에 몰입한다. 그는 그릇된 생각과 진리를 둘 다 알고 있으며 그릇된 생각을 버리고, 진리에 자신을 조화시킨다. 그는 악을 선으로 갚는다. 외부로부터 악의 공격을 많이 받을수록 내부의 선을 드러낼 기회가 많아진다. 어리석은 자와 현명한 자를 확실히 구별하는 기준은 바로 이런 것이다. 즉, 어리석은 사람은 격정을 격정으로 맞서고, 증오를 증오로 맞서고, 악을 악으로 갚지만, 현명한 사람은 격정을 평화로 맞서고, 증오를 사랑으로 대하고, 악을 선으로 갚는다.

사람들은 자신의 정화되지 않은 본성의 적극적인 도움을 통해 스스로에게 고통을 끼친다. 따라서 자신의 마음을 정화시키는 정도만큼 완전한 평화에 도달한다. 사람들이 맹목적인 격정을 추구하는 가운데 소모하는 정신적 에너지는 올바른 방향으로만 향한다면 그들을 최고의 지혜에 도달할 수 있도록 하기에 충분하다. 물이 수증기로 변하면 좀더 한정되고 넓게 미치는 새 힘이 되듯이, 격정도 지적인 도덕적 힘으로 변화하면 고귀하고 확고한 목적을 이루기 위한 새 삶, 새 힘이 된다.

정신적인 힘들은 분자처럼 대극對極이 있어서 음극이 있는 곳에 양극도 있다. 무지가 있는 곳에 지혜도 가능하며, 격정이 많은 곳에 평화가 기다리며, 많은 고통이 있는 곳에는 많은 행복이 가까이 있다. 슬픔은 기쁨의 부정이며, 죄는 순수의 반대이고 악은 선의 부정이다. 대극의 한쪽이 있는 곳에는 나머지 반대쪽도 있다. 진리를 거스르는 악은, 선을 부정하는 가운데, 선의 존재를 증명한다. 그러므로 필요한 단 한가지 일은 부정적인 것에서 긍정적인 것으로 마음을 돌리는 것, 즉 불순한 욕망에서 순수한 열망으로 마음을 돌리고 격정의 힘을 도덕적 힘으로 변화시키는 것이다.

현명한 사람은 자신의 생각을 정화한다. 그래서 그는 나쁜 행위를 그만두고, 선한 행위를 한다. 잘못은 과거로 남기고 진리에 다가간다. 그리하여 죄의 유혹을 극복하고, 유혹의 고통과 슬픔의 어두운 세계를 초월해서 신성한 의식의 세계, 초월적인 삶에 들어간다.

초월

사람은 유혹이라는 어두운 단계에서 변화라는 보다 밝은 단계로 넘어갈 때 성인聖人이 된다. 즉 자기정화의 필요성을 깨달은 자, 자기정화의 길을 이해하는 자, 그리고 그 길에 들어서서 자기완성에 몰두하는 자가 된다. 그런데 변화의 과정 중에 악이 줄어들고 선이 증가함에 따라, 새로운 비전, 새로운 의식, 새로운 사람이 마음속에서 나타나기 시작하는 때가 온다. 이 경지에 도달할 때, 성인은 현인이 된다. 그는 인간적인 삶에서 신적인 삶으로 넘어간 것이다. 그는 "다시 태어났고", 새로운 경험의 범위가 그에게 열린다. 그는 새로운 힘을 행사한다. 그의 정신적 시야 앞에는 새로운 우주가 펼쳐진다. 이것이 초월의 단계이다. 나는 이것을 초월적 삶Transcendent Life이라 부른다.

죄에 물든 의식이 더 이상은 없을 때, 불안과 의심, 비탄과 슬픔이 끝났을 때, 정욕과 적의, 분노와 시기가 더 이상 생각을 사로잡지 않을 때, 자신의 상태에 대해 다른 사람을 탓하는 성향이 마음속에 조금도 남아 있지 않을 때, 원인과 결과의 관계를 이해하여 자기에게 주어지는 모든 상황이 당연하고 좋은 것으로 보이고 따라서 어떤 사건도 정신을 괴롭힐 수 없을 때,

그때 비로소 초월의 경지가 획득된다. 그때 사람은 제한된 인간적 개성에서 벗어나고 신성한 삶을 알게 되며, 악을 초월하고 선이 전부가 된다.

신적 의식神的 意識은 인간성의 강화가 아니라 새로운 형태의 의식이다. 이 새로운 의식은 이전의 낡은 의식에서 나오지만 그것의 계속이 아니다. 죄와 슬픔에 물든 보다 낮은 삶에서 태어나지만, 고통스러운 산고의 시기를 거친 뒤, 이 새로운 의식은 그 낮은 삶을 초월하고 그 삶에 전혀 참여하지 않는다. 이것은 마치 만개한 꽃이 자신의 근원인 씨앗을 초월하는 것과 같다.

격정이 이기적 삶의 기본 특징이듯이 평온함은 초월적 삶의 기본 특징이다. 초월적 삶 속으로 올라가면, 사람은 불화와 혼란 너머로 상승한다. 완벽한 선을 깨닫고 알게 될 때, 그것도 어떤 견해나 아이디어로서가 아니라 하나의 체험이나 소유물로서 알게 될 때, 그때 고요한 비전을 얻어 삶의 모든 변화 속에서도 평온한 기쁨이 변치 않고 머물게 된다. 초월적 삶을 다스리는 것은 격정이 아니라 원리와 원칙이다. 초월적 삶은 덧없는 충동에 근거하는 것이 아니라 변하지 않는 법칙에 근거한다. 초월적 삶의 맑고 깨끗한 분위기 속에서는 모든 현상의 질서정연한 전후관계가 밝혀져 슬픔, 불안, 후회의 여지가 전혀 없음이 드러난다. 사람이 자아의 격정에 빠져 있는 동안에는 걱정으로 스스로를 괴롭히고 많은 것들에 대해 근심한다. 그리고 다른 무엇보다 더 많이 근심하는 것은 바로 고민에 짓눌린, 고통으로 신음하는 그들 자신의 사소한 개인적 자아personality에 대해서이다. 그리하여 자아의 덧없는 쾌락에 대해, 자아를 방어하고 보존하는 것에 대해, 그리고 자아를 영원히 안전하게 유지하는 것에 대해 염려한다. 그러나 현명하고 선한 삶 속에서는 이 모든 것이 초월된다. 세계의 보편적 목적이 개인적 이해관계를 대신하고 개인적 자아의 쾌락과 운명에 관한 모든 걱정, 근심, 염려는 한밤의 악몽과 같이 사라진다.

격정은 맹목적이고 무지하다. 격정은 자신의 개인적 만족밖에 모른다.

자아는 어떤 법칙도 모른다. 자아의 목적은 얻고 즐기는 것 뿐이다. 자아가 얻으려고 하는 것은 감각적 쾌락에 대한 욕심에서부터, 다양하고 미묘한 허영심을 거쳐, 혼자 천국에 가려는 희망이나 개인적인 불멸성에 대한 욕구에 이르기까지 다양한 등급의 단계가 있지만 그것은 여전히 이기심이다. 그것은 좀 더 미묘하고 기만적인 형태로 다시 나타난 이전의 육욕적 갈망이다. 그것은 어떤 개인적 쾌락에 대한 갈망이며, 그 쾌락을 영원히 잃지 않을까 하는 두려움을 수반한다.

초월적 경지에서는 욕망과 두려움이 존재하지 않는다. 이익에 대한 갈망과 상실에 대한 두려움이 더 이상 존재하지 않는다. '우주의 보편적 질서'가 보이고 보편적인 선이 보이고, 그 선 안에서 영원한 즐거움을 누리는 것이 보통의 상태인 경지에서 두려워할 무엇이 남아 있겠는가?

자신의 본성 전체를 정의의 법칙에 맞추고 그 법칙과 조화를 이룬 사람, 자신의 생각을 순수하게 만들고 행위가 결백한 사람, 바로 그가 자유 속으로 들어간 사람이다. 그는 어둠과 '죽을 운명'을 초월했으며 빛과 영원한 생명 속으로 넘어갔다. 초월적 상태는 첫 단계에서는 보다 높은 수준의 도덕성이며 그 다음엔 새로운 형태의 인식이고 마지막에는 세계의 도덕적 인과관계에 대한 폭넓은 이해이다. 그리고 이 도덕성, 이 통찰력, 이 이해는 새로운 의식을, 즉 신적인 삶을 구성한다. 초월적 인간이란 이기심의 지배를 벗어나고 초월한 사람이다. 그는 악을 초월했으며, 선을 실천하고 이해하는 가운데 살아간다. 그는 마치 침침한 시력으로 오랫동안 세상을 보다가 이제 건강한 시력을 회복하여 사물과 현상을 있는 그대로 보는 사람과 같다.

악은 하나의 경험에 불과하며 결코 힘이 아니다. 만약 악이 이 우주에서 하나의 독립된 힘이라면, 어떤 존재도 악을 초월할 수 없을 것이다. 비록 하나의 힘으로서 실재하지는 않지만, 악은 하나의 조건, 하나의 경험으로서는 현실이다. 모든 경험은 현실의 성질을 띠고 있기 때문이다. 악은 무지와 미성숙의 상태이며, 그렇기에 지식의 빛 앞에서 움츠리고 사라진다. 그것은 마치 어린이의 무지가 배움의 증가에 비례해서 점차 사라지는 것과 같고, 또는 떠오르는 태양빛 앞에 어둠이 사라지는 것과 같다.

악의 고통스러운 경험은 선의 새로운 경험들이 의식의 영역 속으로 들어오고 의식을 소유함에 따라 사라진다. 그렇다면 선의 새로운 경험들이란 무엇인가? 그것들은 다양하고 아름답다. 예를 들면, 죄로부터의 자유라는 기쁜 앎, 후회 없음, 모든 유혹의 고통으로부터 해방, 이전에는 심한 고통을 일으켰던 조건과 상황 속에서 누리는 형용할 수 없는 기쁨, 다른 사람의 행위로 인한 손해에 상처입지 않음, 위대한 인내력과 인격의 아름다움, 모든 상황 하에서 평온한 정신, 의심과 공포와 불안으로부터의 해방, 자신의 적이나 반대자가 되는 것처럼 보이는 사람들에 대해서도 다정하게 느끼고 행동하는 능력과 함께 혐오, 질투, 증오로부터의 자유, 저주에 대해 축복을 보내고 악을 선으로 갚는 신적인 능력, 인간 마음의 근본적인 선함에 대한 이해와 함께 인간 심리에 대한 깊은 지식, 인과응보의 법칙과 존재자들의 정신적 진화의 법칙에 대한 통찰력, 인류를 기다리고 있는 최고선에 대한 선견지명, 그리고 무엇보다도, 악의 한계와 무력함 안에서 그리고 선의 영원한 주권과 힘 안에서 즐거움을 누리는 것이다. 이 모든 것, 그리고 이것들이 의미하고 포함하는 고요하고 강하고 광대한 삶이 초월적 인간이 누리는 풍요로운 경험이며, 이와 함께 새로운 의식 속에서 삶에 샘솟는 모든 새롭고 다양한 발상, 거대한 힘, 보다 활기 띤 능력들, 확대된 수용 능력도 초월적 인간이 누리는 경험이다.

초월성은 탁월한 덕이다. 악과 선은 공존할 수 없다. 선을 붙잡고 이해하기 전에 먼저 악을 버리고 떠나고 초월해야 한다. 그리고 선을 실천하고 완전히 이해하면, 그때 정신의 모든 고통은 끝난다. 왜냐하면 악한 의식 속에서 고통과 슬픔을 동반하는 요소들이 선한 의식 속에서는 고통과 슬픔을 동반하지 않기 때문이다. 무슨 일이 선한 사람에게 일어나든 간에 그것은 당혹감이나 슬픔을 선한 사람에게 일으키지 못한다. 왜냐하면 그는 그 일의 원인과 결과를 알고, 그 일로 인해 자신이 성취하게 될 덕과 이익을 알기 때문이다. 그래서 그의 마음은 늘 기쁘고 평화롭다. 선한 사람은 몸이 속박되더라도 정신은 자유롭고, 몸이 상처를 입거나 고통을 느끼더라도 즐거움과 평화가 마음속에 늘 머문다.

한 정신적 스승에게 영리하고 성실한 한 제자가 있었다. 몇 년간의 배움과 수련 후에 어느날 그 제자는 스승이 답변할 수 없는 질문을 던졌다. 며칠 동안 깊이 명상한 후에 그 스승은 제자에게 이렇게 말했다. "나는 너의 질문에 답을 줄 수 없다. 너에게 어떤 해답이 있는가?" 그래서 그 제자는 자신의 질문에 대한 답변을 명확하게 말했다. 그러자 스승이 말했다. "너는 내가 답할 수 없는 질문에 답을 했다. 이제부터는 나도 다른 어떤 사람도 너를 지도할 수 없다. 참으로 이제는 진리가 너를 가르치고 있다. 너는 위풍당당한 독수리처럼 아무도 따를 수 없는 높이까지 솟아올랐다. 너의 일은 이제 다른 사람을 가르치는 것이다. 너는 더 이상 제자가 아니다. 너는 스승이 되었다."

신성한 지혜를 얻은 사람은 그가 극복하고 넘어서 버린 이기적 삶을 되돌아 볼 때, 지난 날의 모든 고통들이 자신을 가르치고 향상시켜 준 선생님이었음을, 그리고 자신이 그 고통들의 의미를 깊이 이해하고 그 고통들 너머로 스스로를 향상시키는 정도만큼 그것들이 떠나갔음을 이해한다. 그 고통들은 그를 가르치는 사명이 끝났으므로, 그 분야에서 그를 성공적인 스승으로 만들어 놓고 떠나간 것이다. 왜냐하면 보다 낮은 것은 보다 높은 것을 가르칠 수 없고, 무지는 지혜를 가르칠 수 없고, 악은 선을 계몽시킬 수 없고, 제자가 스승을 위해 학습 과정을 정할 수 없기 때문이다. 초월된 것은 초월한 주체의 높이에 도달할 수 없다. 악은 오직 자신의 영역 안에서만, 악이 스승으로 간주되는 그 영역 안에서만 가르칠 수 있다. 선의 영역에서는 악이 자리를 차지할 장소도 없고 권위도 전혀 없다.

진리의 큰 길을 걷는 강한 여행자는 악에 대한 체념 같은 것을 전혀 알지 못한다. 그는 선에 복종하는 것만 안다. "죄를 극복할 수는 없고 악은 참아 낼 수밖에 없다"라고 말하면서 악에 복종하는 사람은 악이 그의 스승임을, 그리고 그를 가르치는 스승이 아니라 그를 속박하고 억압하는 스승임을 인정하는 셈이다. 선을 사랑하는 사람은 악을 사랑할 수 없고, 악이 상승하는 것을 단 한 순간도 묵인할 수 없다. 그는 선을 높이고 찬양하며, 악을 높이지 않는다. 그는 빛을 사랑하며, 어둠을 사랑하지 않는다. 어떤 사람이 진리를 그의 스승으로 삼을 때, 그는 잘못된 생각들을 버린다. 그리고 그가 잘못된 생각들을 극복함에 따라, 그는 더 많이 스승을 닮아간다. 그리하여 마침내 그는 진리와 하나가 되고, 그의 행위를 통해 정신적 스승으로서 진리를 가르치고 그의 삶 가운데 진리를 나타낸다.

초월은 비정상적인 상태가 아니다. 초월은 정신적 진화의 질서정연한 과정에 속한다. 아직까지는 소수의 사람만이 그 경지에 도달했지만, 시대가 계속되는 동안 모든 사람이 그 경지에 도달하게 될 것이다. 그리고 그 경지까지 올라간 사람은 더 이상 죄를 짓지 않고, 더 이상 슬퍼하지 않고 더 이상 근심하지 않는다. 그의 생각은 선하고 그의 행위도 선하며 그의 평화로운 인생 행로도 선하다. 그는 자아를 극복했고 진리에 복종했다. 그는 악을 정복했고 선을 이해했다. 이제부터는 사람도 책도 그를 가르칠 수 없다. 왜냐하면 최고선이, 그리고 진리의 영이 그를 가르치기 때문이다.

최상의 행복

　　신성한 선을 실천할 때, 삶은 더없는 행복이
된다. 극진한 행복은 선한 사람의 정상적인 상태이다. 다른 사람들에게는
고통거리가 될 만한 외부적인 비난과 공격, 골칫거리, 박해도 그의 행복을
증진시키는 데 이바지할 뿐이다. 왜냐하면 그것들은 그의 내면 깊은 곳에
있는 선의 원천이 더 크고 풍요롭게 샘솟도록 하기 때문이다.

　초월적인 덕을 지니면 초월적인 행복을 누리게 된다. 예수가 제시한 참
된 행복은 복된 덕을 지닌 사람들(자비로운 사람들, 마음이 순수한 사람들, 평화
를 만들어가는 사람들 등)에게 약속되어 있다. 차원 높은 덕은 행복으로 인도
할 뿐만 아니라, 그것 자체가 행복이다. 초월적인 덕을 지닌 사람이 불행해
지는 것은 불가능하다. 불행의 원인은 마음속에 있는 자기희생적인 특성들
안에서가 아니라 이기적 요소들 안에서 추적되고 발견되어야 한다. 사람은
덕이 있으면서도 불행할 수 있지만, 신성한 덕을 지녔을 때는 불행해질 수
없다.

　인간적인 덕은 이기심과 섞여 있고, 따라서 슬픔과 섞여 있다. 그러나 신
성한 덕은 모든 이기심의 흔적까지 제거되고, 이기심과 함께 모든 불행의

자취까지 제거되었을 때에 얻어지는 것이다. 이것을 설명하기 위해서는 한 가지 비유를 드는 것으로 충분할 것이다. 사람은 공격과 자기 방어의 면에서 사자와 같은 용기(그런 용기가 인간적인 덕이다)를 가질 수 있다. 그러나 그런 용기를 가진다고 해서 최고의 행복을 누리지는 못할 것이다. 그런데 공격과 방어를 둘 다 초월하게 하고 공격을 당할 때도 유순하고 침착하고 사랑스럽게 남아 있도록 하는 그런 신성한 용기를 가진 사람이 있다면, 그는 그 용기로 인해 최고로 행복해질 것이다. 더욱이 그를 공격했던 사람은 신성한 덕을 지닌 사람의 더 강력한 선이 타인의 모질고 불행한 악을 극복하고 없애 버린다는 점에서 더 행복해질 것이다.

인간적인 덕을 획득하는 것은 진리를 향한 큰 도약이지만 신성한 길은 그것을 초월한다. 진리는 인간적인 것 너머에 있다.

혼자 하늘나라를 가기 위해 또는 개인적인 불멸성을 얻기 위해 선을 행하는 것은 인간적인 덕이지만, 이기심이 다소 섞여 있으므로 슬픔에서 해방되지 못한다. 초월적인 덕 속에서는 모든 것이 선하고 선이 모든 것이다. 그리고 거기엔 어떤 개인적인 목적이나 숨은 속셈이 없다. 인간적인 덕은 불완전하다. 그것은 저열하고 이기적인 요소와 섞여 있어서 바뀔 필요가 있다. 신성한 덕은 흠이나 결점이 없고 순수하다. 그것은 완전하며 그 자체로 완벽하다.

그렇다면 모든 행복을 실현하는 초월적인 덕들은 무엇인가? 그것들은 다음과 같다.

공명정대: 인간의 마음과 행동을 아주 깊이 이해함으로써 어느 한 사람이나 어느 한 당파를 편드는 일이 불가능해지고 따라서 완벽히 공정해지는 힘.

끝없는 친절: 적이든 친구든 상관없이 모든 사람과 피조물에 대한 무제한의 친절.

완벽한 인내: 모든 시간과 상황 속에서, 그리고 가장 가혹한 시련 속에서도 유지되는 인내.

깊은 겸손: 전적인 자아 포기, 자기 자신의 행위에 대해 마치 다른 사람의 행위인 것처럼 판단하는 것.

흠없는 순수성: 마음과 행위의 순수함, 모든 악한 생각과 불순한 상상으로부터의 자유.

깨지지 않는 마음의 평온: 외부와의 투쟁의 한가운데서도, 또는 수많은 우여곡절과 변화의 혼란 속에 휘말려 있을 때도 유지되는 평정심.

변치 않는 마음의 선함: 악에 영향받지 않고 악을 선으로 갚는 굳건함.

동정심: 고통 속에 있는 모든 존재들과 피조물에 대한 깊은 연민. 약하고 힘없는 자들을 보호함. 동정심 때문에 자신의 적까지도 상해와 비방으로부터 보호함.

풍부한 사랑: 모든 살아 있는 존재들을 향한 충만한 사랑. 행복하고 성공적인 사람들과 함께 기뻐하고 슬퍼하고 좌절한 사람들에게 동정심을 느낌.

모든 존재들을 향한 완벽한 평화: 세계 전체와 평화를 이루는 것, 우주의 신성한 질서와 깊은 조화를 이루는 것.

이러한 것들이 악덕과 덕 모두를 초월하는 덕들이다. 그것들은 덕이 구현하는 모든 것을 포함하며, 덕을 넘어서 신성한 진리에까지 나아간다. 그것들은 성취하고자 하는 무수한 노력의 열매이며, 자기를 극복하는 사람의 영광스러운 재능이며, 그것들은 자기 자신을 극복한 사람의 고요한 이마에 맞게 준비된, 열 개의 보석이 박힌 왕관을 이룬다. 이러한 장엄한 덕으로써 현자의 정신은 장식된다. 이러한 덕에 의해 그는 죄와 슬픔으로부터, 손해와 상처로부터, 근심과 혼란으로부터 영원히 보호된다. 이러한 덕 안에서 현자는 행복하게 살아간다. 그 행복은 너무 순수하고 평화롭고, 너무 깊고 고귀하고, 자아가 즐기는 모든 덧없는 자극과 흥분을 아주 멀리 초월하기 때문에 이기적인 정신을 가진 사람에게는 알려지지 않고 이해될 수도 없는 더없는 희열과 기쁨이다.

현자는 격정을 극복했고 영원히 변치 않는 평화에 도달했다. 거대한 산은 그 기슭 주변에 철썩이는 사나운 파도에 조금도 꿈쩍하지 않듯이, 현자의 정신은 고귀한 덕 안에 늠름하게 머무름으로써 삶의 현실에 끊임없이 부딪치는 격정의 사나운 비바람 속에서도 흔들림 없이 살아간다. 선하고 현명하므로 그는 언제나 즐겁고 침착하다. 초월적인 덕을 지녔으므로 그는 기쁨과 행복 속에 살아간다.

평화

격정이 있는 곳에 평화는 없다. 평화가 있는 곳에 격정은 없다. 이것을 아는 것은 완벽한 행위라는 신적 언어에서 첫 글자를 숙달하는 것이다. 격정과 평화가 함께 거주할 수 없다는 것을 알고 나면 보다 작은 것을 기꺼이 포기하고 보다 큰 것을 붙잡으려 할 것이다.

사람들은 평화를 기원하지만 격정에 집착한다. 사람들은 투쟁을 마음에 품고 있으면서도 거룩한 안식을 기원한다. 이것은 무지요, 뿌리깊은 영적 무지이다. 그것은 신적인 일들에 관한 가장 기본적인 사실도 모르는 것이다.

미움과 사랑, 투쟁과 평화는 한 마음 안에 공존할 수 없다. 하나가 환영받는 손님으로 받아들여지면, 다른 하나는 달갑지 않은 외부인으로 외면당할 것이다. 다른 사람을 경멸하는 사람은 다른 이들로부터 경멸당할 것이다. 자기 이웃을 적대하는 사람은 그 자신도 저항당할 것이다. 그는 사람들이 분열되어 있다는 사실에 대해 놀라거나 슬퍼해서는 안 된다. 그는 자신이 투쟁을 퍼뜨리고 있음을 알아야 한다. 그는 자신에게 평화가 부족하다는 것을 이해해야 한다.

다른 사람을 정복하는 자는 용감한 인간이다. 그러나 자기 자신을 정복하는 자는 최고로 고귀한 인간이다. 다른 사람을 이긴 사람은 결국 누군가에게 패배당하게 될 것이다. 그러나 자기 자신을 이긴 사람은 절대로 정복당하지 않을 것이다.

완벽한 평화는 자기 극복이라는 방법으로 성취된다. 외부 상황과 격렬하게 맞서 싸우는 것으로부터 돌아서서 자기 마음속의 악과 싸우는 고귀한 전쟁에 착수해야 하는 가장 중대한 필요성을 알고 나서야 사람은 그 사실을 이해하고 완벽한 평화에 다가갈 수 있다. 세상의 적은 외부에 있지 않고 마음속에 있다는 사실, 자신의 제어되지 않은 생각들이 혼란과 투쟁의 원인이라는 사실, 자신의 순화되지 않은 욕망들이 스스로의 평화와 세상의 평화를 해치고 있다는 사실을 깨달은 사람은 이미 거룩한 길에 들어섰다.

만약 누군가가 정욕과 분노를, 미움과 오만을, 이기심과 탐욕을 극복했다면, 그는 세상을 이긴 것이다. 그는 평화의 적들을 죽였고, 평화가 그와 함께 머문다.

평화는 싸우지 않는다. 평화는 당파심이 없고, 주제넘은 목소리가 전혀 없다. 평화의 승리는 불멸의 침묵이다.

힘으로 제압당한 사람은 마음속까지 제압당하지 않는다. 그는 이전보다 더 큰 적이 될 수도 있다. 그러나 평화의 정신에 의해 제압당한 사람은 그로 인해 마음이 변화한다. 적이었던 사람이 친구가 된다. 힘과 투쟁은 격정과 공포에 영향을 미치지만 사랑과 평화는 마음속에 도달하고 마음을 변화시킨다.

마음이 순수하고 현명한 사람들은 마음속에 평화를 가지고 있다. 그래서 그 평화가 그들의 행동 속으로 들어오고 그들은 삶 속에서 평화를 실천한다. 평화는 투쟁보다 더 강력하다. 힘이 실패하는 곳에서 평화가 정복한다. 평화의 날개는 올바른 사람들을 보호한다. 평화의 보호 아래, 악의없는 사람은 해를 입지 않는다. 평화는 이기적인 투쟁의 열기로부터 안전한 은신

처를 제공한다. 평화는 패배한 사람들의 피난처요, 길 잃은 자들을 위한 천막이고, 순수한 자들을 위한 신전이다.

사람은 평화를 실천하고 소유하고 이해할 때, 죄와 후회, 욕심과 실망, 갈망과 유혹, 욕망과 슬픔 같은 정신의 모든 격동과 고통을 자아의 어두운 영역 안에 남겨두고 떠나게 된다. 그 모든 고통은 자아의 영역에 속하며, 자아를 초월한 영역으로는 들어올 수 없다. 이런 어두운 망념妄念들이 움직이는 영역 너머에, 신성한 행복의 찬란한 광야가 영원한 빛 아래 펼쳐져 있다.

고귀하고 성스러운 길을 걷는 여행자는 합당한 때에 이러한 행복의 경지에 도달한다. 마음을 속박하는 격정의 늪에서 나와, 여러가지 허영심과 부질없는 일이라는 가시 많은 숲을 통과하고, 의심과 절망이라는 불모의 사막을 지나서, 뒤돌아보지 않고 게으름을 피우지도 않은 채, 최상의 목적지를 향해 항상 움직이면서, 그는 여행을 계속한다. 그리하여 마침내 그는 온순하고 겸손하면서도 강하고 빛나는 정복자가 되어 아름다운 평화의 도시에 도착한다.